Demoustier, 1824, 3 v. in-32 bl.

57 — Lettres édifiantes, pub. par Aimé Mar-
tin, 1838, 2 ex. t. 1er in-8 br.

58 — Lexicon græco-latinum, 1600 in-fol.

59 — Mélanges de littérature par Morellet,
4 v. in-8 br.

60 — Mémoires de Sophie Arnoult, par La-
mothe-Langon, 1837, 2 v. in-8 br.

61 — Les merveilles du ciel et de l'enfer, par
Swédenberg, 1782, 2 v. in-8 br.

62 — OEuvres de Bernardin de Saint-Pierre,
1839, 2 v. gr. in-8 br.

93 — OEuvres de Brantôme, avec les notes de
Buchon, 1840, 2 v. gr. in-8 br.

63 — OEuvres de Buffon, Paris, Rapet,
1817, 12 v. in-8 br. Supplément, par
le comte de Lacépède, 1819, 5 v. in-8

65 — OEuvres de Cicéron, 1783, à 89, 3 v.
in-4, v. m. d. s t.

66 — OEuvres de Lafontaine, 1826, in-8.

67   6 OEuvres de Molière, revues par Auger,
1823, 8 v. in-18,

68   2 OEuvres de J. J. Rousseau. Paris, De-
soër, 1822 à 25 21 v. in-18 br.

66 — OEuvres de Saint-François de Sales,
1836, 4 v. gr. in-8 br.

70 — OEuvres de Voltaire, 1820 à 22, 60 v.
in-18 fig. demi rel.

71 — OEuvres de Voltaire, Paris, Dupont,

INSTRUCTION

SUR LA

CONTRIBUTION

FONCIÈRE.

©

INSTRUCTION

SUR LA

CONTRIBUTION FONCIERE,

DANS laquelle on a expliqué comment les impofitions étoient perçues fous l'ancien régime. — Comment la contribution fonciere eft établie. — Comment elle doit être annuellement déterminée & répartie. — Comment fe doivent faire les états de feétion. — Comment fe doit évaluer le revenu net des propriétés, (ce qui s'applique à l'évaluation de toutes les propriétés & des fruits reftituables). — Comment fe fait la réduétion de l'arpent de roi à la fétérée delphinale, (ce qui peut fervir pour la réduétion de toute fuperficie). — Comment doivent fe faire la matrice de rôle, & le rôle. — Comment le rôle doit être déclaré exécutoire, & mis en recouvrement. — Comment doivent fe faire la perception, le recouvrement & les exécutions, faute de payement. — Comment les réduétions de contribution peuvent être demandées & obtenues. — Comment doit fe faire la retenue de la contribution fur les rentes ci-devant feigneuriales & foncieres, fur les rentes conftituées, les intérêts & les penfions viageres, & la comparaifon des impofitions de 1789, avec la contribution fonciere de 1791.

L'OUVRAGE eft terminé par l'examen de cette queftion : Les impofitions étoient déduites fur les fonds taillables, lors de leur eftimation dans les compofitions de maffe pour le réglement des légitimes. Aujourd'hui que tous les privileges font abolis, la déduétion de la contribution fonciere doit-elle être faite ?

Par M. ROYER-DESGRANGES, homme de loi;
& M. GUEDY, ci-devant procureur.

IMPRIMÉ & fe vend à GRENOBLE chez Vc. GIROUD & FILS, Impr. Libr. place aux Herbes.

SE vend auffi chez tous les Libraires de ladite Ville & du département de l'Ifere.

ET chez les principaux Libraires du royaume.

M. DCC XCII.

LA contribution fonciere, & les lois qui la régiffent, font les mêmes pour tout le royaume. Ainfi, l'inftruction fur cette partie eft néceffairement générale ; le principe que l'on y donne pour faire l'évaluation du revenu, eft général aufli ; & les évaluations que l'on y préfente, ne font que des exemples pour en faciliter l'application. En un mot, les principes & les opérations que l'on trouvera dans cette Inftruction, quel qu'en foit l'objet, font applicables à toutes les localités ; mais, comme les localités different entr'elles, les opérations doivent donner des réfultats différents.

INTRODUCTION,
essentielle à lire.

j. *L'ANCIEN système des impositions, & tous privileges, en fait de subsides, ont disparu avec l'ancien régime.*

ij. Nous avions divers impôts, sous des dénominations différentes. — La taille, c'étoient les impositions ordinaires. — Les accessoires de la taille, c'étoient les impositions extraordinaires. — Le vingtieme, — la capitation. = Nous n'en avons plus que deux : — la contribution fonciere, — la contribution mobiliere.

iij. Le clergé ne payoit rien, la noblesse payoit peu : la taille & les accessoires étoient répartis sur les seuls taillables, à très-peu de chose près, sur des estimations fictives, consignées dans les parcelaires ; mais il n'étoit presque aucune communauté où quelques propriétés de particuliers, celles des communes, & les montagnes, quoique productives, du clergé & de la noblesse, n'y fussent omises. Ils regardoient même comme un signe de propriété pour eux, qu'elles ne fussent pas parcellées : = Aujourd'hui tous, sans exception, contribueront — pour toutes leurs propriétés foncieres, en proportion de leur revenu net ; — pour leurs facultés mobi-

liaires, en proportion de leur revenu préfumé, d'après le loyer d'habitation, deduction faite de leur revenu foncier.

iv. Le principal des deux contributions eft annuellement determiné. — La quotité du revenu net qui devra fupporter la contribution fonciere, le fera également.

v. Le répartement de ces contributions fe fait annuellement par la législature fur les départemens ; par les départemens fur les diftricts ; par les diftricts fur les municipalités & les contribuables.

vj. La contribution fonciere, objet de cet ouvrage, a pour bafe le revenu net des propriétés. Pour acquérir cette bafe de repartition, il faut former des états de fection, & une matrice de rôle. Ce foin eft laiffe aux Communautés. = La matrice de rôle étant faite, les directoires de diftrict font les rôles.

vij. Pour remplir le but propofé, les Communautés doivent divifer leur territoire en plufieurs parties, ou fections. — Plus elles feront de fections, plus facilement & plus furement elles opéreront.

viij. Des commiffaires nommés par les officiers municipaux parmi leurs membres, & par le confeil général de la commune parmi les citoyens actifs, foit domiciliés, foit forains, fe divifent en pelotons, préfidés par un officier municipal. — Chaque peloton fe charge de former les états d'une ou deux fections, &c.

ix. Former un état de fection, c'eft retenir fur un cahier le nom de bâptéme, le nom de famille, & la qualité du propriétaire ; défigner *ſa propriété par ſa nature , ſa contenance , & lui aſſigner un n°. ; enfin en évaluer le revenu.*

x. Cette opération ſe fait en deux temps : — *le nom de famille du propriétaire ; la nature & le n°. de la propriété , premier temps :* — *le nom de bâptême , & la qualité du propriétaire ; la contenance de ſa propriété ; l'évaluation de ſon revenu , ſecond temps. = La premiere opération , purement mécanique , ſe fait ſur le terrain ;* — *la deuxieme , en partie mécanique , en partie ſujete à diſcuſſion , (car quelquefois la contenance , & toujours l'évaluation exigent examen & diſcuſſion) , ſe fait dans le cabinet.*

xj. Évaluer le revenu net , c'eſt s'aſſurer du produit brut , & en déduire les frais de culture , de ſémence , de récolte & d'entretien.

xij. La meilleure maniere d'avoir une évaluation juſte , qui ſerve de baſe pour évaluer , par comparaiſon , les fonds de toutes qualités , c'eſt de ſuppoſer un domaine cultivé par un colon partiaire , & compoſé de fonds de la meilleure qualité du pays. On l'aſſortit , ſuivant une juſte proportion , en prairies , terres labourables , & vignes , s'il y en a ; on calcule ſéparément le produit des terres , & celui des vignes ; on déduit , ſur chaque nature de fonds , ſes charges particulieres & ſa part des charges générales du domaine. On évalue le produit commun des prairies , ſur lequel on fait ſemblables déductions ; & comme leur produit s'eſt conſommé dans la grange & dans les fonds , on reprend ſur celui des terres & des vignes , à concurrence de ce qui en manque , déduction faite du produit des beſtiaux , appelé mi-croit dans les lieux où ils en produiſent. On trouve ainſi le produit net de chaque nature de fonds ; on le diviſe ſuivant le nombre de chaque ſ'térée ; on trouve ainſi le produit net de chacune. Ce prix trouvé , on le diviſe par vingt ou dix ſols , pour faire autant de claſſes inférieures ; & par comparaiſon au premier prix , on évalue toutes les autres qualités.

xiij. Former une matrice de rôle , c'eſt réſumer , ſur un nouveau cahier , tous les états de ſection , de maniere que chaque proprietaire n'ait qu'un ſeul article pour l'évaluation du revenu de toutes ſes poſſeſſions , à l'effet qu'il n'ait auſſi , dans le rôle , qu'une ſeule & même cote pour toutes. Ainſi on inſcrit , ſur le nouveau cahier , le nom de baptéme , le nom de famille & la qualité du proprietaire ; on rapporte , à la ſuite , les evaluations de chacun de ſes fonds , les unes au-deſſous des autres , en rappelant le fonds ſeulement par le n° qu'il a dans telle ou telle ſection ; & la ſection , par la lettre qui la déſigne. On additionne ces évaluations , pour avoir le total du revenu , d'après lequel ce propriétaire doit être cotiſë. Quand on a ſucceſſivement rapporté & additionné les évaluations de chaque propriétaire , on additionne ces totaux partiels , pour avoir le total du revenu de la communauté ; on le compare avec celui réſultant des états de ſection , pour ſavoir ſi ces totaux ſont conformes : enfin , on déclare combien la livre de ce total de revenu , doit ſupporter de ſous & de deniers de la portion contributive de la communauté.

xiv. *Pour faire le rôle, après avoir vérifié si le pied de répartition, déclaré par la communauté, est juste, on ajoute, à l'article de chaque propriétaire, la somme à laquelle il doit être cotisé pour son revenu. C'est au directoire de district que se fait cette opération; c'est le directoire qui rend le rôle exécutoire; & c'est le percepteur de chaque communauté, qui en fait le recouvrement.*

xv. *La perception se donne, par adjudication, à celui qui offre de la faire à meilleur prix. Une premiere adjudication se propose à six deniers pour livre; si personne ne se présente, on la propose à neuf deniers dans une autre séance; si personne ne se présente encore, on la propose à douze deniers dans une derniere séance; & si personne ne se présente non plus, le conseil général de la commune nomme un de ses membres, qui est obligé de faire la perception à ce taux.*

xvj. *Comme le revenu net est la base de la contribution, & que la quotité de revenu, qui doit la supporter, doit être déterminée, celui qui justifie d'avoir été cotisé, quant au principal, au-delà de cette quotité de son revenu, a droit à une réduction; mais il faut que son évaluation soit juste.*

xvij. *Le particulier contribuable a trois mois, à compter du jour de la publication du rôle, pour demander réduction; & il doit avoir payé le contingent échu de sa cotisation. Sa demande se vérifie avec sa communauté.*

xviij. *Si c'est une communauté, elle a deux mois, à compter du jour de la réception du* mandement ; & elle doit juſtifier d'avoir mis ſon rôle en recouvrement. Sa demande ſe vérifie avec les communautés voiſines ; le plan de ſon territoire ſe leve ; l'évaluation génerale de ſon revenu ſe fait.

xix. *Si c'eſt un diſtrict, il a l'année ; ſa demande ſe verifie avec les diſtricts voiſins. Le plan du territoire d'une communauté de chaque canton, tirée au ſort, ſe leve ; l'évaluation générale du revenu de chacune, ſe fait.*

xx. *Quand la demande en réduction eſt admiſe ; ſi c'eſt celle d'un particulier, l'excès de ſa cotiſation ſe reverſe ſur les autres contribuables de ſa communauté ; ſi c'eſt celle d'une communauté, ſur les autres communautés du diſtrict ; ſi c'eſt celle d'un diſtrict, ſur les autres diſtricts du département.*

xxj. *Les communautés peuvent même, avant qu'il ait été formé aucune demande en réduction, demander que le plan de leur territoire ſoit levé, que l'évaluation générale de leur revenu ſoit faite.*

xxij. *Et l'évaluation ainſi faite, doit produire le même effet, que ſi elle l'eût été d'après une demande en réduction, puiſque ce revenu net eſt la baſe de la contribution.*

xxiij. *Voilà le précis & la ſérie des diſpoſitions que renferment les lois portées ſur la contribution fonciere.*

xxiv. *Il eſt peu de communautés où les opérations preſcrites aient été faites ; les contributions pour 1792 ſont ordonnées, & peu de rô'es ſont faits pour 1791.*

xxv. *Ce retard a ſes cauſes ; des communautés qui n'etoient accoutumées, ſous l'ancien*

*régime , qu'à payer ce qui leur étoit demandé ;
qui , peut-être , ignoroient fur quels principes
& fur quelles bafes devoient être établies les
contributions d'un peuple libre ; que cet état,
enfin , avoit éloigné de l'habitude d'opérer, ont
trouvé , dans ces opérations , des difficultés qui
les leur ont fait regarder comme impoffibles
pour elles.*

*xxvj. D'autres fe font crues placées entre
deux dangers , celui de paroître injuftes , & de
devenir foumifes à une évaluation forcée , fi
elles en faifoient une trop baffe ; ou fi elles la
faifoient jufte , de fe voir furchargées , tandis
que les communautés voifines qui auroient fait
la leur au-deffous du vrai taux , ne contri-
bueroient qu'en cette proportion.*

*xxvij. D'autres , peut-être , auront été détour-
nées par des infinuations menfongeres. On aura
tâché de leur infpirer du dégoût , en leur difant que la contribution de 1791 eft exceffive
en comparaifon des impofitions des dernieres années de l'ancien régime : on leur aura dit qu'a-
près avoir promis de les foulager , on les furcharge.*

*xxviij. Cependant l'état a befoin de fubfides ;
il n'eft perfonne qui n'en convienne : il importe
donc , & pour le bien de la chofe publique , &
pour celui des citoyens , que le nouveau mode
de répartition acquiere la perfection dont il eft
fufceptible. Une contribution , fondée fur l'é-
galité proportionelle , fur le revenu net de chaque propriétaire , eft évidemment la plus jufte.*

*xxix. Dans tous les tems on a fait des éva-
luations pour les ventes , les partages , les ré-*

glemens de légitime , les reſtitutions de fruits ;
il faut en faire aujourd'hui , pour fixer le pied
de la répartition ; & les principes ſont les mêmes pour toutes les évaluations poſſibles. Il y
auroit autant d'injuſtice à en baiſſer le taux,
lorſqu'il s'agit de l'intérêt de l'état , qu'à le
hauſſer , lorſqu'il s'agit de l'intérêt perſonnel. Ces
deux intérêts doivent toujours marcher de pair.

xxx. L'époque où la baſe ordonnée ſera définitivement établie pour le royaume entier , ne
ſauroit ſe calculer ; mais il eſt certain qu'il
dépend des Communautés de la hâter , & c'eſt
véritablement leur intérêt.

xxxj. Quand l'évaluation des Communautés
d'un diſtrict ſera reconnue juſte , la portion contributive de ce diſtrict & des communautés qui
le compoſent , ſe trouvera definitivement réglée ;
== de même quand les communautés des diſtricts d'un département , auront rempli cet ex-
trême de la loi , le contingent du département ,
de ſes diſtricts , de ſes communautés , ſera également réglé. == Ainſi , de proche en proche ,
la baſe s'établira généralement , & la contribution ſera répartie , par égalité proportionnelle ,
ſur toutes les propriétés.

xxxij. L'intérêt des communautés, & celui des
particuliers , ſollicitent vivement le prompt éta-
bliſſement de cette baſe. — Les eſtimes de la
plupart des cadaſtres , ſont fautives. Des propriétaires payoient plus , d'autres moins qu'ils
ne devoient ; des propriétés n'étoient pas parcellées. Tous contribueront aujourd'hui pour toutes leurs poſſeſſions. == Auſſi , dans les départemens , où les opérations preſcrites par la loi,
n'étoient pas faites , les conſeils de département

n'ont autorifé les communautés à répartir, fuivant l'ancien ufage, que provifoirement & comme à compte, à l'effet de pouvoir réparer les injuftices qui pourroient en réfulter.

xxxiij. L'établiffement de la nouvelle bafe eft auffi le moyen de prévenir toutes furcharges ; puifque l'excès des contributions réduites doit être rejetté fur les particuliers, les communautés, les diftricts voifins, jufqu'à ce que la juftice de l'évaluation de leur revenu ait été légalement conftatée.

xxxiv. La fomme demandée pour 1791, au delà de celle qui s'impofoit fous l'ancien régime, n'eft pas auffi confidérable que quelques perfonnès voudroient le faire entendre. Ajouter à la fomme que les ci-devant taillables fupportoient feuls la fomme que les privilégiés auroient fupportée en la même proportion, c'eft bien augmenter la fomme de la contribution, en faifant payer ceux qui ne payoient pas ; mais ce n'eft pas augmenter la contribution des ci-devant taillables. L'augmentation ne peut confifter que dans ce qui excéderoit.

xxxv. Les feux de la ci-devant province de Dauphiné, diminués, depuis 1706, par des caufes politiques, fe montoient, lors de la révolution, à 4786 feux, 5 fs. 5 den. 1 p. Savoir ; les feux taillables, à 3291 feux, 17 fs. 5 den. 3 p. ; & les feux nobles, à 1494 feux, 11 fs. 11 den. 2 p. : ce qui fait, à très-peu de chofe près, les cinq onziemes des feux taillables, & par conféquent près de la moitié. == Suppofons que les feux taillables euffent fupporté feuls un million, en 1789, les feux nobles auroient dû proportionnellement supporter 454016 liv. 6 sous 11 den. : ainsi, l'imposition totale auroit été de 1,454,016 liv. 6 sous 11 den., dont les nobles auroient supporté à peu près le tiers. En cet état, point d'augmentation ; les ci-devant taillables continuent de payer ce qu'ils payoient ; les ci-devant privilégies commencent à payer en la même proportion. L'augmentation ne peut se trouver que dans ce qui excede ces deux contingents, encore faut-il en déduire celui des terrains qui, n'étant pas parcelles, n'avoient, en aucuns cas, jamais rien supporté : & cette opération pour la ci-devant province de Dauphiné, peut se faire pour toutes.

xxxvj. Mais enfin, quelle que soit, ou puisse être l'augmentation, quand les représentans du peuple François ont porté la loi à son nom, ils l'ont portée pour eux comme pour lui. Or, la loi assure une réduction à celui qui justifiera d'avoir été cotisé à raison du principal, audelà du sixieme de son revenu net. — Il est vrai qu'elle défend de refuser de payer, même sous prétexte de réclamation ; mais elle réserve la réclamation, elle l'autorise, elle donne les moyens de la rendre efficace ; elle autorise même les communautés à faire évaluer leur revenu, avant aucune réclamation ; = ainsi que les communautés, les particuliers : que tout contribuable enfin, se conformant à la loi, remplisse les préalables qu'elle prescrit, & il obtien ra réduction, si elle lui est due. — Alors toute augmentation disparoîtra ; tout pretexte de plainte s'évanouira.

xxxvij. *L'expofition que l'on vient de faire, contient, en fubftance, les loix fur la contri‑bution fonciere. L'objet de cet ouvrage eft d'en donner le développement. Pour le faire avec quelque efpoir de fuccès, on a raffemblé tou‑tes les loix ; on en a rapproché & claffé les dif‑pofitions concernant un même objet, dans l'or‑dre que l'on a cru le plus naturel ; & l'on a fait une inftruction méthodique, fimple, auffi claire que l'on a pu, à la portée enfin de ceux même qui n'ont pas l'habitude d'opérer. Trop heureux fi l'on a réuffi à pouvoir rendre plus faciles les opérations qui font prefcrites.*

NOTE IMPORTANTE (1).

IL réfultera, de la jufte évaluation du revenu, un avantage bien réel. Le décret du 24 mars 1790, a ordonné le rachat des droits féodaux réels ; & celui du 3 mai, en a tracé le mode. Quand le propriétaire des droits convient avec le propriétaire des fonds, nulle difficulté ; mais fi celui-là refufe ou diffère, celui-ci n'a d'autre reffource que celle des offres. Mais, comment s'affurer qu'une offre eft fuffifante, lorfque le refus fou‑met à une évaluation par experts, toujours incertaine ? Cette incertitude & fes fuites, fouvent fâcheufes, ceffe‑ront infailliblement, lorfque l'évaluation générale d'un territoire aura été faite de l'autorité des corps adminif‑tratifs, ou reconnue par eux. L'emphytéote, dont la pro‑priété fe trouvera conftatée par un plan, l'évaluera au 4 pour cent de la fomme à laquelle le revenu en aura

---

(1) *L'ouvrage étoit fini, lorfque l'auteur a fait la réflexion qui eft l'objet de cette note. C'eft la raifon qui a déterminé à la placer ici.*

été évalué ; le droit rachetable sera reglé en conséquence ; l'opération entiere consistera dans un calcul.

Et si l'on dit que le capital sera réglé au 4 pour 100 du revenu évalué, c'est que le gouvernement a prescrit cette regle dans l'instruction sur les cautionnemens en immeubles, qui doivent être fournis entre les mains du ministre des contributions publiques, par les commissaires & régisseurs généraux des différentes administrations & régies nationales. Les cautionnemens étant d'une somme fixe, les immeubles doivent en avoir la valeur ; & pour la déterminer, on évalue les immeubles sur le pied du denier 25 du revenu imposable, tant pour les terres, que pour les maisons & les artifices, conformément aux art. II & III du tit. Ier, & aux art. X & XIV du tit. II, du décret du 23 novembre 1790.

AVIS AU LECTEUR.

LES Lois citées dans cette Instruction, l'ont été par date des décrets ; il est ainsi plus facile de les chercher dans les collections générales, toutes faites par ordre chronologique. Cependant, pour la facilité de ceux qui les connoissent par la date des sanctions, on les a rassemblées à la suite de cette Introduction en deux colonnes. Dans l'une, sont les dates des décrets par ordre chronologique ; dans l'autre, celles des Sanctions.

A la suite, est un Errata, à l'aide duquel le Lecteur est invité de faire les corrections indiquées.

LOIS citées dans l'Instruction.

Date des Décrets.	Date des sanctions.
1789. 4 août.	3 novembre 1791.
26 septembre.	idem
14 décembre.	28 décembre?
1790. 30 janvier.	3 février 1790.
24 mars.	28 mars.
11 juin.	
14 novembre.	24 novembre.
23 novembre.	1er décembre.
5 décembre.	19 décembre.
23 dudit.	5 janvier 1791.
1791. 13 janvier.	18 janvier.
21 février.	25 février.
6 mars.	27 mars.
16 & 17 dudit.	10 avril.
27 mai.	3 juin.
7 juin.	10 juin.
10 juin.	17 juin.
11 juin.	idem.
24 juin.	28 juillet.
28 juin.	29 juin.
13 juillet.	20 juillet.
4 & 21 août.	28 août.
2 septembre.	6 octobre.
16 septembre. . . . . . . :	23 septembre.
17 & 20 septembre.	9 octobre.
26 dudit.	2 octobre.
29 dudit.	12 octobre.

ERRATA.

PAGE 6, nº. 20, ligne derniere : 6 juin; *lisez* 7 juin.

Pag. 71, nº. 151, lig. 4 : 20 septembre; *lisez* 23 novembre.

Pag. 75, lig. 19 : 24 février; *lisez* 6 mars.

Pag. 113, lig. 12 : si elle n'a; *lisez* si elle n'a été.

Pag. 130, nº. 285, lig. 7 : produit but; *lisez* produit brut.

Pag. 175, nº. 414, lig. 12 : 746,096; *lisez* 746,496.

Pag. 181, lig. 2 : royales delphinales; *lisez* toises delphinales.

TABLE ANALYTIQUE

DES CHAPITRES.

Nota. Tous les *alinéa* de l'Ouvrage font numérotés ; & c'eft à ces *numéros* que fe rapportent tous les renvois de la Table.

CHAPITRE PREMIER.

Comment les impofitions étoient-elles perçues fous l'ancien régime ? n°. 1er.

CHAPITRE II.

Etabliffement, principe & bafe de la contribution fonciere, n°. 16. — Son principe, *ibid.* — Sa bafe , n°. 19. — Sa quotité en général, n°. 26. — Sa quotité pour 1791 , n°. 28.
Fonds pour le tréfor public, *ibid.* — Pour les non-valeurs ou décharges, n°. 29. — Pour les dépenfes des départemens & diftricts, n°. 30.
Dépenfes à la charge des departements, n°. 31 ; — à la charge des diftricts, n°. 32 ; — à la charge des communautés, n°. 36.

CHAPITRE III.

Comment elle eft répartie aux départements , aux diftricts & aux municipalités , n°. 45.

CHAPITRE IV.

Comment doivent être faits les états de fection , la matrice de rôle & le rôle , n°. 45.

C H A P I T R E V I.

C H A P I T R E   V I I.

CHAPITRE VIII.

C H A P I T R E IX.

C H A P I T R E X.

CHAPITRE XI.

CHAPITRE XII.

CHAPITRE XIII.

C H A P I T R E   X I V.

INSTRUCTION

INSTRUCTION

SUR LA

CONTRIBUTION FONCIERE.

CHAPITRE PREMIER.

COMMENT les Impofitions étoient - elles perçues fous l'ancien régime ?

1. LA ci-devant province de Dauphiné fut jointe à la France, en 1349. Le Dauphin Humbert II en fit le tranfport, le 29 mars, au petit-fils du roi Philippe VI, qui fut roi fous le nom de Charles VI (1).

2. Les Dauphinois étoient libres de tous fubfides ; le Dauphin Humbert en avoit fait la déclaration folemnelle, dans une charte du 14 du même mois, dont Charles VI & fes fucceffeurs furent chargés de jurer l'exécution & le maintien, avant de pouvoir prendre le gouvernement (2).

---

(1) Statut Delphinal, fol. 66, verf. — Chambre des comptes : *Carta generales Dalphin.*, *ad ann.* 1349. — Valbonnais, tom. 2, pag. 594, n°. 274.

(2) Statut Delphin., fol. 36. — Chambre des comptes, *Ibid.* — Valbonnais, *Ibid.* pag. 586, n°. 273.

A

3. La promeffe du Dauphin de France eut fon exécution pendant un fiecle ; le Dauphin n'impofa pas les Dauphinois ; il leur demanda des fecours de temps à autres ; les états du pays affemblés en accorderent & en refuferent. Toujours volontaires , ils étoient répartis, par les états, fur tous les habitants fans diftinction d'ordres.

4. En 1434, le 8 août, Charlés VI accorda l'exemption des fubfides aux officiers du confeil Delphinal, qui fut enfuite érigé en parlement : Ce fut à titre de récompenfe des peines & foins qu'ils fe donnoient, jour & nuit, pour l'adminiftration de la juftice, & le gouvernement du pays (1).

5. Les Dauphinois ne parurent pas faire attention à ce privilege ; fans doute, parce que les officiers du confeil Delphinal, ce qui comprenoit les comptes & la tréforerie, n'étoient peut-être pas alors au nombre de vingt-quatre ; mais le clergé & la nobleffe penferent bientôt à le demander, & ils l'obtinrent de Louis XI, le 27 novembre 1447 (2).

6. Ce qu'il y a de remarquable, c'eft que la fupplique, toute en faveur du clergé & de la nobleffe , fut préfentée fous le nom des trois ordres ; que l'on donna pour prétexte que les fubfides & dons gratuits, offerts & accordés au roi *par* les gens des *trois états,* l'avoient toujours été, fous la condition que *tous les fujets* feroient tenus de contribuer, *excepté les clercs vivant cléricalement & les nobles vivant noblement ;* & qu'enfin, Louis XI accorda l'exemption, comme n'étant que l'exécution de la condition qui lui étoit atteftée, *ut dictum eft.* == Cependant, le titre des Dauphinois & fon exécution conftante, atteftoient le contraire ; & la fupplique n'étoit, comme elle ne pouvoit être, que l'ouvrage de ceux qui demandoient un privilege perfonnel.

---

(1) Recueil des privileges du parlement.
(2) Statut Delphinal, fol. 126.

7. Depuis cette époque, jufqu'en 1628, que les états furent fufpendus, les fubfides furent toujours demandés au nom du roi, & accordés au nom des trois états. $=$ Comment fe faifoit-il qu'un fubfide gratuit fût accordé par les *trois* ordres, tandis *qu'un feul* le payoit ?

8. Si le clergé & la nobleffe étoient parvenus à l'exemption de l'impofition, qui prit enfuite le nom de taille, du moins, devoient-ils contribuer pour les dépenfes qui concernoient particulierement le pays, & qu'on nommoit cas de droit. Cependant, il les contefterent toujours; &, vainement, ceux qu'on nommoit tiers - état, réclamerent. En 1789 encore, fi l'on excepte les vingtiemes que les nobles, & non les eccléfiaftiques, payoient pour leur contingent, les privilégiés ne fupportoient pas un vingt - quatrieme des impofitions connues fous le nom de taille, n°. 590.

9. Les taillables étoient furchargés; plus foibles en nombre, que les privilégiés, dans les affemblées des états, ils étoient gouvernés, & fupportoient encore les frais de ces affemblées, dont le réfultat tournoit toujours contr'eux ; la diffenfion devoit naître dans ces états, & leur diffolution en réfulter. Ce fut ce qui arriva.

10. En 1628, par édit des mois de mars, juillet & feptembre, Louis XIII créa des tribunaux d'élection ; ordonna qu'à l'avenir les impofitions ordinaires & extraordinaires ne feroient levées que de la permiffion du roi ; & fufpendit les états. $=$ Et parce qu'ils n'étoient en apparence que fufpendus, il en conferva les officiers, leur affigna des appointements ; &, pour les payer, créa fur les taillables, une impofition, qui n'a ceffé qu'en 1789.

11. La fufpenfion des états ne délivra pas les taillables de la furcharge qu'ils fupportoient. L'augmentation des impofitions l'aggrava ; & ce qui l'aggrava toujours plus, ce furent les acquifitions que faifoient

les nobles; les privileges qui s'augmentoient par des
lettres de nobleſſe, par des créations d'offices, qui
la donnoient. Les taillables payoient toutes les impoſitions ſur le peu de biens qui leur reſtoit. Ils ſe
pourvurent au roi ; ils obtinrent pluſieurs arrêts de ſon
conſeil : enfin, le roi rendit, à Lyon, le 24 octobre
1639, un réglement général définitif, qui déclara la
taille réelle.

12. La réalité de la taille conduiſoit néceſſairement à une réviſion des feux, pour diſtinguer les fonds
taillables des fonds exempts ; elle fut faite & homologuée par édit du mois de juin 1706. Les feux nobles
furent fixés à 1500 ; les feux taillables à 3500 ; & il
fut ordonné que les feux taillables ſupporteroient les
impoſitions ordinaires & extraordinaires ; les feux
nobles & taillables, celles pour les cas de droit.

Nouveau régime.

13. Les états-généraux furent aſſemblés, en 1789,
à Verſailles, ils ſe conſtituerent en aſſemblée nationale ; & chargée de donner une conſtitution à la
France, cette aſſemblée a établi un nouveau régime.

14. Par le décret du 4 août 1789, art. X, il a
été déclaré que tous les privileges particuliers des
provinces, principautés, pays, cantons, villes & communautés d'habitants, ſoit pécuniaires, ſoit de toute
autre nature, étoient abolis ſans retour, & demeu-
roient confondus dans le droit commun de tous les
François.

15. Nous avions des provinces, nous avons aujour-
d'hui des départements ; des provinces avoient leurs
états ; d'autres n'en avoient pas ; il n'y a plus ni provinces ni états ; & le régime eſt uniforme pour tous
les départements.

CHAPITRE II.

ETABLISSEMENT , principe & bafe de la Contribution fonciere.

16. Tous les privileges pécuniaires, perfonnels ou réels, en matiere de fubfides, furent abolis par l'art. IX, du décret du 4 août 1789 ; & il fut ordonné que la perception de toutes les contributions, même pour les fix derniers mois de l'année 1789, fe feroit fur tous les citoyens & fur tous les biens, de la même maniere & dans la même forme.

17. En conféquence, par décret du 26 feptembre 1789, faifant réglement pour les impofitions de 1790, & les fix derniers mois de 1789, il fut ordonné, art. IV, que dans les rôles de toutes les impofitions, les ci-devant privilégiés feroient cotifés avec les autres contribuables, dans la même proportion & en la même forme, à raifon de leurs propriétés, exploitations & autres facultés. == L'année 1790 eft la premiere où tous les propriétaires fonciers ont commencé à fupporter les impofitions, par égalité proportionnelle ; mais cette année-là, encore, la nature des impofitions a été la même qu'auparavant. Un nouveau mode a été établi pour l'avenir, à commencer en 1791.

18. Le nouveau mode des contributions publiques, émane de la déclaration des droits de l'homme & du citoyen, & de la conftitution. — La déclaration des droits, art. XIII, porte que, pour l'entretien de la force publique, & pour les dépenfes de l'adminif-tration, une contribution commune eft indifpenfable, & qu'elle doit être également répartie entre tous les citoyens, en raifon de leurs facultés. == La conftitu-tion, tit. Ier, art. II, garantit que toutes les contribu-

tions feront réparties entre tous les citoyens également, en proportion de leurs facultés. — Tit. II,
chap. III, fect. Iere, art. Ier; parmi les pouvoirs
qu'elle delegue exclufivement à l'affemblée nationale
légiflative, elle lui délegue, §. III, celui d'établir les
contributions publiques; d'en déterminer la nature,
la quotité, la durée & le mode de perception. — Et
§. IV, celui de faire la répartition de la contribution directe entre tous les départements du royaume;
de furveiller l'emploi de tous les revenus publics, &
de s'en faire rendre compte. — Enfin, fuivant le
même chapitre, fect. III, art. Ier, §. VIII, fes décrets
concernant la prorogation & la perception des contributions publiques, portent le nom & l'intitulé de
lois; & font promulgués & exécutés, fans être fujets à
la fanction royale.

Bafe de la Contribution fonciere.

19. LA contribution fonciere embraffe toutes les
propriétés foncieres; elle doit être répartie fur toutes
par égalité proportionnelle. Décret du 23 novembre
1790, tit. Ier, art. Ier.

20. Parmi les propriétés foumifes à la contribution
fonciere, font compris les droits de péage, & autres
de même nature, non fupprimés par l'art. XIII du
tit. II du décret concernant les droits féodaux, en
date du 24 mars 1790; — & les canaux de navigation. Décret du 21 février 1791, art. Ier & II. ═
Quant aux rentes ci-devant feigneuriales & foncieres, elles ne font pas foumifes à la contribution fonciere; mais les redevables font autorifés à fe retenir
le cinquieme, envers ceux à qui ils les doivent. Décret du 23 novembre 1790, tit. II, art. VI; & décret
du 6 juin 1791, art. Ier. (Voyez no. 570).

21. Chaque propriété fonciere doit être impofée à
raifon de fon revenu net. Décret du 23 novembre 1790,
tit. Ier, art. Ier; & décret du 21 février 1791, art.

Ier. & II. ═ C'eſt le vrai moyen de conferver l'égalité proportionnelle.

22. Le revenu net d'une terre, eſt ce qui reſte au propriétaire, déduction faite, fur le produit brut, des frais de culture, de femence, de récolte & d'entretien. Décret du 23 novembre 1790, tit. Ier, art. II.═Le produit brut eſt ce qu'on recueille réellement d'une terre.

23. Le revenu impofable eſt le revenu net moyen, calculé fur un nombre d'années déterminé. Décret du 23 novembre 1790, tit. Ier, art. III. ═C'eſt ce qu'on appelle année commune.

24. Faire, du revenu net moyen des fonds, la bafe de la contribution fonciere, c'eſt établir la regle la meilleure, la plus juſte, la plus fûre à jamais pour la répartir par égalité proportionnelle; comme le revenu eſt annuel, il fuffit de connoître le revenu net moyen de chaque année, c'eſt-à-dire, l'année commune.

25. Quelle différence entre ce principe, & celui que l'on fuivoit fous l'ancien régime ! La fomme groffe impofable fur le royaume, comment étoit-elle répartie fur les provinces? On n'a jamais pu le bien favoir. ═ La fomme impofable fur une province, comment étoit-elle répartie fur les communautés ? En Dauphiné, la taille étoit réelle ; & pour la répartir, une révifion des feux fut faite en 1706. (Voyez n°. 12). Mais on n'a jamais pu exactement favoir ce qu'étoit un feu, ce qu'il valoit, comment il avoit été apprécié. Le Gouvernement redoutoit les répréfentations ; auffi en profcrivit-il tous moyens, par l'édit de 1706. Cet édit portoit que les impofitions feroient réparties fur le pied des feux, ou portions de feux, dont chaque communauté étoit compofée, fans que les feux, ou portions de feux de chacune, puffent être augmentés ni diminués par aucun accident de grêle, tempête, gelée, débordements de torrents & rivieres, ravines, *perte de terrains*, incendies, paffages de gens de guerre, ou

8

quelqu'autre chofe que ce pût être ; de maniere
qu'une communauté, foit que fon revenu augmentât,
foit qu'il diminuât, payoit toujours en la même proportion, fuivant fes feux déclarés éternels. == Comment la fomme affignée à une communauté, étoit-
elle répartie entre fes contribuables ? enfuite de
l'eftime fictive de chaque fonds, confignée dans fon
cadaftre ; mais cette eftime très-inexacte dans fon
principe, devenoit également éternelle, malgré les
viciffitudes du temps, qui apportent toujours des
changements fenfibles. — Qu'une communauté fût
obligée de répartir la fomme à elle affignée, il le
falloit bien, puifque la loi profcrivoit les plaintes,
même juftes. Mais les membres d'une famille devoient au moins fe traiter les uns les autres avec
juftice, & fupporter la furcharge dans une jufte proportion. Cela n'étoit pas : les communautés traitoient
les membres, comme le Gouvernement traitoit les
corps. La terre d'un fonds rampant, étoit-elle em-
portée par la ravine ? le rocher qui reftoit au propriétaire étoit cotifé, comme fi la terre eût encore
exifté. La riviere emportoit-elle la moitié de fon
fonds ? il étoit toujours cotifé pour la totalité. L'emportoit-elle entierement, en faifoit-elle fon nouveau
lit ? il étoit cotifé comme s'il en jouiffoit ; il ne lui
reftoit d'autre reffource que celle d'abandonner fon
droit de propriété à la communauté ; ou, pour conferver l'efpérance de reprendre des graviers, fi la
riviere fe retiroit, d'acheter cette efpérance, en con-
tinuant de payer l'impofition. == Le revenu d'un
fonds étoit cependant alors, comme aujourd'hui,
le principe unique de la contribution ; mais on
altéroit le principe, en préfumant le revenu toujours
réel, dans le temps même où le fol qui le produifoit
anciennement, n'exiftoit plus. == Citoyens, méditez
fur ces pofitions bien difparates ; & loin de murmurer,
béniffez les légiflateurs, vraiment juftes, qui ont
amélioré votre fort, pour la durée des temps ; car,

il ne tient plus qu'à vous d'établir avec juftice &
de conferver intacte, la bafe qu'ils vous ont donnée
à fuivre. (Voyez n°. 37.)

Quotité de la Contribution fonciere.

26. La contribution fonciere eft, & fera toujours
d'une fomme fixe ; elle fera toujours *annuellement*
déterminée par *chaque légiflature*. Décret du 23 novembre 1790, tit. Ier, art. IV. (Voyez n°. 18; & pour
l'année 1791, n°. 28.)

27. La contribution fonciere fera perçue en argent. Décret du 23 novembre 1790 , tit. Ier , art.
V. = L'Affemblée nationale a préféré ce mode à
celui de la contribution en nature, parce que celle-
ci a deux inconvénients. — L'un, que la répartition
eft moins exacte, en ce que, fur un fonds qui
exige plus de travail, & cependant produit moins,
on exigeroit la même quantité de gerbes que fur
un autre, qui exigeant moins de travail, produiroit
davantage. C'étoit-là une des grandes injuftices de
la dîme, comme l'a obfervé l'Affemblée nationale
dans fon adreffe du 24 juin 1791; — l'autre, en ce que
la perception en nature eft plus embarraffante, plus
difpendieufe & plus onéreufe aux contribuables. Il
faut des perfonnes pour la cueillir, des beftiaux pour
la voiturer, des bâtiments pour la ferrer; ou bien, il
faut donner à ferme ; & dans tous les cas, les dépenfes diminuant la rentrée dans le tréfor, exige-
roient une contribution plus forte. Elle eft encore
plus onéreufe, en ce que les contribuables livrent,
outre le grain, la paille, &c. D'ailleurs les revenus
de l'état doivent être certains, & ils deviendroient
cafuels.

Contribution fonciere pour 1791. Fonds pour le tréfor public.

28. L'Affemblée nationale conftituante, à fixé la contribution fonciere pour 1791, à 240 millions, qui doivent être verfés en totalité au tréfor public. Décret du 17 mars 1791 , art. II. = *En totalité*, cette difpofition eft fondée fur le principe établi par le décret du 11 juin 1790 ; qu'à partir de l'époque où le nouveau fyftême d'impofition feroit organifé , toutes les impofitions réelles ou perfonnelles feroient réparties , recouvrées & verfées au tréfor public , fans aucune déduction, même pour tranfport d'efpeces. = C'eft que cette fomme, nommée principal, eft deftinée aux dépenfes générales de l'état ; & que la dépenfe de l'adminiftration des départements & des diftricts , confiée à leurs directoires, eft une charge qui leur eft particuliere. (Voy. n°. 30.) = 240 millions font cenfés former le fixieme du revenu net des propriétés du royaume. (Voyez n°. 37.) Le royaume eft ainfi cenfé produire 1440 millions ; car fix fois 240 , produifent cette fomme.

Fonds pour les non-valeurs , ou les décharges.

29. Il doit être perçu, en outre de ce principal, un fou pour livre, formant un fonds de non-valeur de douze millions. Huit, c'eft-à-dire les deux tiers, reftent à la difpofition de la légiflature , pour être employés par elle, en réductions ou fecours pour les départements ; & quatre, c'eft-à-dire, le tiers, formant quatre deniers pour livre du principal , font à la difpofition des adminiftrations de département, pour être employés par elle en décharges ou réductions. Décret du 17 mars 1791, art. IV.= Le royaume entier doit fournir au tréfor public un fonds de 240

millions, pour la dépenfe de l'état, n⁰. 28. Il peut arriver que le contingent de contribution, affigné à quelques départements, excede la fomme que comportent leur revenu net moyen. Il peut arriver auffi qu'il fe préfente dans quelques-uns des cas qui exigent ou des dégrevements, ou des fecours. Il étoit donc jufte d'établir un fonds, qui pût fournir à ces objets, fans toucher à la fomme dont l'état a befoin. = Ce qui peut arriver à la généralité des départements, peut arriver à des diftricts, à des communautés, à des particuliers contribuables. Il étoit donc jufte auffi de deftiner des fonds à ces objets. = C'eft à quoi font deftinés les douze millions, dont la légiflature & les départements difpofent, en la proportion déterminée. (Voyez pour les dégrévements, n⁰. 565.) = Un temps viendra où la bafe du revenu net moyen fera certaine. Alors il y aura moins de caufes de réduction, & le fonds de non - valeur pourra être diminué.

Fonds pour les dépenfes des Départements & Diftricts.

30. Il peut encore être perçu quatre autres fous pour livre du principal. — Cet excédent eft réfervé aux départements & aux diftricts, pour fournir aux frais de perception, & aux dépenfes particulieres, mifes à leur charge par les décrets de l'Affemblée nationale. — Les départements & les diftricts ne peuvent pas excéder les quatre fous pour livre. Décret du 17 mars 1791, art. V. = Cet accroiffement de contribution eft éventuel, parce qu'il fe peut faire que les dépenfes auxquelles il doit fournir, foient inférieures. = L'emploi de cette fomme eft laiffé à la difpofition des départements & des diftricts, parce que les dépenfes qu'elle doit acquitter, les regardent particulierement. De cette maniere le Gouvernement a, dans le tréfor

public, le fonds deſtiné aux dépenſes générales de l'état. (Voyez nº. 28), — & les départements & les diſtricts ont, dans leurs caiſſes de diſtrict, celui des dépenſes particulieres miſes à leur charge ; par-là s'évite l'embarras du reverſement que le tréſor public devroit faire aux départements & diſtricts, s'il recevoit la contribution entiere. = Pour la nature de ces dépenſes, (Voyez nºs. 31 & 32.)

Dépenſes à la charge des Départements.

31. Les dépenſes, à la charge du département de l'Iſere conſiſtent, ſuivant le tableau que ſon direc-toire a fait imprimer, ſavoir : = Travaux & ouvrages publics, qui ſont — les confections, entretien & ré-parations des routes ; — les indemnités aux proprié-taires des terrains pris pour la confection & l'entre-tien des routes ; — les ponts, aqueducs & autres ouvrages d'arts à faire ſur les grandes routes ; — les digues & autres ouvrages à faire contre les rivieres & torrents ; — les appointements des ingénieurs , & ſalaires des conducteurs, piqueurs & cantonniers ; — l entretien & les réparations des priſons du tribunal criminel & des bâtiments & établiſſements publics , à la charge du département ; = agriculture, com-merce, arts & manufactures, ſavoir ; — ſecours provi-ſoires à la bibliothéque publique, établie à Greno-ble ; — frais du dépôt d'étalons, établi à Eybens ; — école gratuite de deſſein, y compris l'achat des mo-deles, & les autres dépenſes de ce genre ; — pen-ſion à l'ancien profeſſeur de cette école ; — gratifi-cation de retraite à trois gardes des bois ci-devant domaniaux, du Drac & de l'Iſere ; — la deſtruc-tion des loups. = Secours d'humanité & bienfaiſance, ſavoir : — école de chirurgie ; cours d'accouchement ; école & jardin de botanique ; — épidémies & épi-ſooties ; — penſion au ci-devant medecin des épidé-

mies ; ⚊ penfion à un particulier eftropié au fervice des ponts & chaufléés ; ⚊ penfion à la veuve d'un ingénieur, & fecours aux incendiés. ⚌ Dépenfe du tribunal criminel, favoir : ⚊ traitement du préfident, ⚊ de l'accufateur public, ⚊ du greffier , de l'adjoint du commiffaire du roi ; ⚊ menues dépenfes du tribunal. ⚌ Frais d'adminiftration du département, favoir : ⚊ huit membres du directoire , ⚊ un procureur-général-fyndic, ⚊ un fécretaire général. ⚌ Dépenfes variables, favoir : ⚊ un adjoint pour un temps ; ⚊ traitement des chefs & commis ; ⚊ fourniture de papier, bois, lumieres & autres menues dépenfes ; ⚊ ports de lettres, ⚊ frais d'impreffion ; ⚊ frais des affemblées électorales & adminiftratives. ⚌ Fonds réfervés pour des dépenfes imprévues : ⚌ ces dépenfes pour 1791 , fe portent à 514,145 liv. 12 fols fix den.

Dépenfes à la charge des Diftriɛts.

32. Les dépenfes à la charge des quatre diftricts du département de l'Ifere , qui font : Grenoble , Vienne , Saint - Marcellin & la Tour-du-Pin, confiftent, fuivant le même tableau , favoir : ⚌ travaux & ouvrages publics ; ⚊ entretiens ou réparations des prifons, des bâtiments & établiffements publics , à la charge des diftricts. ⚌ Dépenfes des tribunaux, favoir : ⚊ cinq juges, ⚊ un commiffaire du roi, un greffier au tribunal de diftrict ; ⚊ trois juges de paix, trois greffiers pour la ville de Grenoble , ⚊ juges de paix & greffiers. ⚊ Frais de fceau ou cachet. ⚊ Menues dépenfes du tribunal & du bureau de conciliation. ⚌ Frais d'adminiftration , favoir : ⚊ quatre membres du directoire , ⚊ un procureur-fyndic, ⚊ un fecrétaire adjoint, ⚊ chefs & commis de bureaux. ⚊ Concierge, fourniture de papier, bois & lumiere, & frais d'impreffion. ⚊ Frais de ports de lettres. ⚊ Loyer du lieu des féances. ⚊ Frais de députation à la fédération générale du 14 juillet 1790. ⚌

Taxation du receveur de chaque diftrict, fuivant la proportion déterminée par l'art. XXV de la loi du 24 novembre 1790 ; (décret du 14). = Fonds réfervés pour les dépenfes imprévues à la charge des diftricts. = Ces dépenfes pour 1791, fe portent; favoir, — pour le diftrict de Grenoble, à 87,226 liv. 6 fous 9 den. ; — pour celui de Vienne , à 60,553 liv. 3 fous 2 d. ; — Pour celui de Saint-Marcellin, à 51,853 liv. 14 f. 9 d. ; — & pour celui de la Tour-du-Pin, à 55,127 l. 16 f. 5 den.

33. L'affemblée nationale, prévoyant que les dépenfes énoncées aux nos. 31 & 32, pourroient , dans quelques départements ou quelques diftricts, excéder *pour* 1791 , les quatre fous pour livre qu'il leur eft permis d'impofer, pour y fournir, a ftatué que le corps legiflatif y fupléeroit par un fecours pris fur les fonds de la caiffe de l'extraordinaire; mais elle a borné un pareil fecours à la feule année 1791 ; fans que, pour l'avenir, il puiffe être accordé. Décret du 17 mars 1791, art. VI. = On ne peut fe diffimuler que les dépenfes de l'année 1791 ont été confidérables; cependant nous avons l'affurance, dans le diftrict de Grenoble , qu'elles ne fe font pas montées aux quatre fous pour livre, puifque le département n'a impofé, pour les fiennes , que 2 f. 7 den. $\frac{1}{2}$, & le diftrict, que 1 f. 2 den. $\frac{1}{4}$; en tout, 3 f. 10 den. $\frac{1}{4}$. C'eft un foulagement d'un den. $\frac{1}{4}$; c'eft-à-dire, de 8453 liv. 1 f. Quelque mince qu'il foit , on peut en concevoir l'efpérance qu'il fera annuellemeut plus confidérable , jufqu'à ce qu'enfin toutes les dépenfes étant devenues à-peu-près fixes, le montant annuel puiffe en être déterminé.

_ 34. Les frais de perception, c'eft-à-dire , les taxations attribuées aux receveurs de chaque diftrict, font comprifes dans les quatre fous énoncés au n° 30. = Et ces taxations confiftent en une remife fur leur recette *effective*, tant des contributions fonciere & perfonnelle, que du produit annuel des biens nationaux ; déduction faite des taxations des collecteurs fur les contributions fonciere & perfonnelle, & des non-valeurs, décharges & modérations ; laquelle remife eft réglée à raifon de *trois* den. pour liv., fur les premieres 200 mille liv. ; de *deux* den. pour liv., fur les deuxiemes 200 mille liv. ; de *un d.* pour liv., fur ce qui excede 400 mille liv. jufqu'à 600 mille, & au-delà de cette derniere fomme, *un demi* den. pour liv. feulement. == Les receveurs font autorifés à retenir lefdites taxations par leurs mains ; mais ils ne peuvent en aucun cas, ni fous aucun prétexte, diminuer, par cette retenue, la fomme qu'ils doivent verfer au tréfor public & à la caiffe de l'extraordinaire. Décret du 14 novembre 1790, art. XXV. == Suivant l'efprit de la loi, la taxation des receveurs ne peut être définitivement arrêtée qu'après la perception entiere de la contribution ; parce que, les non-valeurs, décharges & modérations, diminuant la fomme groffe, diminuent la taxation ; mais cette diminution ne porte que fur le droit de remife le plus foible, eu égard à la fomme groffe.

3 den. de 200,000 liv. rendent	2500	0	0
2 den.	1666	13	4
1 den.	833	6	8
½ den.	416	13	4
Droit de remife fur 800,000 liv.	5416	13	4

35. Les municipalités doivent fournir à la rétribution & aux taxations de leur receveur ou collecteur, par de nouveaux fous additionnels de la portion de contribution qui leur eft affignée. Décret du 17 mars 1791, art. VII. == Mais cette taxation n'eft point fixée ; la collecte fe donne, par adjudication, à celui qui fait la condition meilleure. (Voyez n°s 129 & fuiv.)

Dépenses à la charge des Communautés.

36. Il en eſt de même des charges locales des municipalités, qui conſiſtent en général aux gages des gardes-bois & champêtres; aux dépenſes qu'entraine leur adminiſtration; aux frais de péréquation & autres ſemblables; ⎯ mais elles n'ont pas le droit de déterminer ces dépenſes; elles doivent en dreſſer l'état, en former la demande ; & les directoires de département doivent arrêter cet état, ſur l'avis des directoires de diſtrict. Décret du 17 mars 1791, art. VII. Décret du 11 juin ſuivant, art. VI.

37. Tout contribuable qui juſtifiera avoir été cotiſé à une ſomme plus forte que le *ſixieme* de ſon revenu net foncier, à raiſon du *principal* de la contribution fonciere, *aura droit* à une réduction, en ſe conformant aux regles qui ont été, ou qui feront preſcrites. Décret du 17 mars 1791, art. III. = Ce décret prouve, comme on l'a annoncé, n° 28, que la contribution *pour* 1791 a pour baſe le ſixieme du revenu. La contribution eſt de deux cent quarante millions. L'aſſemblée nationale a donc préſumé que le revenu foncier du royaume étoit de 1440. = Quel eſt le fondement des demandes en réduction ; comment doivent-elles être formées, vérifiées, inſtruites & jugées? (Voyez nos 473 & ſuiv.)

38. Le public a paru croire que la contribution, en y réuniſſant les ſous pour liv., étoit du cinquieme; c'eſt une erreur. Elle eſt du cinquieme & un cent vingtieme : 240 millions font le ſixieme préſumé, nos 28 & 37 ; & ſix fois 240, donnent pour revenu total 1440. Ajoutez au principal de . . 240 millions
4 ſous pour livre, qui montent . .   48
____

Vous aurez 288
____

Diviſez 1440 par 288, vous aurez au quotient, 5; ou multipliez 288 par 5, & vous aurez au total 1440.

L'addition

L'addition de 4 fous pour livre, porte donc la contribution au cinquieme du revenu. = Mais aux 4 fous pour livre, il faut en ajouter un cinquieme, valant douze millions, qui eft un cent vingtieme de 1440 ; car 1440, divifés par douze, donnent 120 ; & 120, multipliés par 12, donnent 1440. = 60 millions font bien le cinquieme de 240 : mais 300 font le cinquieme & le cent vingtieme de 1440, total du revenu net préfumé.

CHAPITRE III.

COMMENT la Contribution eft répartie aux Départements, Diftricts & Municipalités.

39. L'ASSEMBLÉE nationale conftituante a réparti *le principal* de la contribution fonciere fur les quatre-vingt-trois départements, par décret du 27 mai 1791. (Voyez n° 18.) = Le contingent du dé- partement de l'Ifere y a été fixé à trois millions cent quatre-vingt-un mille huit cent liv. Les fous pour liv. du principal fe montent à 795,450 liv. ; mais le diftrict de Grenoble ne fupporte pas les cinq fous pour liv. en entier. (Voyez n°. 33.)

40. Les directoires de département doivent ré- partir la portion contributive, affignée à chacun d'eux, entre leurs diftricts ; envoyer à leurs direc- toires une commiffion qui fixe le contingent de cha- cun. Décret du 11 juin 1791, art. Ier. = Cette obli- gation leur eft impofée fous peine de forfaiture, n°s. 482, 483. = Les directoires de département envoyent une commiffion ; les directoires de diftrict, un man- dement.

41. La commiffion du directoire de département doit contenir, par articles féparés, la fixation, 1° du

18

principal de la contribution ; 2º. des fous additionnels, au marc la livre du principal, deftinés au fonds
de décharge & de modération ; 3º. les fous & den.
additionnels qui feront néceffaires pour les dépenfes
à la charge du département. Décret du 11 juin 1791,
art. III. = Le directoire peut joindre des inftructions à la commiffion. Décret du 23 novembre 1790,
tit. II, art. XX.

42. Auffitôt que les commiffions des directoires de
département font parvenues aux directoires de diftrict, ceux-ci doivent faire, entre les communautés,
la répartition du contingent affigné à leur diftrict,
& envoyer à chaque communauté un mandement
qui fixe fa quote part dans la contribution. Décret du
11 juin 1791, art. II. = Cette obligation leur eft impofée fous peine de forfaiture, nᵒˢ. 482, 483.

43. Le mandement du directoire de diftrict doit
contenir, par articles féparés, la fixation, 1º. du
principal de la contribution ; 2º. les fous additionnels deftinés au fonds de décharge & de modération ; 3º. des fous & deniers additionnels deftinés
aux frais de dépenfes du diftrict & taxation de fon
receveur. = Et ceux-ci, réunis à ceux du département, n'ont pas dû excéder, pour l'année 1791, les 4 f.
pour livre du principal de la contribution. Décret
du 11 juin 1791, art. IV. = Le directoire du diftrict doit joindre à fon mandement les inftructions
du directoire de département. Décret du 23 novembre 1790, tit. II, art. XX. = Les 4 f. pour livre
n'ont pas été impofés en entier. (Voy. nᵒ. 33.)

44. Les officiers municipaux doivent, auffitôt que
le mandement du directoire de diftrict leur eft parvenu, procéder à la confection de la matrice de rôle,
conformément, nᵒ. 41, aux inftructions du directoire
de département, qui doivent être jointes au mandement. Décret du 23 novembre 1790, tit. II, art. XX.
= Et cette obligation leur eft impofée à peine de
forfaiture, nᵒˢ. 482, 483. = Ce que prefcrit l'article,

forme régle générale ; mais la contribution fonciere
étant établie fur une nouvelle bafe, celle du révenu
net moyen, (voyez nᵒˢ. 22 & fuiv.) il a fallu remplir
des préalables, pour arriver à la confection de la
matrice de rôle ; c'eft ce qui va être expliqué.

CHAPITRE IV.

*COMMENT doivent être faits les états de fection,
la matrice de rôle & le rôle ?*

DIVISION DU TERRITOIRE.

45. LA premiere opération que les municipalités
doivent faire, eft de connoître les propriétés que
chacun poffede dans leur territoire ; elles doivent,
pour cela, commencer par divifer le territoire en
plufieurs fections, dont la circonfcription foit certaine,
& les limites auffi invariables, auffi reconnoiffables qu'il
fera poffible ; elles doivent donner un nom à chacune,
& former un tableau qui indique, & leur pofition, &
leur dénomination. Décret du 23 novembre 1790,
tit. II, art. Iᵉʳ. == En plus grand nombre de fections
elles diviferont leur territoire ; & plus facilement,
plus furement elles opéreront.

46. Pour remplir ce préalable, les officiers municipaux doivent s'affembler ; procéder à la divifion du
territoire, en fections, par une délibération dont le
modele fuit :

DÉLIBÉRATION.

AUJOURD'HUI . . . .
mil fept cent . . . .
Nous, officiers municipaux de la communauté

de . . . . réunis au lieu ordinaire des féances de la municipalité.

Après la lecture qui nous a été faite par le fecrétaire - greffier , de l'art. I, du tit. II, du décret de l'affemblée nationale, du 23 novembre 1790, fanctionné par le roi, le 1ᵉʳ. décembre fuivant ; lequel art. porte = qu'auffitôt que les municipalités auront reçu le décret, & fans attendre le mandement du directoire de diftrict, elles formeront un état indicatif du nom des différentes divifions de leur territoire, s'il y en a déjà d'exiftantes, ou de celles qu'elles détermineront, s'il n'en exiftoit pas déjà ; & que ces divifions s'appelleront fections , foit dans les villes , foit dans les campagnes.

Pour nous conformer au fufdit article , & d'après les connoiffances que nous avons de la confiftance du territoire de notre communauté, avons divifé ce territoire en fections, dont la premiere eft connue fous le nom de *la fection de* . . . .

La deuxieme, fous celui de *la fection de* . . . . .
La troifieme, fous celui de *la fection de* . . . . .

Et pour que cette divifion ne puiffe être expofée à des variations, qui apporteroient la confufion dans les opérations dont elle doit être la bafe , nous déclarons par la préfente délibération.

Que la premiere fection, dite de
eft la portion de territoire de notre communauté qui eft limitée , favoir : au levant par
au nord par
au couchant par
au midi par

La deuxieme, &c.

Et fera une expédition de la préfente délibération, infcrite fur les regiftres de la municipalité, envoyée fans délai, par le procureur de la commune, à MM. les adminiftrateurs du directoire du diftrict ; & une copie d'icelle , affichée à la porte du lieu ordinaire des féances de la municipalité & de l'églife paroiffiale, à ce qu'aucun des propriétaires & habitants de cette communauté ne puiffe en prétendre caufe d'ignorance.

Fait à . le . . & ont figné.

47. La délibération faite, les officiers municipaux enverront, fans délai, une expédition au directoire du diftrict. — Le procureur de la commune en fera de fuite afficher copie; 1°. à la porte du lieu des féances de la municipalité; 2°. à la porte de l'églife paroiffiale; 3°. aux autres lieux publics. — Elle fera auffi publiée au prône. Inftruct. fur cet art. Ier, du tit. II. ⹀ L'objet de cette divifion eft de pouvoir plus facilement & plus fûrement parvenir au rôle de contribution, remplir enfin le defir de la loi; il a pour objet auffi de pouvoir connoître & retrouver, au befoin, les propriétés de chacun : elle remplacera, en ce point, les parcelaires actuels; puifque, confignée dans le regiftre des délibérations, elle deviendra certaine à toujours.

Nomination des Commiffaires.

48. Pour arriver à la connoiffance des différentes propriétés de chacun, le confeil municipal doit d'abord choifir des commiffaires parmi fes membres. — Il doit enfuite convoquer le confeil général de la commune, pour en nommer auffi en nombre au moins égal à celui des commiffaires municipaux. — Le confeil général peut en nommer davantage, eu égard à l'étendue du territoire, & à la célérité que peut exiger l'opération. — Les propriétaires, domiciliés, ou *forains*, peuvent affifter à cette affemblée, & être nommés commiffaires, *pourvu*, néanmoins, qu'ils foient citoyens actifs. — Les fermiers, ou métayers domiciliés, peuvent être auffi nommés commiffaires, *pourvu* de même, qu'ils foient citoyens actifs. ⹀(Cette qualité, relativement à la contribution de 1791, a dû être juftifiée par les rôles de 1790. — D'où il fuit que, dans tous les cas, elle peut être juftifiée par les rôles de

l'année précédente.) ⌐ Enfin, les commiffaires nommés par le confeil général de la commune, doivent,
dans leurs opérations, être affiftés d'un commiffaire
municipal. Décret du 23 novembre 1790, tit. II, art.
II; & inftruction fur cet article.

Forme des états de Section.

49. CES commiffaires doivent fe divifer les fections
du territoire de la municipalité; ⌐ y vérifier les différentes propriétes qui y font renfermées; ⌐ former
un état qui les indique; ⌐ y joindre le nom du propriétaire; ⌐ y comprendre les biens appartenants
aux communautés elles-mêmes. Décret du 23 novembre 1790, tit II, art. III.

5o. Les états à former dans chaque communauté
doivent être uniformes; ⌐ pour parvenir à cette uniformité, les directoires de département ont dû faire
imprimer les feuilles néceffaires & en envoyer aux
directoires de diftrict, qui ont dû en diftribuer aux
municipalités, en nombre fuffifant. Inftruct. fur cet
art. III, du tit. II. = Il femble que, d'après cet envoi,
on pourroit fe difpenfer de joindre ici le modele de
ces états. Mais l'envoi n'a été fait qu'aux municipalités; & tout citoyen, fur-tout propriétaire foncier,
doit defirer de s'inftruire. On joint donc ici le modele, dont on commence par donner l'explication.
(Le modele eft au n°. 60).

51. Chaque communauté, puifqu'elle eft divifée
par fections, doit avoir plufieurs états de fection.
= Ainfi, pour les reconnoître, il faut que chaque
état ait, fur la couverture du cahier, un *intitulé* portant
le nom de la municipalité & de la fection; ⌐ ces
mots feront placés à la fuite des deux mots *de.* = Et
pour les diftinguer, il faut défigner le premier par la
lettre A, le fecond par la lettre B, & ainfi de fuite.
⌐ Cette lettre fera placée dans l'intervalle, entre les
deux crochets. = Conférez avec le modele.

52. Quant aux états, ils doivent être à colonnes divifées par des cafes; les cafes placées fur une même direction de droite à gauche, font toutes pour la même perfonne.

53. Pour fe conformer à l'inftruction fur l'art. III, du tit. II, ne comptons pas la premiere colonne, dont les cafes doivent refter en blanc pour recevoir pendant l'année le nom des nouveaux propriétaires; regardons la feconde colonne comme étant la premiere.

54. Les cafes de droite à gauche font faites pour recevoir, fuivant leur intitulé & dans l'ordre qui fuit : 1°. le n°. du fonds; 2°. le nom du propriétaire; 3°. la qualité du fonds; 4°. fa contenance; 5°. fon revenu.

Commencement des états de Section.

55. Comme avant d'arriver à la confection de la matrice de rôle, il y a plufieurs opérations à faire; la premiere, qui confifte à former les états de fection, fe réduit à marquer; — 1°. le n°. du fonds dans la premiere colonne; — 2°. le nom du propriétaire dans la feconde; en obfervant de laiffer à la fuite, entre deux crochets, l'intervalle néceffaire pour recevoir fon nom de baptême, & à la fuite fa qualité; — 3°. enfin, dans la premiere partie de la 3e. colonne, c'eft-à-dire, dans la 3e. cafe, la qualité du fonds. == Il faut attendre, pour garnir le nom de baptême, & la qualité du propriétaire, & la contenance du fonds, le réfultat de la déclaration dont il fera parlé, n°. 62; & pour garnir les autres cafes, le réfultat des opérations fucceffives.

Maniere d'opérer fur le Terrain.

56. Le premier fonds, infcrit dans chaque état, fera défigné de n°. 1; le fecond, de n°. 2; ainfi de fuite. Si l'opération eft faite avec ordre, le premier fonds infcrit fera celui qui étoit à un angle de la

section ; & pour la faire avec ordre, il faut parcourir les quatre faces de la section, & successivement le centre. == Plaçons-nous au levant & marchons du nord au midi, le premier fonds sera celui placé à l'angle du levant & nord ; les autres viendront à la suite. — Arrivés au midi, nous en suivrons la face, marchant du levant au couchant ; — nous parcourrons ainsi les deux autres faces, & nous arriverons au centre, par lequel nous finirons : c'est la meilleure méthode pour bien opérer & ne rien omettre.

57. En faisant cette tournée, on aura soin de marquer le n°. du fonds ; — le nom de famille, du propriétaire ; — la qualité de son fonds. == Quoique ce ne soit pas encore le moment de désigner la contenance, on peut la juger à l'œil, & en retenir note, pour y avoir recours, suivant les cas, lors de la vérification des déclarations. == On peut de même noter la qualité du terrain, bonne, médiocre, ou mauvaise, pour y avoir également recours lors de l'appréciation du revenu. == Par la même raison, on peut retenir note de l'état du fonds, s'il est attaqué par une riviere, par un torrent, s'il en a été endommagé, s'il est entourré de fossés, ou de haies ; prendre, en un mot, les notes qui peuvent donner des instructions pour les opérations ultérieures. (Voyez n°s. 65, 229, 392). == La premiere opération, lorsque sur-tout il s'agit d'exécuter un nouveau mode, n'est, à proprement parler, qu'un brouillard instructif. Quand, une fois, le mode est bien établi, qu'il a acquis la perfection dont il est susceptible, les opérations annuelles ne sont plus que des révisions, pour connoître les changemens arrivés pendant l'année, les différences qu'ils peuvent apporter au premier résultat.

58. On a dit, *opérations annuelles ;* c'est qu'en effet elles devront se répéter annuellement : quoique les décrets, ni l'instruction ne l'ayent pas dit nommément, l'instruction l'annonce par l'intitulation qu'elle a mise à la tête de la colonne réservée pour indiquer les

mutations qui furviendront dans les noms des propriétaires, pendant, eft-il dit, *l'année 1791* ; expreffion qui paroît reftrictive à l'année défignée. ═══
D'ailleurs, le revenu étant la bafe de l'impofition, &
le revenu changeant néceffairement lorfque l'état du
fonds change, une vérification annuelle paroît néceffaire pour la confervation de la bafe évidemment la
plus jufte. Sans cela, on retomberoit dans le vice des
anciens parcelaires, dont l'eftime, déjà peu exacte
dans le principe, eft, en beaucoup d'endroits, toujours la même depuis des fiecles, quoique l'état &
la furface de la plûpart des fonds ayent confidéra-
blement changé. (Voyez n°. 25).

59. *Modele de l'intitulation.* (*Voyez n°. 51*).

CONTRIBUTION FONCIERE.

ÉTAT DE SECTION.

( )

MUNICIPALITÉ
de

SECTION

de

60. *MODELE d'un ÉTAT de Section.* Voy. n°s. 54 & fuiv.

COLONNE réfervée pour indiquer les mutations qui furviendront dans les noms des Propriétaires, pendant l'année 1791.	Numéros des Propriétés comprifes dans la Section.	NOMS, Profeffions & Demeures des PROPRIÉTAIRES.	DÉSIGNATION de la nature & de la contenance de chaque numéro de Propriété, compris dans la Section.		ÉVALUATION du Revenu net, impofable en 1791.		
			Nature de chaque Propriété.	CONTENANCE.			
	Nº. 1.	Coquet, ( )	Pré,				

Na. Quand les Commiffaires fe tranfportent fur le terrain de la Section pour le parcourir, l'état n'a que l'intitulé des colonnes. = En parcourant le terrain, ils font, propriété par propriété, les unes à la fuite des autres, les trois infcriptions ci-deffus; favoir : celle du nº....; — celle du nom de famille du Propriétaire; — celle de la nature du fonds. = Voyez nºs. 54, 55, 56 & 57. — La fuite de l'opération fe trouvera figurée au nº. 79.

Publication des états de Section.

61. LES états de section étant formés, ils doivent être publiés, (fans doute en la forme expliquée n°. 47.) Ils doivent enfuite être dépofés au fecrétariat de la municipalité, — afin que tous les contribuables puiffent en prendre connoiffance. Décret du 23 novembre 1790, tit. II, art. III & IV. = C'eft que les contribuables feront tenus de faire des déclarations. (Voyez n°. 62.)

Déclarations des Propriétaires.

62. LES états de fection ayant été publiés, tous les propriétaires doivent aller, dans la quinzaine, faire leur déclaration au fecrétariat de la municipalité.= (Ces déclarations doivent d'autant moins être négligées, qu'elles atteftent la poffeffion; avantage que la jurifprudence refufoit aux parcelaires.)= Ces déclarations peuvent auffi être faites pour eux, par leurs fermiers, ou régiffeurs, ou fondés de pouvoir.= Elles doivent contenir la nature & la contenance de leurs différentes propriétés. Décret du 23 novembre 1790, tit. II, art. IV. = Cet art. dit encore qu'elles feront faites en la forme qui fera prefcrite. L'inftruction fur cet art. a réglé la forme. (Voyez n°. 63.)

63. Le propriétaire qui ne poffède des fonds que dans une fection, peut les renfermer tous dans une feule déclaration, en obfervant de les diftinguer par 1°, 2°, &c.; — s'il a des poffeffions dans plufieurs fections, il doit faire autant de déclarations, qu'il y a de fections. = Il doit auffi déclarer quels de fes fonds il fait valoir par lui-même, & quels il a affermés. = Mais en déclarant la contenance, il fuffit de la déclarer fuivant la mefure locale; & on n'eft obligé de fe fervir de l'arpent, mefure d'ordonnance, que pour les terrains dont il eft parlé au tit. III du décret. =

Si le déclarant fait figner, mais ne fait pas écrire, le fecrétaire-greffier peut recevoir, mais fans frais, fa déclaration, & le déclarant la fignera; — s'il ne fait pas figner, fa declaration fera fignée par deux officiers municipaux, ou deux commiffaires préfens, & par le fecrétaire-greffier. = Les déclarations doivent être faites fuivant le modele ci-après. Les officiers municipaux ne doivent admettre que celles dirigées dans les formes ci-deffus prefcrites. Inftruct. fur l'art. IV, du tit. III, du décret du 23 novembre 1790; & modele y joint fous n°. 3.

64. *Modele de déclaration.*

    Communauté de [le nom.]
    Section de [le nom.]
    [Le nom du déclarant.]
    Demeurant à [le lieu.]

JE, fouffigné, [le nom de celui qui déclare lui-même, ou le nom de celui qui déclare pour lui], propriétaire dans la communauté de [le nom], déclare que je poffède [ou que ledit. . . . . . poffede] fur le territoire de ladite communauté, dans la fection de [le nom], une piece de terre ou pré, &c.], de la contenance de [le nombre de fétérées, ou autre mefure]; laquelle [expliquer s'il fait valoir ou s'il a affermé]. Fait le [la date].

65. Le déclarant peut ajouter les circonftances effentielles à l'état actuel de fa propriété. Si fa propriété voifine d'une riviere, étoit réduite d'un tiers, de moitié, &c.; — fi un torrent l'a parcourue & couverte de fes dépôts, &c. nos. 25, 57, 229, 392; — fi elle eft en friche ou en vafe, nos. 206, 215, 217, & fuiv.; — fi elle n'eft plantée que depuis une, deux, trois années, &c. nos 220, & fuiv. = Quoique les commiffaires foient naturellement tenus de prendre les notes locales, de demander renfeigne-

ment fur celles que le local ne leur attefte pas, du moins fuffifamment, il eft prudent au propriétaire de s'expliquer; parce que ne le faifant pas, il n'auroit que la voie de la réclamation, fi les commiffaires avoient ignoré, ou omis ces circonftances.

66. Les déclarations des biens poffédés par les fabriques, maifons de charité ou d'éducation, & l'ordre de malte, doivent être faites par leurs admi-niftrateurs. = Celles des biens appartenants aux com-munautés d'habitants, doivent être faites par les officiers municipaux. = Ces diverfes déclarations fe-ront faites fuivant les modeles, nᵒˢ. 64 & 67.

67. *Modele de déclaration pour une communauté.*

Communauté de [le nom.]
Section de [le nom.]

NOUS, fouffignés, officiers municipaux de la communauté de [le nom], propriétaire dans fon territoire, déclarons que ladite communauté y poffede dans la fection de [le nom], une piece de [terre, pré, bois, &c.], de la contenance de [le nombre de fétérées, ou autre mefure] ; laquelle [expliquer comment elle jouit]. Fait ce [la date].

68. Les déclarations des biens nationaux doivent être faites au nom des adminiftrateurs de diftrict, par le procureur de la commune du lieu où ils font fitués; — celui-ci fera tenu d'envoyer, dans la quinzaine, au procureur-fyndic, copie de fes décla-rations : — elles feront faites fuivant le modele qui fuit.

69. *Modele de déclaration de biens nationaux.*

Communauté de [le nom.]
Section de [le nom.]

JE, fouffigné, [le nom], procureur de la commune

de [le nom], déclare au nom de MM. les Adminiftrateurs du directoire de diftrict de [le nom],
que la nation pofféde fur le territoire de ladite communauté , dans la fection de [le nom], une piece
de [terre, pré , bois , &c.], de la contenance de
[le nombre de fétérées, ou autre mefure] ; laquelle
[expliquer comment la nation jouit]. Fait ce [la
date].

Réunion des déclarations en liaſſe.

70. A mefure que les propriétaires auront fourni
leurs déclarations , les commiffaires auront foin de
les réunir en une feule & même liaffe pour chaque
fection , & de donner à chacune le même n⁰. que
celui fous lequel le nom du propriétaire aura été
porté dans l'état de la fection pour laquelle la
déclaration aura été faite. = Ainfi , comme les états
de fection font défignés par des lettres , & les fonds
par des n⁰ˢ. , la déclaration du *premier* propriétaire,
infcrit dans le *premier* état de fection , fera marquée
en tête A , n⁰. 1ᵉʳ. ; celle du fecond propriétaire ,
A , n⁰. 2 , &c. = Si le premier propriétaire poffede
plufieurs fonds dans la même fection , attendu qu'il
ne fait qu'une déclaration pour tous , il faudra , lorfqu'on fera arrivé au n⁰. du fecond , du troifieme , &c.
inférer dans la liaffe , une feuille qui fera marquée A,
n⁰. [le nombre], avec défignation de fon nom , de la
qualité de cet autre fonds , & un renvoi à fa déclaration, déjà marquée A , n⁰. 1ᵉʳ. : = ainfi des autres propriétaires.

71. A l'égard des fonds compris dans la feconde
fection , la déclaration du *premier* fera marquée B,
n⁰. 1ᵉʳ ; le *deuxieme* le fera B , n⁰. 2 , &c. = Et fi
un propriétaire pofféde plufieurs fonds dans cette
fection , on renverra à fa déclaration , en la forme
expliquée au n⁰. précédent.

72. La quinzaine prefcrite pour faire les déclarations, nº. 62, étant expirée, les officiers municipaux & les commiffaires-adjoints doivent procéder à l'examen des déclarations, & fuppléer, d'après leurs connoiffances locales, à celles qui n'auroient pas été faites, ou qui fe trouveroient inexactes. Décret du 23 novembre 1790, tit. II, art. IV. = Mais ils doivent *préalablement* faire avertir les propriétaires, fermiers, régiffeurs, ou fondés de pouvoir. — Inftruction fur cet article.

Rectification des déclarations.

73. LES déclarations inexactes feront rectifiées par une apoftille, qui fera mife au bas de ces déclarations. = A l'égard de celles qui n'auroient pas été fournies, il fera fuppléé par un arrêté particulier, pour chaque nº. de propriété ; & cet arrêté fera rédigé à-peu-près dans la même forme que les déclarations elles-mêmes, fuivant le modele ci-après. = Ces arrêtés feront réunis & rangés avec les déclarations, dans les liaffes des fections, fuivant l'ordre expliqué aux nºˢ. 70 & 71. Inftruction fur ledit art. IV.

74. *Modele d'un arrêté fupplétif de déclaration.*

[Le nom du propriétaire.]
Demeurant à [le lieu.]

CE propriétaire n'ayant point fourni fa déclaration dans le délai prefcrit par l'art. IV, du tit. II , du décret de l'Affemblée nationale, du 23 novembre 1790, accepté par le Roi, nous, officiers municipaux & commiffaires - adjoints, avons arrêté que [le nom] fera compris fous le nº. [le nombre] dans l'état de fection de [le nom & la lettre], pour [la qualité du fonds], dont nous avons évalué la contenance à [le nombre de fétérées, ou autre mefure locale]; & que

32

ledit [le nom avec l'explication s'il fait valoir, ou s'il
a affermé]. Fait & délibéré, à   ce

75. Les officiers municipaux auront foin, foit pour
rectifier les déclarations inexactes, foit pour fuppléer
à celles qui n'auront pas été fournies, de recourir aux
cadaftres, parcelaires, plans, & autres documents
qu'ils auront, ou pourront fe procurer. Inftruction fur
ledit. art. Ier, du tit. II.

76. Il fera libre à tous les contribuables de prendre
au fecrétariat de la municipalité, communication des
déclarations, tit. II, art. IV, & l'inftruction. = C'eft
le moyen de reconnoître fi perfonne ne s'eft déclaré
propriétaire, ou poffeffeur de la propriété d'autrui,
& fi chacun a fait fes déclarations exactes & finceres.
— C'eft un droit de furveillance accordé aux intéreffés,
les uns fur les autres.

Achevement des états de Section.

77. TOUTES les opérations préliminaires qui ont
été expliquées, & qui fe font fur le terrain, étant
achevées, les officiers municipaux doivent continuer
à garnir les états de fection; opération qui fe fait dans
le cabinet. (Voyez les modeles n°s. 60. & 79). —
En conféquence, ils commenceront par ajouter dans
la 2e. colonne, au nom de famille du propriétaire ,
fon nom de baptême & fa qualité ; de fuite ils met-
tront dans la 2e. partie de la 3e. colonne, c'eft-à-dire,
dans la 4e. cafe, la contenance de la propriété, fuivant
la mefure locale. (Voyez n°. 63). = Ils opéreront
ainfi fur chaque état de fection, l'un après l'autre ;
& ils auront foin que les n^{os}. de l'état, & les détails
qu'il contiendra, correfpondent exactement aux n^{os}.
des déclarations. Inftruction fur l'art. IV, du tit. II.
= Cette opération faite, les officiers municipaux &
les commiffaires adjoints feront, en leur ame & conf-
cience, l'évaluation du revenu net des différentes
propriétés foncieres de la communauté, fection par
fection.

section. Décret du 28 novembre 1790, tit. II, art. V.
= (Voyez pour la maniere de faire les évaluations
de toutes fortes de propriétés, n°s. 200 & suiv., 273
& suivants). — (Voyez aussi n°. 496, pour la néceffité de conferver l'opération & l'évaluation).

78. Quand les officiers municipaux & les commiffaires auront fait l'évaluation de chacun des objets
de propriété, fitués fur le territoire de leur communauté, ils porteront fur les états de fection, fonds
par fonds, l'évaluation de chacun, dans la colonne
deftinée à la recevoir. Inftruct. fur l'art. XIX. = Le
modele de cette opération fuit.

79. Modele annoncé, qui eft à la page fuivante.

80. Cette opération faite, les commiffaires ne
mettront pas fur les états de fection, la fomme que
chaque fonds devra fupporter de la contribution, proportionnément à fon revenu; les états de fection n'ont
pour objet que de conftater le nom des propriétaires,
leurs différentes propriétés & le revenu de chacune.
Ce n'eft qu'une préparation pour arriver à la matrice
de rôle dont il va être queftion. Inftruct. *ibid.*

Comment doit être faite la matrice de Rôle ?

81. LORSQUE les officiers municipaux auront com-
plété les états de fection, ainfi qu'il a été ci-deffus
expliqué, ils procéderont à la confection de la matrice
de rôle, pour l'envoyer enfuite au directoire de diftrict.
Décret du 23 novembre 1790, tit. II, art. XX. Inftruct.
fur cet article.

82. Cet article **XX** difpofoit « que la forme des
» rôles, de leur envoi, de leur dépôt, & la maniere
» dont ils feroient rendus exécutoires, feroient ré-
» glées par l'inftruction de l'affemblée nationale ».
En conféquence, l'inftruction prefcrit quatre opérations. — *La premiere* eft la rédaction de la matrice de
rôle, (c'eft aux officiers municipaux feuls à faire
cette opération; les autres doivent être faites par
les directoires de diftrict). — *La feconde* eft la con-

79. MODELE d'un ÉTAT de Section achevé. Voy. nᵒˢ. 60, 77 & 78.

Colonne réservée pour indiquer les mutations qui surviendront dans les noms des Propriétaires, pendant l'année 1791.	Numéros des Propriétés comprises dans la Section.	NOMS, Professions & Demeures des PROPRIÉTAIRES.	DÉSIGNATION de la nature & de la contenance de chaque numéro de Propriété, compris dans la Section.		ÉVALUATION du Revenu net, impofable en 1791.		
			Nature de chaque Propriété.	Contenance			
	Nᵒ. 1.	Coquet, (Jacques) Agriculteur, demeurant à	Pré,	de deux fétérées, *ou* journaux, *ou* arpents, qu'il fait valoir, *ou* qu'il a affermés à Cl. Muguet.—Prix de l'évaluation, 10 liv. la fétérée, faifant.....	20 liv.		

Na. En rapprochant ce modele de celui nᵒ. 60, on verra la différence de l'un à l'autre. Dans le premier, l'opération eft commencée fur le terrain. Le deuxieme la préfente achevée dans le cabinet, après l'examen des déclarations des propriétaires, nᵒ. 63; & à leur défaut, des arrêtés fuplétifs, nᵒ. 73. ═ Il faut obferver que, pour faire l'évaluation, on ne peut pas fe référer à un bail, nᵒ. 309. Il faut évaluer chaque propriété féparément d'après fon vrai produit. Voy. les trois évaluations, nᵒˢ. 302, 336, 354.

section de l'expédition du rôle. — *La troisieme*, la vérification du rôle, pour le rendre exécutoire. — *La quatrieme*, le renvoi du rôle à la municipalité, pour y être mis en recouvrement. Inftruct. *ibid.*

83. La matrice de rôle n'eft qu'une opération purement mécanique, qui confifte dans le dépouillement des états de fection. C'eft la bafe fur laquelle doit être fait le rôle, qui n'en eft qu'une expédition. Elle doit être en quatre colonnes. — *La premiere* doit contenir le nom, la profeffion & la demeure du propriétaire. — *La feconde*, le n°. de la fection, & le n°. & le revenu de chaque article de propriété infcrit dans tous les états de fection. — *La troifieme*, le total des évaluations de chacun de ces fonds. — *La quatrieme*, la contribution fonciere de chaque propriétaire. = Et quoique le propriétaire qui poffede plufieurs fonds dans une ou plufieurs fections, doive avoir, dans chaque état de fection, autant de cafes qu'il y a de propriétés, il n'en eft pas de même pour la matrice de rôle, ni par conféquent pour le rôle. Il ne doit être infcrit qu'en un feul & même article, pour toutes fes poffeffions, le revenu de chacun & fa cotifation, n°. 99. = Mais, ce n'eft pas aux officiers municipaux à répartir la contribution à chaque propriétaire, c'eft au directoire du diftrict. Inftruct. fur l'art. XX. = La loi, en renvoyant la répartition au directoire du diftrict, a fans doute eu pour objet de prévenir & d'empêcher toute faveur.

84. Ainfi, les officiers municipaux doivent, commençant par le *premier* état de fection, infcrire au *premier* art. de la matrice du rôle, dans la *premiere* colonne, le propriétaire du *premier* fonds infcrit fur l'état. = Le fonds de ce propriétaire, le premier de l'état, & le revenu de ce fonds doivent être placés dans la feconde colonne. On ne rappelle ni la qualité du fonds, ni fa contenance ; on le défigne feulement par la lettre de la fection, & le n°. du fonds. Ainfi, ce premier fonds fera ainfi défigné : *fection A*,

36

*n*º. *1* ; on ajoutera à la fuite la fomme de fon revenu, (fuppofons 30 liv.). = Ce premier fonds étant rapporté, il faut examiner fi ce propriétaire ne poffede pas d'autres fonds dans la même fection ; & fuppofant qu'il y en poffede un, fous le nº. 12, eftimé 12 liv., il faudra mettre, au-deffous de la mention du premier, *A*, *n*º. *12*, 12 liv.; — ainfi de fuite, pour tous les fonds de ce propriétaire, dans la premiere fection. = Cela fait, il faut examiner fi ce propriétaire poffede quelques fonds dans la fection B : fuppofons qu'il y en poffede un, nº. 4, eftimé 15 liv. 10 fous, il faut mettre dans le même article, à la fuite des deux premieres lignes de la feconde colonne *B*, *n*º. *4*, 15 liv. 10 fous. = Enfin, il faut fuivre ainfi tous les états de fection, fuivant leur ordre; & fi ce propriétaire s'y trouve compris pour d'autres fonds, les ajouter à fon article, en la même forme. = Quand tous les nº^{os}. des fonds de ce propriétaire font infcrits, il faut additionner le total des revenus & le porter vis-à-vis fon article, dans la troifieme colonne. = L'opération concernant ce premier propriétaire, étant achevée, il faut reprendre le premier état de fection, former, du 2º nº. de cet état, le 2º article de la matrice de rôle, & parcourir tous les états de fection, comme à l'égard du premier propriétaire. Inftruct. *ibid.* = Le modele fuit.

85. Modele annoncé, qui eft à la page ci-contre.

86. Il peut arriver, quelqu'attention que mettent les officiers municipaux en opérant, qu'ils omettent quelques poffeffions, ou qu'ils faffent double article au même propriétaire; pour parer à ces inconvéniens, les officiers municipaux pourroient pointer les nº^{os}. à mefure qu'ils les paffent, c'eft-à-dire, faire en marge un léger trait de plume.

87. Cette opération faite, les officiers municipaux additionneront toutes les cotes de revenu portées dans la troifieme colonne, & en compareront le total avec celui qu'ils auront auffi formé des diverfes fom-

ANNÉE 1791.

85. *MODELE d'une Matrice de Rôle.* Voy. n°s. 84, 86, 87, 88, 89, 90.

MUNICIPALITÉ
d
DISTRICT
d

CONTRIBUTION FONCIERE.

MATRICE de rôle pour la Contribution fonciere, rédigée & arrêtée par les Officiers munici-
paux de   soussignés, en exécution du mandement délivré par MM.
les Administrateurs du District, le   pour fixer la somme à
supporter en 1791, sur le territoire de la Communauté

NOMS, Professions & Demeures des PROPRIÉTAIRES.	INDICATION, 1°. De la *Section*. 2°. Du *Numéro* de chaque article de propriété, compris dans l'état de Section. 3°. De l'évaluation du revenu de chacun de ces articles.	TOTAL des ÉVALUATIONS.	CONTRIBUTION fonciere.
Jacques Coquet, agriculteur, demeurant à Renage.	Section A, n°. 1er. . . . . . 30 l. 0 f. n°. 10. . . . . 12 B, n°. 6. . . . . 15 C, n°. 12. . . . . 4 10	. . . . . 61 l. 10 f.	

1ere. Page. ....
2e. ....
3e. ....

Nous, Officiers municipaux de la Communauté de   avons arrêté le Total des évaluations de revenu, comprises dans la présente Matrice de rôle, à la somme de

Et après avoir comparé au susdit total des évaluations de revenu, le montant de la somme assignée à notre Communauté, par le Mandement de MM. les Administrateurs du Directoire du District, pour sa contribution fonciere de 1792, laquelle est de   avons reconnu que ladite contribution revenoit à   sous   deniers pour livre du total des évaluations; d'après laquelle proportion, la quote part de chaque Contribuable devra être établie.

Fait à   ce

Nota. On voit, par ce modele, comment les évaluations de chaque Propriétaire doivent être réunies en un seul article, afin qu'il n'ait qu'une seule cote. = On voit que la colonne destinée à recevoir la cote de contribution, doit être laissée en blanc, parce que c'est au directoire de district à la garnir pour faire le rôle, n°. 83.

mes portées dans tous les états de fection. Si les deux totaux font les mêmes, on fera affuré que la matrice de rôle eft exacte, qu'aucun fonds n'y a été omis: s'il y a une différence, elle ne pourra venir que de l'omiffion de quelques fonds; & alors, il faudra chercher les art. omis. Inftruct. *ibid.*

Pied de la Contribution au marc la livre.

88. LA conformité entre la matrice de rôle & les états de fection, étant trouvée, les officiers municipaux calculeront combien la livre du total des évaluations du revenu doit fupporter de fous & de deniers de la contribution à impofer. Inftruct. *ibid.* = On dit *fous & deniers*, parce que la fomme à impofer ne doit pas excéder le cinquieme & le cent vingtieme du revenu. (Voyez n°. 38).

Maniere de trouver le pied.

89. POUR trouver le pied de l'impofition, il faut opérer par fous ou deux fous; c'eft-à-dire, par vingtieme ou dixieme; enfuite, par deniers & fractions de deniers, jufqu'à ce qu'on ait trouvé le quotient contingent. = Suppofons que le revenu total foit de . . . . . . 30242l. 1of. 6d.

Et l'impofition de 6674   14   9

On commencera par prendre, fur la fomme du revenu, deux fous, qui font le dixieme. Pour les avoir, on retranche la derniere figure des livres, qui eft 2 ; & on a pour dixieme des livres   .   .   3024   0   0

Refte les 2 liv., valant 40 fous ; doublez le chiffre 2 ; c'eft   .   .   0   4   0

Et prenez fur la dixaine des fous, fix deniers ne peuvent rien donner.   0   1   0

Vous aurez   .   .   3024   5   0

D'autre part, ... 3024 l. 5 f. od.

Vous avez pour 2 fous, prenez
en la moitié pour un fou; c'eft . . 1512   2   6
Pour un autre fou.   .   . 1512   2   6

Total inférieur.   .   . 6048   10   0
Pour 3 deniers; c'eft le quart
d'un fou.   378   0   7

Total encore inférieur.   . 6426   10   7
Pour un denier; c'eft le tiers
de trois 126   0   2

Total encore inférieur .   . 6552   10   9
Pour la moitié d'un denier .   . 63   0   1

Total encore inférieur.   . 6615   10   10
Pour le tiers d'un denier.   .   . 42   0   0

Total encore inférieur .   . 6657   10   10
Pour le tiers du tiers, valant
un neuvieme.   .   .   . 14   0   0

Total encore inférieur .   . 6671   10   10
Pour le quart de ce neuvieme,
valant un trente-fixieme.   .   . 3   10   0

Total.   .   .   . 6675   0   10
L'impofition n'eft que de   .   . 6674   10   9

Excédant   .   .   . 0   10   1

Il réfulte de cette opération, que le pied de l'impofition fur les fommes fuppofées, eft de 4 fous 4
deniers, $\frac{1}{2}$, $\frac{1}{3}$, $\frac{1}{9}$, $\frac{1}{36}$, du total du revenu. — Et ces
fractions de deniers valent $\frac{11}{36}$ de denier. = (Voyez
nos 108 & fuiv.)

Arrêté de la matrice de Rôle.

90. Le calcul des évaluations du revenu ayant été vérifié, & le pied de l'impofition étant trouvé , les officiers municipaux doivent faire, au bas de la matrice de rôle, un arrêté qui certifie ces deux opérations, & contienne le pied de l'impofition fuivant le modele ci-après. Inftruct. *ibid.* = Il n'eft pas en effet de leur office, mais de celui des directoires de diftrict, de répartir la contribution à chaque art. de fonds. (Voyez nos. 80 & 83). = Comme le pied de l'impofition fe prend fur la fomme groffe du revenu , nº. 89, les officiers l'ayant trouvé, voyent auffitôt fi la contribution excede le cinquieme & le cent vingtieme du revenu , nº 38. Mais cela fuppofe une eftimation jufte du revenu.

91. Le modele de l'arrêté des officiers municipaux, a été mis à la fuite du modele de la matrice de rôle, nº. 85.

Envoi de la matrice de Rôle au Directoire du Diftrict.

92. La matrice de rôle étant arrêtée & fignée par les officiers municipaux , ils doivent l'envoyer au directoire du diftrict, dans le délai de quinze jours , à compter de la date du mandement. Décret du 23 novembre 1790, tit. II, art. XX. = Mais ils doivent en conferver une copie qui fera dépofée au fecrétariat de la municipalité. Inftruct. *ibid.* = Le délai porté par cet article ne feroit pas ordinairement fuffifant ; mais le décret portoit, tit. II, art. Ier, que les municipalités, auffitôt qu'elles auroient reçu le décret, & fans attendre le mandement du directoire de diftrict, feroient toutes les opérations néceffaires pour arriver

42

à l'évaluation. Ainfi, l'art. XX préfuppofoit l'ouvrage fait. == Toujours eft-il ordonné qu'ils doivent faire cet envoi dans la quinzaine ; & ils le pourront annuellement à l'avenir, parce qu'ils auront dû faire à l'avance toutes les opérations préliminaires qui confiftent aux états de feclion évalués. La premiere année a dû prendre plus de temps, parce que l'opération étoit nouvelle ; mais, une fois faite, il n'y aura à l'avenir que quelques changements à quelques articles. == Il faut cependant obferver que le rôle devant être fait par le directoire du diftrict, n°. 82, le rôle devant contenir la fomme dûe au percepteur pour fes taxations, n°s. 35 & 151, & les formalités à faire pour l'adjudication de la perception, emportant un mois environ, n°s. 132 & fuivants, le délai de quinzaine, accordé par l'art. XX ci-deffus, ne fe trouve plus fuffifant.

93. Une peine eft prononcée folidairement contre les officiers municipaux, le procureur de la commune compris, qui n'enverroient pas la matrice de rôle au directoire du diftrict, dans les quinze jours, à compter de celui de la date du mandement. Ils font déclarés perfonnellement garants & refponfables du retard du recouvrement. == En conféquence, à l'expiration du délai de quinze jours, le procureur-fyndic eft tenu d'envoyer au receveur du diftrict, une note, fignée de lui, des municipalités qui n'auroient pas encore envoyé leur matrice de rôle ; & le receveur eft tenu de décerner fa contrainte folidaire contre ces officiers municipaux en retard, pour le payement du *premier* quartier de la fomme totale affignée par le mandement, & à la préfenter au *vifa* du directoire du diftrict. == Cependant le diftrict ne doit vifer cette contrainte qu'après les quinze jours qui fuivront la premiere quinzaine, dans laquelle la matrice de rôle doit être faite & envoyée ; ce qui porte le délai total à un mois. — Mais auffitôt que la contrainte

aura été viſée, elle ſera miſe à exécution. Inſtruct. *ibid.*
Voyez le nᵒ. précédent.

94. La forme preſcrite pour la contrainte du receveur du diſtrict, prend ſon principe dans le décret
du 30 janvier 1790, art. III ; dans celui du 14 novembre 1790, art. XXIV ; & dans celui du 23 décembre 1790 ; celui-ci rendu pour les départements
de la Gironde, & du Lot & Garonne : ces décrets
diſpoſent que les contraintes ne pourront être décernées que ſur le *viſa* des directoires de diſtrict,
(Voyez nᵒ. 167 & les diſpoſitions du décret du 26
ſeptembre 1791, nᵒˢ. 128, 190).

95. Le procureur de la commune ne peut que
mouvoir les officiers municipaux, & les requérir ; il
ne peut pas opérer lui ſeul. Si donc les officiers
municipaux négligeoient de s'occuper de la matrice
de rôle, il feroit prudemment, & pour l'intérêt public,
& pour le ſien, de leur faire, ſur le regiſtre, une
requiſition expreſſe de s'en occuper ſans retard ; &
s'ils renvoyoient encore, de prendre l'expédition de
ſa requiſition, & de la porter ou envoyer au directoire
du diſtrict, pour l'inſtruire de ſes diligences & de
l'impuiſſance où il eſt de faire plus : ce ſeroit le
moyen de prévenir la contrainte & la ſolidaire.

Comment le Rôle doit être fait, déclaré exécutoire & envoyé aux Municipalités.

96. LE ſurplus du travail qui conſiſte dans l'expédition, l'arrêté & l'envoi des rôles en recouvrement, doit être ſuivi par les adminiſtrateurs des directoires de diſtrict. = A cet effet, les directoires de
diſtrict & les directoires de département, établiront
chacun un bureau, qui ſera ſpécialement chargé de
tous les calculs, états, tableaux, expéditions &

44

autres opérations relatives à la tranfcription des rôles.
Inftruct., tit. II, art. XX.

97. Après la réception de la matrice de rôle, les
directoires de diftrict ont deux opérations à faire :
— la premiere, eft d'additionner la colonne d'évaluation, pour s'affurer fi le total en eft exact ;
— la feconde, de vérifier fi par le délibéré, porté
à la fin de la matrice de rôle, la municipalité aura
exactement déterminé combien de fous & de deniers
pour livre du montant de l'évaluation des revenus
de la communauté, doivent être perçus pour
remplir la fomme demandée par le mandement.
Inftruct., *ibid.*

98. Ces vérifications faites, le directoire du diftrict
doit appliquer le marc la livre à chacun des articles
de la matrice de rôle, dans la colonne qui y a été
réfervée à cet effet. Inftruct. fur l'art. XX du tit. II,
du décret du 23 novembre 1790. == Il doit l'appliquer pour les biens poffédés par les communautés dans
leur territoire, comme pour tous autres. (Voyez
le n°. fuivant.)

99. Si les communautés poffedent des biens, tels
que bois, terres labourables, pâturages, plantations
dans les rues, places, &c. &c., l'évaluation de toutes
ces propriétés fera réunie en une feule cote, fur
chaque rôle ; & le montant de la contribution fera
enfuite réparti fur les contribuables & acquitté par
eux, ainfi qu'il fera décrété. Décret du 23 novembre
1790, tit. III, art. IV, & inftruction fur cet article.
== C'eft-à-dire qu'il faut faire pour les communautés
comme pour les particuliers ; comprendre, fection
par fection, dans les états de fection, les biens que
les communautés poffedent dans le territoire ; & ne
faire dans le rôle qu'une feule cote pour le tout,
n°. 83. == Remarquez que les rues & les places ne
doivent pas être évaluées, mais bien les *plantations*
que les communautés y poffedent ; c'eft, en effet,

une propriété réelle. = L'article & l'inftruction cités annonçoient un décret qui régleroit la forme : s'il en a été rendu un, on ne le connoît pas.

100. Il femble d'abord qu'il paroîtroit égal pour les contribuables, que la cote des biens communaux ne figurât pas dans le rôle, puifqu'ils fupporteroient entr'eux tous la fomme groffe de la contribution, & c'eft ainfi que l'on le pratiquoit dans l'ancien régime ; mais fi la loi difpofe autrement, c'eft par un principe de juftice. — Tous les propriétaires, & par conféquent les municipalités, les diftricts & les départements, doivent contribuer par égalité proportionnelle, à concurrence de leur revenu net moyen, n°. 23 ; au point que la voie de la réclamation leur eft ouverte en cas de furcharge, provenant de l'inégalité dans la proportion, n°s. 473 & fuivants. = Il eft donc jufte que les biens communaux fupportent leur contribution particuliere, en proportion de leur revenu ; autrement la fomme groffe du contingent de la communauté ne feroit plus proportionnée au revenu total.

101. Il fuit de ce principe, que les officiers municipaux doivent fe garder d'eftimer les biens de la communauté au-deffous de leur vrai revenu ; ils feroient retomber les contribuables dans l'inconvénient qu'il leur importe d'éviter ; ce feroit nuire auffi aux autres communautés qui pofféderoient plus ou moins, l'égalité proportionnelle devant régner entre toutes. — Mais quoique l'évaluation des biens communaux doive figurer dans les états de fection, la matrice de rôle & le rôle, il paroît que la cotifation ne doit être portée dans la matrice de rôle & le rôle, que par mémoire ; & qu'elle doit être réunie aux charges locales, pour, la fomme qu'elles formeront enfemble être répartie fur les contribuables : c'eft le vrai moyen d'éviter, & une répartition particuliere de cette cotifation, & tout double emploi.

102. L'opération d'appliquer le marc la livre,

n°. 98 , confifte à calculer combien chaque cote
de revenu doit fupporter de livres, fous & deniers
de l'impofition, n°. 89. = Et la matrice de rôle étant
ainfi complétée, le directoire du diftrict doit mettre
au bas le délibéré fuivant : « Approuvé pour fervir
» de minute à l'expédition du rôle de la contribu-
» tion fonciere pour (l'année). Fait à . . . ce . . . »
— Alors le rôle doit être fur le champ expédié dans
le bureau de la contribution. Inftruction fur le décret
du 23 novembre 1790, tit. II , art. XX. = Mais chaque contribuable doit-il être cotifé en une feule colonne , ou en plufieurs ? C'eft ce qu'il faut examiner.

Divifion de chaque cote en trois parties additionnées.

103. La contribution de chaque municipalité eft
compofée de trois parties ; — la fomme principale ;
— les fous pour livre deftinés à fournir au fonds de
non-valeur & aux dépenfes des départements &
diftricts ; — & les fous additionnels deftinés à fournir
aux taxations du collecteur & aux charges locales
de la municipalité , y compris la taxation de fon receveur, n°s. 35 & 36. = Et fi l'on ne réuniffoit pas
aux charges locales, comme on l'a obfervé , n°. 101 ,
la cotifation de la communauté qui poffede des biens
dans fon territoire , il faudroit dire qu'en ce cas la
contribution feroit compofée de quatre parties.

104. Le décret du 17 mars 1791 a ordonné ,
art. VI , que les fous additionnels que les départements , les diftricts & les municipalités auront à impofer , en exécution des articles précédents , feront
répartis fur chaque rôle , dans une colonne particuliere, au marc la livre de la cote de chaque contribuable ; & l'art. VII ne parle , quant aux municipalités, que des fous additionnels pour fournir à la
rétribution & aux taxations de leurs receveurs : —

ce qui laiffe en dehors la cote des charges locales. (Voyez nᵒ. 35.)

105. Le décret du 11 juin 1791, art. VI, a ordonné, quant aux fous & deniers additionnels néceffaires aux municipalités pour leurs dépenfes locales, nᵒ. 36, qu'ils feroient, pour la préfente année (1791), rapportés par émargement, fur la colonne du rôle *à ce deftinée*, auffitôt après que l'état en auroit été arrêté par les directoires de département, fur l'avis des directoires de diftrict, & d'après la demande que les municipalités en formeroient dans le plus court délai : — & l'art. **V**, en ordonnant que les préambules des rôles des contributions pour les municipalités énonceroient la fixation, 1ᵒ. du principal des contributions ; 2ᵒ. des fous additionnels deftinés aux fonds de décharge & modération ; 3ᵒ. des fous & deniers additionnels pour le département ; 4ᵒ. des fous & deniers additionnels pour le diftrict ; 5ᵒ. des deniers additionnels à répartir pour les taxations du receveur de la communauté : — en difpofant ainfi, l'art. **V** a également laiffé les charges locales en dehors. (Voyez nᵒ. 118.)

106. Il paroît donc de la difpofition de ces lois, que la cote de chaque contribuable doit être formée de trois parties expliquées, nᵒ. 103, & portée de même en trois parties dans trois colonnes ; & pour remplir cet objet, il faut appliquer le marc la livre du revenu à chaque partie. == On va préfenter une opération d'après la regle déjà donnée, nᵒ. 89.

107. Suppofons une contribution, dont le principal foit de . . . . . 8682 l. 15 f. 10 d.

Ajoutons 4 f. 10 d. un quart pour livre, montant . . 2103 4 2

Ajoutons encore pour la taxation du receveur & les charges locales 542 0 0

Total . . . 11328 0 0

Suppofons enfuite que le vrai revenu net de la communauté eft exactement de fix fois le principal de la contribution, & qu'il fe

monte à . . . 52096 l. 15 f. 0 d.

Il y aura trois opérations à faire; il faudra prendre, au marc la livre, le pied de la contribution fur chaque fomme. Voici les trois opérations.

Premiere opération. — Principal.

108. ELLE eft bien fimple : dès que la contribution répond au fixieme du revenu de chacun, il faut prendre le fixieme du revenu de chacun ; ainfi, fuppofant un propriétaire, dont le revenu fe monte à 565 liv. 10 fous 9 den., fa cote fera du fixieme de cette fomme, montant . . 94 l. 5 f. 2 d.

Nota. On porte à 2 den. le fixieme de 9 den., parce que le principal de la contribution devant entrer en totalité dans le tréfor public, n°. 28, il faut que le rompu foit à fon profit, fans cela il y auroit un déficit quelconque au total des cotes réunies ; tandis que s'il y a un fort de rôle, il refte à la communauté : il faut toujours opérer ainfi.

Seconde opération. — Sous pour livre.

109. CETTE opération eft auffi fimple que la premiere : dès que le principal de la contribution doit être augmenté de 4 fous 10 den. un quart pour liv., le principal de la cote de chacun doit l'être auffi ; & il faut opérer par dixieme ou vingtieme, comme au n°. 89, ainfi qu'il fuit.

Pour 2 fous, ou le dixieme de

la cote . . . . . . 9 l. 8 f. 6 d.

Pour autres 2 fous . . . 9 8 6

Pour 6 den. faifant le quart de

2 fous 2 7 2

22 4 2

Ci-contre	:	:	21 l.	4 f.	2 d.
Pour 3 den., moitié de 6 .	.		1	3	7
Pour 1 den., le tiers de 3	.		0	7	11
Pour le quart d'un denier .	.		0	2	0
			22	17	8

Troifiéme opération. — *Charges locales.*

110. Il eft néceffaire, pour cette opération, de chercher le pied, ou fur la fomme du revenu, ou fur le principal de la contribution. Mais comme tout ce qui s'ajoute à ce principal, s'ajoute par fous & deniers de ce principal, il vaut mieux en cherchet le denier contingent.

Ce principal eft de . . . 8682 l. 15 f. 10 d.

Prenons le vingtieme, valant 1 fou ; pour cela tranchons la derniere figure des livres qui eft un 2, & prenons la moitié du reftant, c'eft . 434 l. 0 f. 0 d.

Refte le 2 valant 2 liv.; pofons aux fous	. . . .	0	2	0
Et pour les 15 fous, 10 den. .		0	0	10
Ainfi, pour 1 fou	. .	434	2	10
Pour 3 den., qui font le quart du fou	. . . .	108	10	9
Total	. . .	542	13	7
Les charges montent .	.	542	0	0
Excédant	. .	0	13	7

Le pied de cette opération eft donc d'un fou trois deniers du principal de la contribution. Ainfi, le principal de la cote fuppofée du contribuable étant

D

de 94 liv. 5 fous 2 den., il faut prendre,

Pour 1 fol	4	14	4
Pour 3 deniers . . .	1	3	7
Total . . .	5	17	11

. Voyez pour les charges locales, n°. 120.

111. *Récapitulation.*

Principal de la cote . .	94	5	2
Sous pour livre . .	22	17	8
Charges locales & taxations du receveur de la communauté . .	5	17	11
Total de la cote . .	123	0	9

Hypothefe en plus impofé.

112. Pour cela il faut fuppofer un revenu moindre; par exemple, 50500 liv. , & l'impofition la même, 8682 liv. 15 fous 10 den. Le principal de la contribution n'étant plus du fixieme du revenu, il faut chercher le pied comme au n°. 89.

Ainfi, pour deux fous .	5050	0	0
Pour un fou, la moitié .	2525	0	0
Total inférieur .	7575	0	0
Pour trois den. , le quart du fou .	631	5	0
Total encore inférieur .	8206	5	0
Pour un den., le tiers de trois .	210	8	4
Total encore inférieur .	8416	13	4
Pour un autre denier . .	210	8	4
Total encore inférieur .	8627	1	8
Pour le fixieme d'un denier . .	35	1	4
Total encore inférieur .	8662	3	0

	l.	f.	
Ci - contre	8662	3	0
Pour la moitié du fixieme, qui eft un douzieme . . .	17	10	8
Total encore inférieur .	8679	13	8
Pour le cinquieme du douzieme , valant un foixantieme . .	3	10	1
Total . . .	8683	3	9
L'impofition eft de . .	8682	15	10
Excédant . .	0	7	11

Le pied eft donc de 3 fous 5 den. $\frac{1}{6}$, $\frac{1}{12}$ & $\frac{1}{60}$ du principal de la contribution.

Ainfi, prenez ces parties aliquotes fur le revenu de chaque contribuable, & vous aurez le principal de fa cote ; === prenez les fous pour livre de fa cote tels qu'ils auront été déterminés ; === prenez, enfin, les fous & deniers pour charges locales comme au n°. 110, & vous aurez la cote entiere en trois portions diftinctes.

113. On a dit que cette hypothefe étoit en plus impofé , parce que fi le revenu net de la communauté n'étoit réellement que de 50500 liv. , le fixieme ne rendroit, pour le principal de la contribution, que 8416 liv. 13 fous 4 den. , & nous l'avons fuppofé de 8682 liv. 15 fous 10 den. ; ce qui donne un furtaux de 266 liv. 2 fous 6 den. , & des fous pour livre à proportion.

114. La loi promet une réduction à tout contribuable qui juftifiera qu'il eft impofé , quant au principal , au-deffus du fixieme de fon revenu net, n°. 37 ; voilà le principe. Il faut donc que le rôle qui porte la fomme de fon revenu , porte auffi celle du principal de fa contribution : fans cela , comment pourra-t-il

examiner, par comparaifon, s'il eft impofé plus ou moins ? C'eft dans cet objet que la loi a voulu que la colonne des fous pour livre fût diftinéte de celle du principal.

115. Si l'on impofoit toujours 5 fous pour livre du principal, 20 fous de principal en vaudroient 25 avec les fous ; & en prenant le cinquieme de 25, on trouveroit féparément, & le principal & les 5 fous. Mais fi l'on n'impofe qu'une partie des 5 fous, fi l'on n'impofe, comme en 1791 , dans le diftriét de Grenoble, que 4 fous 10 den. $\frac{1}{4}$, comment trouvera-t-on le capital & l'acceffoire, s'ils font confondus en une feule fomme ? On ne trouvera peut-être perfonne dans les campagnes en état de faire cette opération, qui exige une regle de trois, fur des termes qu'il faut fuppofer. ═ Et s'il arrivoit que, par la fuite, on englobât les charges locales dans la cote , comme cela doit régulierement être, l'opération deviendroit impoffible. ═ La circonftance que le préambule du rôle diftingue le principal des fous pour livre, ne change rien au principe. D'une part, quand la loi a parlé, elle doit être exécutée ; d'autre part, la diftinétion du principal, fupportable par la communauté, d'avec les fous pour livre, n'explique rien au particulier pour fa cotifation. Enfin, la loi, par fa prononciation, a voulu que la diftinétion des parties, formant fa cote, lui fût connue, fans être obligé de recourir à des calculs abftraits.

116. Si la matrice de rôle contient la diftinétion du principal d'avec les fous pour livre, l'expédition du rôle qui n'en eft, à le bien prendre, qu'une copie, peut facilement la contenir auffi. ═ Et cette diftinction eft d'autant plus néceffaire, que les contribuables ne peuvent réclamer, ni les corps adminiftratifs juger les réclamations que cette diftinétion ne foit faite. ─ Si elle ne l'eft, ni dans la matrice, ni dans le rôle, il faudra qu'elle fe faffe après ; ce qui reduira chaque contribuable à l'aller demander au

directoire du diftrict. — Le délai prefcrit pour la réclamation, par le décret des 4 & 21 août 1791, (voyez nᵒˢ. 479, 493), eft court; & la loi prononce la déchéance, fi on le laiffe s'écouler fans réclamer. Elle exige d'ailleurs des préalables qui demandent de la réflexion & du temps. = Il importe donc à tout contribuable de pouvoir apprendre du rôle même, lors du premier paiement, quelle eft précifément fa contribution, quelles font les parties qui la compofent : & la loi le lui promet.

117. Il eft fenfible qu'il eft plus pénible, & qu'il faut plus de temps pour répartir trois fommes que pour en repartir une feule ; mais les circonftances rendent ces opérations inévitables ; le revenu net de chaque propriété eft la bafe de la contribution. Cette bafe eft nouvelle, & ne peut devenir certaine qu'avec le temps ; on ne l'obtiendra qu'après des réclamations qui, de proche en proche, finiront par devenir générales ; les difpofitions du décret des 4 & 21 août, conduifent là, puifqu'on ne pourra obtenir de réduction qu'en réclamant contre la fixation, faite par l'Affemblée nationale, du fixieme du revenu, préfumé à 240 millions. Il faut donc que la matrice de rôle & l'expédition diftinguent le principal de la contribution, de fes acceffoires. Auffi-bien, il faudroit néceffairement faire cette diftinction après.

Forme du Rôle.

118. La diftinction du principal, d'avec fes acceffoires, peut fe faire en faifant quatre colonnes. La *premiere* feroit pour y infcrire le nom, la qualité & la demeure du contribuable, la fomme de fon revenu, & celle du total de fa contribution. Les trois autres contiendroient le détail des fommes compofant la côte entiere ; c'eft-à-dire, que le principal feroit dans *la feconde* ; les fous pour livre pour le fonds

54

de non-valeur, & les charges du département & du diftrict feroient dans *la troifieme*; les fous pour livre pour les taxations du receveur de la communauté, & les charges locales dans *la quatrieme*.

119. Modele annoncé, qui eft à la page ci-contre.

Vérification du Rôle.

120. Le rôle étant fait, le procureur-fyndic doit le préfenter à la vérification du directoire du diftrict, pour le rendre exécutoire. Inftruct. fur l'art. XX, du tit. II du décret du 23 novembre 1790. = Faire & compléter la matrice de rôle, c'eft y porter toutes les cotes de l'impofition totale ; vérifier le rôle, c'eft examiner s'il eft conforme à la matrice ; le déclarer exécutoire, ceft ordonner à tous contribuables de payer, à peine d'y être contraints, à la forme de la loi. — Delà, il fuit que les charges locales doivent être préalablemeut réglées & portées dans la matrice de rôle, pour être reparties, comme le furplus, par le directoire de diftrict ; car les municipalités n'ont pas le droit de répartir, encore moins de faire le rôle ni d'y ajouter. (Voyez nos. 80, 82, 83.) Auffi le décret du 11 juin 1791, art. VI, en difpofant que les fous & deniers additionnels, néceffaires pour les charges locales des communautés, feroient rapportés par émargement, a dit : *pour la préfente année* (1791); ce qui montre qu'à l'avenir, elles doivent faire fonds dans l'impofition totale, pour être comprifes dans la répartition qui fe fait au diftrict. — Sur le tout, les taxations du percepteur doivent être ajoutees à la cotifation de chaque contribuable; le décret du 23 novembre 1790, tit. V, art. III, & celui du 17 mars 1791, art. VII, le prefcrivent ainfi, nos. 35, 151. Il doit en être de même des charges locales, qui doivent être réglées après la réception du mande-ment, no. 36, ainfi que les taxations du percepteur,

119. *MODELE de Rôle.*

NOMS, Possessions & Demeures des Propriétaires, Possesseurs & Usufruitiers.	Contribution fonciere.	Sous & deniers additionnels de la Contribution fonciere.	
		Pour fonds de non valeur, & pour les charges du département & du district, 4 f. 10 d. un quart.	Pour taxations du Receveur de la Communauté, & pour les charges locales.
ART. PREMIER. Joseph la Bruse, March. Toilier, demeurant à pour un revenu de 565 l. 10 f. 9 d., payera 123 l. 2 f.; Savoir:	94 l. 5 2	22 l. 17 8	5 l. 19 2

RÉCAPITULATION.

	Contribution fonciere.	Sous pour liv. pour les fonds de non valeur , & les charges du Département & du Diftrict.	Sous pour livre pour les taxations du Receveur de la Communauté , & les charges locales,
1ere. Page.			
2e. Page.			
Totaux....			

RÉCAPITULATION GÉNÉRALE.

TOTAL
{ de la 1ere. colonne. . . . .
{ de la 2e. . . . .
{ de la 3e. . . . .

TOTAL général . . . . . .

nᵒˢ. 132 & fuiv. Ces deux objets doivent être envoyés par les municipalités, au fecrétariat du diſtrict, avec la matrice de rôle.

Envoi du Rôle à la Municipalité. Sa publication.

121. Qaand le rôle a été déclaré exécutoire, le procureur-fyndic doit le remettre au receveur-tréforier du diſtrict. ⟹ Celui-ci eſt chargé de le faire parvenir, par la voie la plus prompte & la plus fûre, à chaque municipalité; ⟹ & la municipalité doit le remettre entre les mains de fon percepteur, qui doit en donner fa reconnoiſſance. Inſtruct. fur l'art. XX du tit. II. ⟹ Il paroîtroit eſſentiel qu'un avis, au nom du receveur, & vifé par la municipalité, dans lequel il feroit annoncé que le rôle eſt en recette, avec indication des termes de paiement, & de la peine de l'intérêt, nᵒ. 154, fût affiché à la porte de l'églife paroiſſiale, un jour de dimanche ou de fête, à l'iſſue de la meſſe. (Voy. nᵒ. 47). ⟹ Le décret des 4 & 21 aout 1791, art. VI, ordonne même cette affiche, en ce qu'il difpofe que le contribuable qui voudra demander la réduction de fa contribution, fera tenu de fe pourvoir dans les trois mois qui fuivront la *publication du rôle*. (Voyez nᵒ. 493).

Bordereau de tous les rôles, pour le Receveur du Diſtrict.

122. Lorfque les rôles de la contribution fonciere de tout le diſtrict ont été rendus exécutoires, le procureur-fyndic doit faire former un bordereau, contenant le nom de chacune des municipalités, & le montant de leurs rôles, (en diſtinguant ce qui doit entrer dans la caiſſe du receveur-tréforier). Ce bordereau doit être arrêté & figné par les adminiſtrateurs du diſtrict, & envoyé *double* au receveur-tré-

forier. = Celui-ci doit garder, pardevers lui , une des expéditions, & renvoyer l'autre au directoire, après y avoir porté fa foumiſſion de compter de la totalité de la fomme, dans les délais prefcrits. = Enfin une troi-fieme expédition de ce bordereau doit être adreſſée par le directoire du diſtrict, au directoire du départe-tement. Inſtruct. *ibid.* = Ce bordereau fert tout à la fois au receveur, pour veiller à la rentrée de la contribution ; & aux directoires de diſtrict & de dé-partement, pour le furveiller , ainſi que les muni-cipalités, connoître & juger la fituation de fa caiſſe, ainſi que fon activité ou fa négligence.

Imputation du Rôle d'à compte.

123. Comme les préalables néceſſaires pour ar-river à la matrice de rôle de la contribution fon-ciere , n'étoient pas remplis , & demandoient encore du temps , l'Aſſemblée nationale ordonna que les communautés payeroient , pour 1791 , un à compte dont le montant feroit au moins égal à la moitié de leurs cotifations , dans les rôles des contributions directes de 1790 ; & cet à compte devoit être payé avant le 30 feptembre. Décret du 28 juin 1791, art. Ier, II & III. Ce rôle, nommé rôle d'à-compte, a été fait ; & ce que les contribuables ont payé , eſt im-putable fur leurs cotes , aux rôles pour 1791 , art. XV.

124. En conféquence , les officiers municipaux , auſſi-tôt après avoir reçu les rôles declarés exécutoires pour 1791 , doivent fe faire repréſenter l'état des fommes payées à compte ; — faire d'abord fur le rôle de la contribution mobiliere, article par article, l'émargement des fommes payées pour à compte par chaque contribuable. = Si l'à compte payé excede la cote de contribution mobiliere, ils doivent émar-ger l'excédant, de la même maniere, fur le rôle de la contribution fonciere, art. XV.

125. Et, comme les fermiers & les locataires étoient tenus de payer à l'acquit des propriétaires, n⁰. 153, les paiements par eux faits, doivent également être émargés fur les cotes des propriétaires, pour contribution fonciere & mobiliere. Décret du 28 juin 1791 , art. IX & XV. = Mais , fi les paiemements, faits par un *fermier* ou *locataire* , excédoient la fomme à laquelle il feroit LUI-MÊME cotifé aux rôles de 1791 , l'imputation de cet *excédant* doit être faite , & l'émargement porté aux articles de contribution fonciere & mobiliere du *propriétaire*. Mêmes articles.

126. Et dans le cas où l'à compte excéderoit les cotifations définitives du fermier & du propriétaire, fur les rôles des contributions fonciere & mobiliere , le receveur de la communauté doit reftituer le furplus, lorfque, cefdits rôles auront été mis en recouvrement, fur les premiers deniers de fa recette. Décret du 28 juin 1791 , art. I X.

127. Les difpofitions précédentes fuppofent dés perfonnes contribuables dans la même communauté, pour l'une & l'autre contribution ; mais beaucoup feront cotifées à la contribution fonciere dans une communauté, & à la contribution mobiliere dans une autre; & les officiers municipaux ne peuvent opérer que dans leur territoire, que fur leurs rôles. Ainfi, dans le cas ici prévu, fi l'à compte payé par le contribuable, fon fermier, ou locataire, excede la fomme de fa cotifation au rôle fur lequel il étoit contribuable dans cette communauté , le receveur de la communauté eft tenu de lui reftituer l'excédant.

CHAPITRE V.

CONCERNANT la perception des Contributions.

Obſervation ſur la Juridiction.

128. L E directoire de diſtrict a juridiction. = Il déclare les rôles exécutoires, n°. 120; — & en vertu de ces rôles, le percepteur peut faire ſaiſir & vendre, n° 157.=Il nomme des porteurs de contrainte, ſur la propoſition du receveur de diſtrict, n°s. 172, 173; — & ces porteurs de contrainte, ſont huiſſiers pour toutes les contributions directes, n°. 173. = Il viſe les contraintes du receveur du diſtrict contre les communautés, n° 167. — Il fixe les frais dus au porteur de contrainte, pour leur ſéjour dans les communautés, n°. 176; & ſon arrêté eſt exécutoire; — pour le receveur de diſtrict contre les percepteurs, n°. 177, — & pour les percepteurs contre les contribuables, *ibid.* = Il viſe les contraintes du receveur du diſtrict contre les percepteurs en retard, n°s. 164, 167; — & ces contraintes ſont exécutoires ſur leurs biens, n°s. 157, & ſuiv. — Il viſe les contraintes contre les officiers municipaux, les membres du conſeil général de la commune, n°s. 167, 186.

Perception par adjudication.

129. La perception de la contribution fonciere, de la contribution mobiliere & des patentes, doit être faite dans chaque communauté, par le même ou les mêmes percepteurs. Décret du 26 ſeptembre 1791, art. Ier; = c'eſt-à-dire, que pluſieurs perſonnes peuvent être aſſociées à la perception, & même qu'elle peut être diviſée à

plufieurs, fi l'étendue de la communauté exige plu-fieurs rôles, qui ne font plus que des fections de fa contribution entiere. (Voyez n°. 138.)

13o. Si plufieurs, ou même *toutes* les municipa-lités d'un canton, jugeoient à propos de fe réunir, pour confier en commun cette perception à un feul réceveur, elles en conviendront par une délibération du confeil général *de chaque* commune. Décret du 23 novembre 1790, tit. V, art. II.

131. Il ne fera reçu de foumiffion pour être chargé de la perception, que de fujets *reconnus* folvables & donnant caution fuffifante. Décret du 23 novembre 1790, tit. V, art. Ier; mais il ne pourra pas être exigé de cautionnement plus fort que le tiers du montant des rôles des contributions fonciere & mo-biliere. Décret du 26 feptembre 1791, art. IV.

Affiche d'un tableau pour les conditions.

132. Chaque année, auffi-tôt que le mandement pour la répartition de la contribution fonciere, fera parvenu à la municipalité, les officiers municipaux de chaque communauté feront afficher la recette pour l'année fuivante. Décret du 23 novembre 1790, tit. V, art Ier. (Voyez n°. 137). === Cela montre que toutes les opérations néceffaires pour la contri-bution d'une année, doivent, en régle générale, être faites avant que l'année commence.

Préalable à remplir avant d'afficher la recette.

133. Il faut d'abord favoir que celui qui fe ren-dra adjudicataire de la perception de la contribution fonciere, devra faire la perception de la contribu-tion mobiliere & du droit de patentes. Décret du 13 janvier 1791, art. XLIV; & décret du 26 fep-tembre 1791, art. II, §. III. === Il faut favoir auffi

62

que, par l'art. XLIV du décret du 13 janvier 1791 ; le droit pour la perception de la contribution mobiliere, eſt fixé à trois deniers pour livre du montant du rôle ; — & que par l'art. VIII, du décret des 17 & 20 feptembre, il a également été alloué trois deniers pour livre , pour la perception du droit de patentes. = Ainſi, puiſque celui qui percevra la contribution fonciere , doit percevoir les deux autres , il étoit néceſſaire que les droits de perception de celles - ci , fuſſent connus avant l'adjudication de l'autre.

134. En conféquence , les officiers municipaux , auſſi-tôt qu'ils auront reçu le mandement du directoire de diſtrict, doivent dreſſer un tableau , contenant 1º. le montant de la contribution mobiliere de la communauté , en principal & fous additionne's ; & *hors ligne*, le montant des trois deniers additionnels de taxations , alloués au percepteur, par l'art. XLIV, de la loi du 18 février 1791 , [c'eſt le decret du 13 janvier,] nº. 133 ; — 2º. le montant, *par apperçu*, du droit de patentes dans la communauté ; & *hors ligne* , le montant des trois deniers de taxations, alloués au percepteur, par l'art. VIII , du décret du 20 feptembre 1791. *Ibid.* — 3º. Ils doivent additionner ces deux eſpeces de taxations, & énoncer que celui qui fe rendra adjudicataire de la perception de la contribution fonciere , fera la perception de la contribution mobiliere & du droit de patentes, pour cette même rétribution de trois deniers pour livre fur chacune de ces contributions. Décret du 26 feptembre 1791.

135. A la fuite de cet état ou tableau , doivent être tranfcrittes les principales obligations du percepteur, telles qu'elles réfultent des difpofitions des lois fur les contributions, conformément au modele joint à la loi. Décret du 26 feptembre 1791, art. III. = Ce modele fuit.

PERCEPTION de la Contribution fonciere, de la contribution mobiliere & du droit de Patentes.

DE PAR

LA LOI

ET

LE ROI.

LES officiers municipaux de la communauté de   font favoir que , le dimanche,   du mois de
ils procéderont au lieu ordinaire de leurs féances, à l'adjudication de la perception de la contribution fonciere , de l'année   à celui qui offrira de s'en charger , au plus bas prix , & aux conditions fuivantes :

1°. L'adjudicataire fera chargé de faire la perception de la contribution mobiliere de la même année   à raifon de trois deniers pour livre ; & attendu que le rôle de la contribution mobiliere s'éleve :

Pour le principal, à . . . . .
Pour les fous additionnels, à
Et pour les charges de la
    municipalité, à . . . . . .

TOTAL. . . . .

les taxations, à raifon de trois deniers , font

2°. L'adjudicataire fera chargé de faire la perception du droit de patentes , pendant la même

64

année   à raifon de trois deniers pour livre;
& attendu que le produit de ce droit peut être
évalué d'après

à une fomme de
les taxations , à raifon de trois deniers , font
de

3°. Le percepteur adjudicataire fera chargé de
faire la perception de la contribution fonciere , à
raifon des taxations qui réfulteront de fon adjudication.

4°. Attendu que les deux contributions fonciere
& mobiliere de   s'élevent :

    La contribution fonciere, à
    Et la contribution mobi-
        liere, à . . . .

           ————————————
    TOTAL . . . . .
           ————————————

l'adjudicataire fera tenu de donner un cautionnement de
revenant au tiers des deux contributions, fuivant
l'art. IV de la loi du 2 octobre 1791.

5°. Le percepteut fera tenu de mettre fur les
rôles , tous les émargements de paiement. *Loi du 2
octobre 1791 , art. XIII.*

6°. Le percepteur fera tenu de donner communication de fon rôle & de toutes les pieces relatives
à ces recouvrements, au procureur de la commune,
ou à un officier municipal , toutes les fois qu'il en
fera requis. *Même loi , art. XIII & XIV.*

7°. Le percepteur portera , à la fin de chaque mois,
ou enverra , à fes périls & rifques, à la caiffe du diftrict , le montant de fa recette du mois précédent.
Même loi , art. XXVII.

8°. En cas de retard de paiement , le percepteur
                                              fera

fera pourfuivi dans les formes prefcrites par les art. XXIX & XXX de la même loi.

9°. En cas de divertiffement de deniers , ou de falfification de rôle , le percepteur fera pourfuivi ainfi qu'il eft porté dans les articles XXXI, XXXII & XXXVI de la même loi.

Toute perfonne quelconque fera admife à l'adjudication de la perception.

Attendu que la contribution fonciere s'éleve :

 Pour le principal, à . . . .
 Pour les fous additionnels, à
 Et pour les charges de la
  municipalité, à . . . . .

——————————

  TOTAL . . . . .

——————————

nul ne fera admis à l'adjudication , s'il n'offre de s'en charger à raifon de   deniers pour livre au plus, formant . . . .

Enfin nul ne fera admis à l'adjudication qu'après s'être préfenté devant la municipalité , pour y faire connoître fa folvabilité, & les cautions qu'il pourra donner.

Nota. Comme l'adjudication fe propofe d'abord à fix deniers , enfuite à neuf deniers , enfin à douze deniers ; chaque fois qu'on affichera le tableau, l'on mettra le nombre de deniers pour lefquels l'adjudication eft propofée. = (Voyez pour ce que renferme ce tableau , n°s. 136 & fuiv. ; — & pour favoir qui doit paffer l'adjudication , n°. 143).

136. Il fera ajouté, au bas de cet état, le calcul de ce que produiroient les taxations fur la contribution fonciere, fi elles étoient réglées à fix deniers pour livre. Décret du 26 feptembre 1791, art. IV. = Le droit de perception, mis aux encheres, n'eft ici cal-

E

culé qu'à raifon de fix deniers. Mais fi perfonne ne fe préfente pour prendre la perception à ce taux, le droit peut être porté jufqu'à douze deniers. (Voyez n°s. 144 & 145; notamment la reflexion faite, n°. 145.)

137. Dans ce tableau, tous ceux qui voudront fe charger de la perception des contributions, aux conditions énoncées, & à raifon des taxations expliquées, doivent être invités à fe préfenter, dans la huitaine, devant les officiers municipaux, pour y faire *connoître* leur folvabilité, & les cautions qu'ils pourront donner. Décret du 26 feptembre 1791, art. IV; & cet état, ou tableau, rédigé comme il a été dit, fera affiché aux lieux accoutumés, même art. (Voyez n°. 132).

138. Suivant le décret du 23 novembre 1790, l'adjudication doit être faite par *le confeil général* de la commune, à *celui* ou à *ceux* qui s'en chargeront, au plus bas prix. Décret du 23 novembre 1790, art. Ier. Cet art. parle du confeil général ; mais voyez n° 140 ; = il dit, *celui* ou *ceux* ; ce qui s'accorde avec la difpofition rappelée n°. 129, & confirme la réflexion qui y a été faite. = Il dit : *qui s'en chargeront au plus bas prix* ; c'eft pourquoi le tableau, dont il a été parlé, ne commence que par fix deniers de droit. (Voyez n°. 136).

139. Si plufieurs, ou même toutes les municipalités d'un canton fe réuniffent pour n'avoir qu'un feul receveur, n°. 130, l'adjudication fe fera dans le chef-lieu du canton, ou dans tel autre dont on conviendra, pardevant un certain nombre de commiffaires nommés par chaque communauté. Décret du 23 novembre 1790, tit. V, art. II.

140. En rapprochant les difpofitions rappelées n°s. 130, 138, 139, on voit que tout doit être délibéré dans le confeil général de la commune ; tout doit fe paffer devant lui. Il s'agit, en effet, d'engagement à contracter. Décret du 14 décembre 1789, art. LI &

LIV. (Voyez nº 143..) = Si donc, ce qui paroît difficile, plufieurs communautés, ou toutes celles d'un canton, fe réuniffoient pour n'avoir qu'un feul receveur, tous les préalables, toutes les conditions, devroient être réglées par le confeil général de chaque commune. — Mais, comment arriver à l'uniformité, fi des commiffaires, nommés par chaque confeil, n'ont pas préparé la matiere? & le nombre des commiffaires, comment fera-t-il réglé, fi toutes les communautés ne font pas de la même force ? Il paroît qu'il devroit l'être en la proportion ou de la contribution, ou des citoyens actifs de chaque commune.

Adjudication de la Perception.

141. Huit jours après l'affiche du tableau, & un jour de dimanche, les officiers municipaux s'affembleront au lieu de leurs féances ; & là, après la lecture du tableau ci-deffus, on propofera la perception de la contribution fonciere, au rabais. = Toutes les perfonnes *dont* la folvabilité *aura* été *reconnue*, feront admifes à fous-encherir ; & l'adjudication fera faite à celle dont les offres feront les plus avantageufes. Décret du 26 feptembre 1791, art. V. = Remarquez les mots : *dont la folvabilité aura été reconnue* ; rapprochés de la difpofition rappelée, nºs. 131 & 137, ils montrent qu'il ne faut admettre aux encheres que ceux qui auront préalablement fait connoître leur folvabilité, ainfi que les cautions qu'ils pourront donner, & qu'on feroit décidé à recevoir. = Mais voyez fur le pouvoir des officiers municipaux, nºs. 140 & 143 ; = pour le cas où le percepteur eft obligé de quitter la perception, voyez nº. 161.

142. Dans le cas même où il ne fe préfenteroit qu'une feule perfonne, l'adjudication lui fera faite, fi elle confent à refter adjudicataire, à fix deniers pour livre fur la contribution fonciere. Décret du 26 feptembre 1791, art. V.

Par qui l'Adjudication doit être faite.

143. On a vu, nᵒˢ. 130, 138, 139, 140, que l'adjudication doit être faite par le conseil général de la commune. Aussi est-ce sur lui que porte la responsabilité, nᵒˢ. 186, & suiv. Cependant, il semble, par les dispositions rappelées, nᵒˢ. 134, 137, 141, 142, que les officiers municipaux seuls peuvent passer cette adjudication. = Les dispositions qui chargent le conseil général de passer l'adjudication, & qui le déclarent responsable, ne font point abrogées; loin delà, elles font renouvelées, nᵒˢ. 186 & suiv., son pouvoir aussi, nᵒ. 147, & il ne sauroit être responsable d'une adjudication qu'il n'auroit pas passée. Il suffit, d'ailleurs, qu'il s'agisse d'un engagement qui peut retomber sur la commune entiere, pour qu'il doive être appelé. Décret du 14 décembre 1789, art. LI & LIV. Ainsi, d'après la disposition rappelée, nᵒ. 134, il faut dire que les officiers municipaux doivent faire le tableau, le faire afficher, remplir enfin les préalables prescrits; mais que c'est au conseil général de la commune à juger de la solvabilité du receveur & de ses cautions, & à passer l'adjudication.

144. Dans le cas où personne ne se présenteroit, la municipalité en dressera procès-verbal, & formera, *dans le jour même*, un second tableau, semblable au précédent, nᵒˢ. 134 & suivants; — excepté que les taxations sur la contribution fonciere y feront calculées à raison de *neuf deniers*. — Ce tableau fera également affiché *sur-le-champ*; &, huit jours après, il sera procédé à l'adjudication au profit de celui qui offrira de s'en charger à la plus foible remise. = Dans le cas où il ne se présenteroit qu'une seule personne, l'adjudication lui sera faite, si elle consent de rester adjudicataire, à neuf deniers pour livre sur la contribution fonciere. Décret du 26 septembre 1791, art. VI. = Mais, toujours aux conditions prescrites,

nᵒˢ. 131, 141. = Le légiflateur a préféré des adjudica-, tions à plufieurs prix, & en plufieurs féances, pour prévenir les accords entre ceux qui fe préfentent. Tel la prendra à *fix* deniers, ou à *neuf*, pour ne pas rifquer de ne pas l'obtenir à *douze*, vu, fur-tout, la réflexion faite au nᵒ. fuivant.

145. S'il ne fe préfente perfonne à cette feconde adjudication, il fera formé un troifieme tableau, comme nᵒˢ. 134 & fuivants; dans lequel la remife fur la contribution fonciere fera portée à *douze* deniers; & il fera procédé à l'adjudication, de la maniere ci-deffus prefcrite. Décret du 26 feptembre 1791, art. VII. = Jufqu'à préfent, le droit du collecteur étoit *d'un fou* fur le principal de ce qu'on nommoit taille, & *de quatre* deniers fur ce qu'on nommoit acceffoires, ainfi que fur les vingtiemes. Et le principal de la taille étoit, à-peu-près, le principal de la totalité des impofitions; de maniere que le total des taxations, réparti fur la totalité des impofitions, revenoit à *fix* deniers. Aujourd'hui qu'une feule contribution comprend tout, & qu'elle eft néceffairement plus forte, puifqu'elle eft répartie fur la totalité des eftimes, tandis que l'eftime noble n'en fupportoit prefque point, la taxation de fix deniers produira plus que l'ancienne.

146. Dans le cas où les augmentations progreffives des remifes fur la contribution fonciere, jufqu'à çoncurrence de *douze* deniers, ne procureroient aucune adjudication, le *confeil général* de la commune s'affemblera, & nommera pour receveur un de fes membres. — Le membre nommé ne pourra refufer de faire la perception à *douze* deniers feulement fur la contribution fonciere; *trois* deniers fur la contribution mobiliere, & *trois* deniers fur les patentes; — fans être tenu de répondre des non-valeurs, pourvu qu'il juftifie de fes diligences. Décret du 26 feptembre 1791, art. VIII. = Sous l'ancien régime, le conful d'une communauté étoit chargé, de droit, de la perception

des impofitions; & c'étoit la communauté, en corps, qui nommoit fon conful. Ici, c'eft le confeil général de la commune qui nomme un de fes membres; ce confeil général repréfente la communauté, & le membre nommé, à l'inflar du conful, fera obligé de faire la perception. = Le conful n'étoit pas tenu de donner caution; le membre nommé par le confeil général de la commune, n'y fera pas tenu non plus; parce qu'on ne peut exiger caution que de celui qui fe préfente pour obtenir une place, & non pas de celui que l'on contraint à la prendre & la remplir. Alors, la fonction n'eft pas volontaire, elle devient une charge. = Quant à la refponfabilité de ce percepteur forcé, voyez n°. 166.

Adjudication pour les Villes.

147. Dans les villes de vingt-cinq mille ames, & au - deffus, fi le *confeil général* de la commune juge plus utile de nommer un receveur des contributions, que de mettre la perception en adjudication, il pourra y être autorifé par le directoire du département, fur l'avis de celui du diftrict; — pourvu que les taxations du receveur n'excedent point le taux moyen de celles des adjudicataires à la moins dite des communautés du diftrict. Décret du 26 feptembre 1791, art. IX. = Cent communautés, par exemple, formant le nombre de celles du diftrict, dont la ville dépend, ont donné leur adjudication à des prix différents. Il faut additionner tous ces prix & divifer le total par cent; le quotient fera le taux moyen. — Pour la fixation de ce taux moyen, voyez n°. 144.

148. Lorfque la perception de la communauté aura été adjugée, ou que le receveur aura été nommé, il fera dreffé procès - verbal au bas du tableau fur lequel l'adjudication aura été faite; & l'adjudicataire, ou receveur nommé, fera tenu de faire &

figner au procès-verbal, fa foumiffion de fe conformer à tout ce qui eft prefcrit, & à toutes les lois relatives à la perception. Décret du 26 feptembre 1791, art. X. (Voyez n°s. 135, 165).

149. La municipalité adreffera un double de ce procès - verbal au directoire du diftrict; & le directoire fera former un état de toutes les communautés de fon reffort, avec le taux des remifes auxquelles la perception aura été adjugée, ou la recette donnée. = Il s'occupera, dans le cours de l'année, des moyens de diminuer, pour l'année fuivante, les frais de perception. Décret. du 26 feptembre 1791, art. XI.

150. Ce fera fur cet état que le directoire du diftrict pourra former le taux moyen des taxations pour la perception, à l'effet de déterminer celles des receveurs de ville, enfuite de la difpofition rappelée, n°. 147. = Mais il ne devra pas y comprendre celles *forcément* allouées au membre qu'un confeil ·général de commune *fe fera vu obligé* de nommer, n°. 146 ; parce que les taxations du receveur d'une ville, n°. 147, doivent être réglées fur celles des *adjudicataires* à la *moins dite* des communautés.

151. La fomme qui aura été attribuée pour la perception, fera répartie fur tous les contribuables, en·fus de leur cotifation à la contribution fonciere. Décret du 20 feptembre 1790, tit. V, art. III. = C'eft ce qu'a auffi ordonné le décret du 17 mars 1791, art. VII. — (Voyez n°. 35).

Concernant les Contribuables.

152. La cotifation de chaque contribuable fera divifée en douze portions égales, payables chacune le dernier de chaque mois. Décret du 23 novembre 1790, tit. V, art. V. = C'eft-à-dire qu'il a le mois entier pour payer chaque douzieme de fa cotifation ; mais voyez n°s. 154, 157. = Le contribuable peut exiger du receveur, qu'il émarge, fur-le-champ,

fur le rôle, le payement qu'il lui fait, n°. 162. Il peut auffi en exiger quittance. *Ibid.*

153. Tous fermiers & locataires font tenus de payer, en l'acquit des propriétaires, la contribution foncierc pour les biens qu'ils auront pris à ferme ou à loyer; & les propriétaires font tenus de recevoir le montant des quittances de cette contribution , pour comptant fur le prix des fermages ou loyers. Décret du 23 novembre 1790 , tit. V , art. X. = Cette difpofition ne peut regarder que les fermiers à prix d'argent, qui font, par-là même, acquéreurs des fruits, au moyen du prix convenu ; elle ne peut pas regarder le métayer, qui ne prend une portion de fruits que comme cultivateur pour fon droit de colon ; portion qui eft préférable à la contribution.

Intérêts du Retard.

154. Dans la premiere huitaine de chaque trimeftre , *c'eft-à-dire*, dans la premiere huitaine des mois d'*avril* , *juillet*, *octobre* & *janvier*, il fera formé par les receveurs des communautés, un état de tous les contribuables en retard du trimeftre précédent. = Cet état, *vifé* par les officiers municipaux, fera *publié* & *affiché* ; = & faute de payement, dans cette premiere huitaine, le contribuable payera, *à compter* du premier dudit mois, l'*intérêt* de la fomme dont il fe trouvera arriéré. Décret du 23 novembre 1790 , tit. V, art. VI. = Pour la forme de ces états, voyez n°s. 183 & 184. — C'eft dans la premiere huitaine que l'état ordonné doit être fait, vifé, publié & affiché ; & c'eft dans cette premiere huitaine, que le contribuable en retard doit payer ce dont il eft arriéré ; autrement, il en doit l'intérêt, à compter du premier du même mois. — Il femble d'abord , que l'intérêt ne devroit courir qu'à défaut de payement après l'affiche ; il eft certain, du moins, que le contribuable n'en doit point s'il paye dans la premiere hui-

taine , fi même il paye après , mais avant que l'état foit affiché , & l'état peut n'être affiché que le dernier jour de la huitaine; cas auquel le contribuable n'a pas un moment pour prévenir le cours de l'intérêt. = Il faut dire que l'intérêt eft cenfé courir, en vertu de la loi, dès le premier du mois; mais que le receveur ne peut l'exiger qu'après l'affiche ordonnée; & que le contribuable a toute la premiere huitaine, même ce qui en refte après l'affiche, pour s'exonérer de la charge de l'intérêt, en payant le capital. La loi l'interpelle; il a dû s'y conformer. (Voyez le n°. fuivant).

155. L'intérêt courra au taux du fix pour cent, dans les quatre premiers mois ; de cinq pour cent, dans les quatre autres, au bout defquels il ceffera. Décret du 23 novembre 1790 , tit. V , art. VII. = L'intérêt du premier trimeftre court , à compter du premier avril. Ainfi, il fera au fix pour cent, pendant les mois d'avril, mai, juin & juillet; & au cinq pour cent, pendant les mois d'août, feptembre, octobre & novembre; alors il ceffera. = L'intérêt du fecond trimeftre courra, à compter du 1er juillet. Ainfi, il fera au fix pour cent, pendant les mois de juillet, août, feptembre & octobre ; & au cinq pour cent, pendant les mois de novembre, décembre, janvier & février ; alors il ceffera. = L'intérêt du troifieme trimeftre courra, à compter du 1er octobre ; ce qui porte au mois de mai inclufivement. = L'intérêt du quatrieme & dernier trimeftre courra, à compter du premier janvier; ce qui porte au mois d'août inclufivement. = Après l'échéance des huit mois de chaque trimeftre, l'intérêt ne peut reprendre cours qu'en vertu des pourfuites que peut faire le receveur, n°. 157. Suppofons, *cent francs*, l'intérêt au fix pour cent eft de *fix francs;* ce qui fait dix fous par mois; — & au cinq pour cent, l'intérêt eft de cent fous ; ce qui fait huit fous quatre den. par mois.

156. Les intérêts feront au profit des receveurs ,

74

caiffiers ou tréforiers , qui feront toujours obligés
d'en faire l'avance. Décret du 23 novembre 1790,
tit. V, art. VII. = C'eft à celui qui fait l'avance
qu'appartient l'intérêt. Si c'eft le receveur de la
communauté , il lui appartiendra ; fi c'eft le receveur du diftrict, ce fera à lui. (Voyez nos. 34 &
157.)

Saifie , faute de payement.

157. A défaut de payement de la contribution
fonciere , les fruits ou loyers pourront être faifis ;
— & il ne fera, en conféquence, décerné de contrainte pour cette perception, que fur ceux des contribuables , dont l'efpece de propriété n'auroit pas
un revenu faififfable ; comme maifons non-louées ,
bois à exploiter, prés à tourber , &c. Décret du
23 novembre 1790, tit. V, art. IX. = A défaut de
payement de la contribution fonciere, à l'échéance
de chaque trimeftre , le percepteur de la communauté pourra faire toutes les faifies de fruits ou de
loyers, & tous les actes confervatoires propres à accélérer & à affurer le payement de la contribution.
Décret du 26 feptembre 1791, art. XII. (Voy. no. 158).
= Il peut auffi faifir des meubles & effets, no. 159.
= Le décret du 10 juin 1791, art. V, difpofe que
les avertiffements, commandements & faifies, relatifs au recouvrement des impofitions de l'année 1790,
& *antérieurs*, ne feront point affujettis au timbre ; qu'ils
ne le feront pas non plus au droit d'enregiftrement.
— Il réfulte de cette difpofition, que les pourfuites
pour les contributions poftérieures à 1790, reftent comprifes dans la difpofition générale des lois concernant
le timbre & l'enregiftrement ; que, par conféquent,
elles y font affujetties.

158. D'après les deux articles rappelés au no. précédent, quoique chaque contribuable doive payer

mois par mois, n°. 152, le percepteur ne peut cependant exécuter fur fes fruits ou loyers, ou meubles & effets, qu'après l'échéance de chaque trimeftre ; & le contribuable a encore la premiere huitaine de chaque trimeftre, n°. 154. = Ces articles montrent encore que le percepteur n'eft pas obligé de faire un commandement préalable ; l'affiche ordonnée, n°. 154, en tient lieu envers tous les contribuables en retard ; & c'eft pour eux une épargne, comme c'eft un remede contre l'âpreté de certains receveurs. = Mais, fi les propriétés cotifées n'ont point de revenu faififfable, telles celles que défigne le premier des deux articles, le receveur peut exécuter fur les propriétés mêmes ; — il ne le peut cependant qu'en vertu d'une contrainte ; & c'eft au directoire du diftrict qu'il doit fe pourvoir pour l'obtenir, parce qu'il eft juge en cette partie, n°. 128. —Il n'eft pas foumis au préalable de la conciliation. Décret du 24 février 1791, art. XV.

Ce qui ne peut être faifi.

159. Ne pourront être faifis pour contribution arriérée, les lits & vêtements néceffaires, — pain & pot au feu, les portes, les fenêtres, les animaux de trait fervant au labourage, les harnais & inftruments fervant à la culture, ni les outils & métiers à travailler. = Il fera laiffé au contribuable en retard, une vache à lait, ou une chevre, à fon choix, ainfi que la quantité d'engrais, ou graines néceffaires à l'enfemencement ordinaire des terres qu'il exploite. = Les abeilles, les vers-à-foie, les feuilles de mûriers ne feront faififfables que dans les temps déterminés par la loi fur les biens & ufages ruraux. Décret du 26 feptembre 1791, art. XVI. = Aucun engrais, ni uftenfilles, ni autres meubles utiles à l'exploitation des terres, & aucuns beftiaux fervant au labourage, ne pourront être faifis ni vendus pour contribution

publique. Décret du 2 septembre 1791, concernant les biens & ufages ruraux, tit. Ier, fection III, art. II. = La même regle aura lieu pour les ruches; & pour aucune raifon, il ne fera permis de troubler les abeilles dans leurs courfes & leurs travaux; en conféquence, même en cas de faifie légitime, une ruche ne pourra être déplacée que dans les mois de decembre, janvier & fevrier. *Ibid.* art. III. = Les vers-à-foie font de même infaififfables pendant leur travail, ainfi que la feuille de murier, qui leur eft neceffaire pendant leur éducation. *Ibid.* art. IV. = Il parî de la difpofition de l'art. III. ci-deffus, que les ruches ne pouvoient être faifies ni vendues pour contribution publique; mais l'art. XVI du décret du 26 feptembre y a dérogé: il fuffit donc, en les faififant, de fe conformer à ce que prefcrit le décret du 2 du même mois, aux articles que nous venons de citer.

Prefcription en faveur des Contribuables.

160. Les receveurs de communautés, qui n'auroient fait aucune pourfuite pendant trois années, à compter du jour que le rôle aura été déclaré exécutoire, feront déchus de tous droits. Décret du 23 novembre 1790, tit. V, art. VIII. = De maniere que, s'il en a fait pendant ces trois années, en quel temps que ce foit, fon action confervée dure à l'inftar de toutes autres. = Si cependant fes pourfuites n'avoient pas été faites pour la cote entiere, il n'auroit confervé fon action que pour la portion pour laquelle il auroit agi.

Concernant les Percepteurs de Communautés.

161. Dans le cas où un percepteur feroit obligé de quitter la perception, pour divertiffement de deniers & infolvabilité de fes cautions, ou autres caufes forcées,

●n procédera fur-le-champ à l'appurement du compte,
& à une nouvelle adjudication. Décret du 26 feptembre 1791, art. XXIX.

Émargement & Quittance.

162. Les percepteurs font tenus d'émarger exaɕte-
ment fur les rôles, les payements, à mefure qu'il leur
en eft fait; & de décharger ou croifer, en préfence des
contribuables, les articles ; même de leur en donner
quittance, s'ils en font requis. Décret du 26 feptembre 1791, art. XIII. ⹀ Déjà le décret du 10 juillet 1791,
art. IV, avoit difpofé que tous receveurs d'impôt &
contribution patriotique étoient tenus de fournir, fans
frais, aux contribuables, autant de duplicata de leurs
quittances, qu'ils en demanderoient pour juftifier du
payement de leurs contributions. ⹀ Et ces quittances ne font pas affujetties au timbre. Décret du
10 juin 1791, art. X.

Verfement dans la caiffe du Diftriɕt.

163. Les receveurs de communautés font tenus
de verfer, chaque mois, dans la caiffe du diftriɕt, la
totalité de leur recette. Décret du 23 novembre 1790,
tit. V, art. IV. ⹀ C'eft dans les quinze premiers
jours du mois qu'ils doivent faire ce verfement. Décret du 26 feptembre 1791, art. XXX. ⹀ Cette difpofition ne concerne que la recette effeɕtive.

164. Dans le cas où un percepteur n'auroit pas
apporté, dans les quinze premiers jours du mois, à
la caiffe du diftriɕt, le montant de fon recouvrement, le receveur du diftriɕt enverra un avertiffement à la municipalité ; — & fi, quinzaine après cet
avertiffement, il n'y a pas encore fatisfait, le receveur préfentera, au direɕtoire du diftriɕt, une contrainte, qui fera fur-le-champ vifée & mife à exé-

78

cution comme ci-après. Décret du 26 septembre 1791, art. XXX. (Voyez n° 94.) = La premiere quinzaine est de droit, & la derniere de grâce. = Cette précaution, jointe à l'obligation où font les contribuables de payer mois par mois, n°. 152, fait que les deniers deftinés pour les befoins de l'état, rentrent plutôt dans le tréfor public.

165. Dans quel terme les receveurs de communautés doivent-ils avoir verfé, dans la caiffe du receveur du diftrict, la contribution qu'ils fe font chargés de percevoir & recouvrer? = L'art. 23 du décret du 14 novembre 1790, n°. 166, dit qu'ils doivent faire ce verfement dans les termes prefcrits par l'adjudication qui leur aura été faite.(Voy. n°.148). L'art.XXIV, n°. 167, fe réfere au XXIIIe, én difant que, *faute de payement dans le terme prefcrit*, ils feront pourfuivis. — Mais le tableau qui doit annoncer l'adjudication, doit contenir les principales obligations du percepteur, telles qu'elles réfultent des lois, n°s. 135 & 148. Les feuls termes que puiffe prefcrire l'adjudication, font donc ceux prefcrits par les lois. = Ainfi, le percepteur doit verfer fa recette effective, entre les mains du receveur du diftrict, dans les quinze premiers jours de chaque mois ; au plus tard , dans la quinzaine fuivante , n°. 164 ; — le montant de chaque trimeftre , après l'expiration de la premiere huitaine du mois fuivant, n°. 154 ; autrement, l'intérêt du retard appartiendra au receveur du diftrict, & non à lui , n°. 156. = Enfin, après l'échéance de chaque trimeftre, il doit faire fes diligences fur les fruits, les loyers, les meubles & effets des contribuables, pour pouvoir juftifier de fes pourfuites, même des infolvabilités, s'il y en a, n°s. 157, 159, 166. Voilà fes obligations pour chaque mois, chaque trimeftre ; par conféquent, pour toute l'année.

Le Percepteur est garant de la rentrée.

166. Le receveur de communauté, auquel une ou plufieurs communautés auront adjugé la perception des contributions fonciere & perfonnelle, fera garant, envers lefdites municipalités , du verfement dans la caiffe du receveur du diftrict, du montant total des rôles dont la perception lui aura été adjugée , & dans les termes prefcrits par ladite adjudication. (Voyez n⁰. 148); — à moins qu'il n'y ait infolvabilité de la part de quelques contribuables , & qu'il n'ait fait conftater ladite infolvabilité, & les diligences qu'il aura faites , par la municipalité intéreffée. Décret du 14 novembre 1790, art. XXIII. == L'infolvabilité doit être conftatée par la municipalité; mais la municipalité ne peut la conftater , que d'après les pourfuites faites par le percepteur.

Contrainte contre le Percepteur.

167. Faute de paiement du receveur de communauté, dans le terme prefcrit, le receveur de diftrict fe pourvoira devant le directoire dudit diftrict. — Ce directoire fera tenu de vifer, fans délai , les contraintes , (voyez n°. 94); à l'effet d'obliger le receveur de la communauté , & fubfidiairement les membres du confeil général de la commune, à faire les avances des fommes dont les municipalités feront en'retard , — fauf le recours contre la communauté intéreffée, *s'il y a lieu*; de maniere qu'aucun receveur de diftrict n'ait de motif, ni de.prétexte , pour ne pas verfer, à chaque terme, au tréfor public, le montant net des fommes dont il devra faire le recouvrement. Décret du 14 novembre 1790, art. XXIV. == Les membres du confeil général ne peuvent être pourfuivis que fubfidiairement ; ils ne font pas tenus

folidairement avec le percepteur, comme le font fes cautions. Ainfi, pour pouvoir les pourfuivre, il faut preuve de l'infolvabilité du percepteur & de fes cautions. Ils ont même encore leur recours contre la communauté, *s'il y a lieu*; c'eft-à-dire, s'ils juftifient que toutes les précautions prefcrites par la loi envers le percepteur, ont été prifes. (Voyez nᵒˢ. 186, & fuiv.)

168. Il fera d'abord procédé contre le percepteur & fes cautions, à une fimple faifie de meubles & effets; & en cas d'infuffifance du produit de la vente des objets faifis, fur la demande du receveur, il fera procédé à faifie & vente des immeubles du receveur & de fes cautions. Décret du 26 feptembre 1791, art. XXXI. ══ Remarquez que l'exécution des meubles & effets doit précéder celle fur les immeubles ; ─ d'où il fuit que le porteur de contrainte, en faififfant les immeubles, doit annoncer dans fon verbal, qu'il a difcuté les meubles & effets, ou qu'il n'en a point trouvé. ══ *Sur la demande :* la loi exigeant l'exécution préalable des meubles & effets, & ne la permettant fur les immeubles qu'en cas d'infuffifance, il femble que le receveur doit fe pourvoir au directoire, pour, fur la preuve de cette infuffifance, obtenir la permiffion d'exécuter les immeubles. Sur le tout, il fera un acte de prudence, en prenant cette précaution.

Divertiffement des deniers par le Percepteur.

169. Dans le cas de divertiffement des deniers, la municipalité, auffi-tôt qu'elle en aura connoiffance, fera tenue d'en dreffer un procès - verbal ; ─ de l'envoyer fur le champ au procureur-fyndic du diftrict ; ─ pour être pris, par le directoire, après en avoir communiqué avec le receveur, les mefures les plus promptes & les plus convenables pour affurer la rentrée des deniers divertis. Décret du 26 feptembre

1791,

1791, art. XXXII. = Ce cas eſt différent de celui de faillite & d'inſolvabilité. N°. 185.

Concuſſion du Percepteur.

170. Dans le cas où le percepteur feroit accuſé de concuſſion ou de falſification de rôle, le procureur-ſyndic du diſtrict fera dreſſer procès-verbal des faits, & le remettra à l'accuſateur public; & lorſque l'inſtitution du juré fera en activité, à l'officier de police, ou au directeur du juré. Décret du 26 ſeptembre 1791, art. XXXVI. — (Voyez n°. 180). *Fera dreſ-ſer :* la loi ne dit, ni par qui, ni de quelle autorité.

Obligation des Collecteurs envers les Prépoſés à la perception du droit d'enregiſtrement.

171. Les collecteurs des contributions directes, perſonnelle ou fonciere, & tous dépoſitaires des rôles deſdites contributions, ſont tenus de donner communication de ces rôles, aux prépoſés à la perception des droits d'enregiſtrement; même de leur en laiſſer prendre extrait, à toute réquiſition, ſur papier libre, & de les certifier ſans frais. Décret du 5 novembre 1790, art. XX. = C'eſt qu'il eſt des droits d'enregiſtrement, dont le droit eſt réglé en raiſon du revenu préſumé & évalué, d'après la cote d'habitation, dans la contribution perſonnelle des contractants. Même décret, 2e. claſſe.

Concernant les Porteurs de contrainte.

172. Les receveurs de diſtrict remettront chaque année, dans les premiers jours de janvier, aux directoires de diſtrict, un état nominatif des porteurs de contrainte, qu'ils propoſeront d'employer. —

F

Ils ne pourront les choifir que parmi les citoyens actifs, *domiciliés* dans le diftrict, fachant lire & écrire. Décret du 26 feptembre 1791, art. XVII. = Remarquez que nul ne peut être porteur de contrainte, qu'il ne foit *citoyen* actif, *domicilié* dans le diftrict.

173. Les directoires de diftrict en fixeront le nombre , les choifiront parmi ceux qui auront été propofés , & leur donneront des commiffions conformes au modele ci-après. = Ces porteurs de contrainte feront feuls les fonctions d'huiffiers , quant à ce qui concerne les contributions. Ainfi , ce font eux qui doivent faire les exécutions dont il a été parlé , n°. 157.

<table>
<tr><td>174. DÉPARTEMENT
de</td><td>MODELE
DE COMMISSION.</td></tr>
</table>

COMMISSION

DISTRICT
de

De Porteur de contrainte.

LE nommé   remplira les fonctions de porteur de contrainte , pour le recouvrement des contributions fonciere, mobiliere, & des patentes du diftrict de   & fe conformera exactement aux difpofitions de la loi , du
dont il lui fera remis un exemplaire , en mêmetemps que la préfente commiffion. Le nommé

obéira au furplus ponctuellement aux ordres qui lui feront donnés par MM. les adminiftrateurs du diftrict de   Il fera tout ce qui lui fera prefcrit pour raifon des pourfuites relatives à la perception des contributions directes :

ledit
fera tenu de fe préfenter devant le directoire du diftrict
de   pour y prêter ferment, conformément à l'art. **XVI** (c'eft **XVII**) de la même
loi, du
 Fait à   le
mil fept cent quatre-vingt-

LES *ADMINISTRATEURS du Directoire du*
Diftrict de

Les Porteurs de contrainte doivent conftater leur arrivée dans les Communautés.

175. Les porteurs de contrainte feront tenus, en
arrivant dans chaque communauté, de faire conftater
par un officier municipal, ou le procureur de la commune, le jour & l'heure de leur arrivée ; & de même
en fe retirant, le jour & l'heure de leur départ. Décret du 26 feptembre 1791, art. **XIX.** = La difpofition de cet article prévient les fraudes qui pouvoient, fous l'ancien régime, fe commettre entre le
porteur de contrainte & le percepteur. (Voyez le
nº. fuivant.)

Régalement des frais.

176. Le temps que les porteurs de contrainte auront employé dans la communauté, étant ainfi conf-
taté, le bulletin des frais à leur allouer fera enfuite
réglé par le directoire du diftrict ; & le total de ces
frais fera réparti à la fuite du bulletin , au marc la
livre des fommes dues par les contribuables dénommés dans les contraintes, à l'époque où elles feront
décernées. Décret du 26 feptembre 1791, art. **XX.**
= La difpofition de cet article prévient les injuftices
qui fe commettoient anciennement ; les frais des

F 2

porteurs de contrainte n'étoient pas toujours répartis fur tous les contribuables en retard. Aujourd'hui ils le feront, parce qu'ils font fupportables des le jour de la contrainte générale décernée , au marc la livre par chacun. = Mais fi un contribuable fe libere le jour ou le lendemain de l'arrivée du porteur de la contrainte, ne devra-t-il les frais qu'à commencer de ce temps, quoique le porteur de contrainte demeure plufieurs jours de plus ? La loi eft au contraire, puif-qu'elle ordonne que le *total* des frais fera réparti au marc la livre des *fommes* dues *par* les contribuables dénommés à l'époque où elle aura été décernée = Comme un porteur de contrainte ne marche pas pour un feul, tous doivent contribuer pour le temps qu'il opere. = Avis à tous contribuables, mais entre autres, à ceux qui doivent les plus fortes cotes.

177. Il fera fait deux expéditions de ce bulletin; l'une fera rendue exécutoire par le directoire de diftrict, & fera remife par le directoire de diftrict , au per-cepteur, pour lui fervir au recouvrement des frais qui y font alloués, & dont il verfera le montant entre les mains du receveur.— La feconde expédition ref-tera au receveur du diftrict , pour diftribuer aux porteurs de contrainte les fommes revenant à chacun d'eux, pour leurs journées; & les porteurs de con-trainte donneront quittance au pied du bulletin. Dé-cret du 26 feptembre 1791 , art. XXI.

178. Ceux des contribuables qui , fans attendre de faifies & ventes, fatisferont à la contrainte , ne fupporteront que leur part des premiers frais , (ceux des porteurs de contrainte) ; — ceux qui néceffite-ront des faifies & ventes , en fupporteront les frais. Décret du 26 feptembre 1791 , art. XXI. = Les faifies ne fe font pas en vertu de ces contraintes ; elles fe font en vertu du rôle & de la loi , n°. 158.

179. Les municipalités donneront affiftance & pro-tection aux porteurs de contrainte ; & en cas de re-fus , ceux-ci drefferont un procès-verbal, qu'ils enver-

ront au directoire du diftrict ; — & le directoire, après en avoir donné communication aux officiers municipaux, prononcera, contr'eux, s'il y a lieu, la refponfabilité folidaire du montant total de l'arrieré des contributions fonciere & mobiliere , & des patentes pour leur communauté. — Signification de l'arrêté du directoire fera faite , fans délai , aux officiers municipaux, à la requête du receveur du diftrict. Décret du 26 feptembre 1791 , art. XXII. = Le procès-verbal des porteurs de contrainte fait-il foi entiere contre les officiers municipaux ? Queftion délicate à laquelle des officiers municipaux ne doivent pas s'expofer. — Les porteurs de contrainte font des officiers affermentés , & les contributions font des dettes facrées; les officiers municipaux doivent en accélerer le recouvrement; fi, au contraire, ils l'empêchent, ils fe rendent coupables de forfaiture. (Voyez n°s. 482, 483).

Rebellion contre les porteurs de Contrainte.

180. Au cas de rebellion, le porteur de contrainte en dreffera procès-verbal ; il le fera vifer par un officier municipal ou le procureur de la commune, & l'enverra fur-le-champ au directoire du diftrict. — Le procureur - fyndic dénoncera les faits à l'accufateur public ; & lorfque l'inftitution du juré fera en activité, à l'officier de police, ou au directeur du juré. Décret du 26 feptembre 1791 , art. XXIII, (Voyez le n°. 170). = Remarquez que le procureur - fyndic eft obligé de dénoncer dans le cas pofé. — Delà, il fuit que tout fonctionnaire public eft obligé de dénoncer les faits parvenus à fa connoiffance dans la partie qu'il adminiftre, lorfqu'il n'a pas lui - même le pouvoir de réprimer ; ce n'eft pas la dénonciation proprement dite, c'eft l'exercice du droit de furveillance & de fupériorité que lui donne

fa place. Les deux nᵒˢ. fuiv. viennent à l'appui de cette réflexion.

Révocation des porteurs de Contrainte.

181. Les receveurs de diftrict & les officiers municipaux pourront dreffer des procès - verbaux des plaintes qui leur auront été faites contre les porteurs de contrainte. = Ils adrefferont fur - le - champ ces procès-verbaux au procureur-fyndic. — Celui-ci en rendra compte au directoire du diftrict ; — & le directoire révoquera ces employés, s'il y a lieu. Décret du 26 feptembre 1791, art. XXIV. = Les porteurs de contrainte font fous la furveillance des receveurs de diftrict & des officiers municipaux, fous la dépendance des directoires de diftrict, & fous la juridiction des tribunaux. (Voyez le nᵒ. précédent & le fuivant).

182. Si les plaintes étoient telles qu'il y eût lieu à une pourfuite criminelle contre ces porteurs de contrainte, les directoires de diftrict feront remettre, par leurs procureurs-fyndics, ces plaintes à l'accufateur public ; & lorfque l'inftitution du juré fera en activité, à l'officier de police, ou au directeur du juré. Décret du 26 feptembre 1791, art. XXV. (Voyez les deux nᵒˢ. précédents).

Concernant les Officiers Municipaux.
Ils doivent vérifier le Rôle.

183. Les officiers municipaux peuvent, en tout temps, vérifier fur le rôle, l'état du recouvrement. Décret du 23 novembre 1790, tit. V, art. IV. = Un officier municipal, ou le procureur de la commune, à ce commis par la municipalité, examinera, quand il le jugera à propos, & au moins une fois par

mois, les différents rôles dont le percepteur fera porteur, à l'effet de vérifier; — 1º. fi le recouvrement eft en retard, & quelles en font les caufes; — 2º. fi les fommes recouvrées font émargées fur les rôles; — 3º. fi les fommes recouvrées dans le mois précédent, & qui doivent être verfées en totalité dans la caiffe du diftrict, l'ont été en totalité; — 4º. fi les fommes recouvrées depuis le dernier verfement, exiftent dans les mains du percepteur. Décret du 26 feptembre 1791, art. XIV. = Les officiers municipaux doivent avoir l'attention de faire exactement ces vérifications, s'ils veulent s'affranchir de la refponfabilité du percepteur, en cas de déficit. (Voyez nᵒˢ. 169, 185).

Bordereau du Recouvrement.

184. L'officier municipal, ou le procureur de la commune vérificateur, vifera toutes les quittances qui feront entre les mains du percepteur, — & remettra, dans le délai de trois jours, à la municipalité, l'état de fes quittances, certifié de lui & du percepteur, & le bordereau, pareillement figné de l'un & de l'autre, du montant des recouvrements faits dans le mois, & des fommes qui reftent à recouvrer. Décret du 26 feptembre 1791, art. XV. = Déjà le décret du 14 novembre 1790, art. XXI, §. II, avoit difpofé qu'ils étoient tenus de vérifier, chaque mois, les rôles de leur collecteur, pour faire la comparaifon des fommes émargées auxdits rôles, avec les récépiffés qui lui auroient été fournis par le receveur du diftrict. — Cette derniere difpofition a trait au receveur du diftrict. (Voyez nᵒˢ. 191, 193).

185. En cas de faillite d'un percepteur, & d'infolvabilité de fes cautions, la municipalité fera tenue de juftifier qu'elle a fait exactement les vérifications prefcrites; faute de quoi, les officiers municipaux

feront perfonnellement refponfables du déficit. Decret du 26 feptembre 1791 , art. XXXIII.

Concernant les membres du Confeil général de la Commune. Ils font refponfables du Percepteur.

186. Les membres du confeil général de la commune font refponfables, envers le receveur du diftrict,
de la folvabilité & du payement du receveur auquel
ils auront adjugé la perception de leurs contributions
fonciere & perfonnelle. Décret du 14 novembre
1790, art. XXIV. — En conféquence, faute de payement du receveur de communauté, dans le terme
prefcrit, contrainte contre lui, fubfidiairement contre les membres du confeil général de la commune,
pour faire *les avances* des fommes en retard, fauf le
recours contre la communauté intéreffée, s'il y a lieu;
ainfi que le porte la fuite de l'art. rapportée, n°. 167.
= Les membres du confeil général de la commune
étant refponfables, envers le receveur du diftrict, de
la folvabilité & du payement du percepteur auquel
ils auront adjugé la perception de leurs contributions
fonciere, mobiliere & des patentes ; lorfqu'il y aura
un déficit, le receveur fe pourvoira devant le directoire de diftrict, & lui préfentera une contrainte, à
l'effet d'obliger les membres du confeil général de la
commune, à *acquitter* la fomme dont le percepteur
fe trouvera définitivement réliquataire. Décret du 26
feptembre 1791 , art. XXXIV. = Le cas dont parlent
ces lois, eft différent de celui rappelé, n°. 188; il
s'agit ici d'un percepteur qui a diverti les deniers, n°.
169, ou qui a fait faillite, & dont les cautions font
infolvables, n°. 185; le confeil général qui a adjugé
la recette & reçu les cautions, eft refponfable; il ne
l'eft cependant pas fans efpoir d'aucun recours. (Voyez
le n°. fuivant).

Dans quel cas ils peuvent recourir contre la Communauté.

187. Après difcuffion des biens du percepieur, & de ceux de fes cautions, les membres du confeil général de la commune, en juftifiant qu'il n'y a eu de leur part, aucune négligence, fe pourvoiront au directoire du diftrict pour obtenir la réimpofition à leur profit, de la fomme qu'ils auront payée, & qui devra en définitif refter à la charge de la communauté, & être réimpofée fur les rôles de la même année. Décret du 26 feptembre 1791, art. XXXV. ═ Suivant les lois rappelées au n°. précédent, les membres du confeil général font obligés de faire les *avances* des fommes en retard, de les acquitter. ─ C'eft qu'ils font refponfables du percepteur auquel ils ont donné l'adjudication, & de ceux qu'ils ont reçus pour fes cautions ; ils devoient être attentifs dans leur choix. ═ Mais la loi leur donne le recours contre la communauté, *s'il y a lieu ;* & le recours a lieu, s'ils juftifient qu'il n'y a eu aucune négligence de leur part. ─ Cette négligence peut venir du défaut d'attention dans l'admiffion du percepteur & de fes cautions ; c'en feroit une, s'ils admettoient des perfonnes qui n'auroient point d'immeuble, à moins qu'ils ne paffaffent pour notoirement folvables ; la négligence pourroit encore confifter dans l'oubli des officiers municipaux, de faire les vérifications ordonnées par la loi rappelée nos. 183, 184 ; hors ces cas, ils doivent être regardés comme ayant agi ainfi qu'auroient fait des peres de famille, qui, malgré toute leur prudence, ne font pas à l'abri d'être trompés fur des apparences de folvabilité. ═ Mais, remarquez que dans tous les cas, ils font tenus d'*avancer* les deniers en retard ; ─ que le recours contre la communauté ne peut avoir lieu qu'après la difcuffion des biens du percepteur & de fes cautions,

90

(voyez n°. 167) ; — & que fi le recours eft admis,
le remplacement à faire par la communauté, par
réimpofition, doit fe faire pour l'année même ; parce
que chaque communauté doit un contingent annuel,
qui ne peut diminuer qu'en vertu de décharges ou
modérations fondées.

188. Dans le cas où le percepteur juftifie l'infolvabilité de quelques contribuables, il eft déchargé
d'autant, (voyez n°. 166) ; — & dans ce cas, les
membres du confeil général de la commune font tenus
d'en faire l'avance ; — fauf le rejet ou la décharge,
ainfi qu'il fera ordonné par le directoire du département, d'après l'avis du diftrict. Décret du 14 novembre 1790, art. XXIII. ═ Ces difpofitions fuppofent
un percepteur en regle ; ainfi, le confeil général de
la commune n'eft pas déclaré refponfable en ce cas ;
feulement il eft tenu de faire à la caiffe du diftrict
l'avance des fommes perdues, parce que la communauté répond toujours de fa contribution entiere. Encore eft-il autorifé à fe pourvoir en rejet ou décharge ;
c'eft-à-dire, pour faire rejetter les fommes perdues,
fur le corps de la communauté, par une nouvelle répartition, ou pour l'en faire décharger ; ce qui dépend
des circonftances : — & l'un ou l'autre ne fauroit être
refufé. (Voyez nos. 186, 187).

Concernant le Receveur de Diftrict.
Il doit donner quittance au Percepteur.

189. Lorfque les percepteurs viendront apporter
leur recette du mois, à la caiffe du diftrict, le receveur leur donnera une quittance d'à compte, conforme au modele ci-après. Décret du 26 feptembre
1791, art. XXVIII. ═ Cette quittance n'eft pas
affujettie au timbre. Décret du 10 juillet 1791,
article X.

DÉPARTEMENT

DE

DISTRICT

DE

COMMUNAUTÉ

de

QUITTANCE.

CONTRIBUTION
FONCIERE.

Année 179

BORDEREAU.

Efpeces . . . . . .

Affignats . . . . .

Ordonnance de décharge , ou réduc-

tions . . . . . .

Remifes ou modérations . .

Total . . . .

Je, fouffigné, receveur du diftrict de . . . . .
reconnois avoir reçu de M. . . . . . percepteur
de la communauté de . . . . . . la fomme
de . . . . . . fuivant le bordereau ci-deffus,
& dont je lui tiendrai compte fur la contribution
fonciere de l'année . . . . . en me rappor-
tant le préfent feulement, à . . . ce . . . .

Nota. Cette quittance montre que le receveur du
diftrict eft obligé de diftinguer les effets formant la
fomme dont il paffe quittance.

Le receveur doit tenir des regiſtres des ſaiſies & contraintes.

190. Chaque receveur de diſtrict doit tenir des regiſtres par communauté, tant des ſaiſies ou contraintes qu'il aura fait viſer, que des frais auxquels elles auront donné lieu : — les regiſtres feront paraphés par le préſident du directoire de diſtrict. Décret du 26 ſeptembre 1791 , art. XXVI ; le *viſa* ne concerne que les contraintes. (Voyez n°. 94.) = Déjà le décret du 14 novembre 1790 , art. XIX , avoit ordonné que les receveurs de diſtrict étoient tenus d'avoir des regiſtres, ſur leſquels ils devoient écrire , date par date, de ſuite & ſans rature ni interligne, les payements de chacun des collecteurs, au moment même où chaque payement ſeroit effectué entre leurs mains. — Il portoit auſſi que ce regiſtre devoit être coté & paraphé à chaque page par le préſident de l'adminiſtration de diſtrict, ou par le vice-préſident du directoire. = Ces deux diſpoſitions doivent être reunies , parce qu'elles embraſſent les obligations du receveur, quant aux deux regiſtres qu'il doit tenir ; l'un pour ſa recette , l'autre pour les ſaiſies & contraintes. — Le préſident de l'adminiſtration de diſtrict peut préſider le directoire ; mais le directoire doit avoir un vice-préſident , que la loi nomme également-ment préſident.

Etats de Trimeſtre.

191. A la fin de chaque trimeſtre, le receveur de chaque diſtrict remettra au procureur-ſyndic un état certifié de lui, contenant, — 1°. le montant total des contributions de ſa recette ; — 2°. le total des ſommes recouvrées ; — 3°. le total des frais pendant les trimeſtres antérieurs ; — 4°. la ſomme recouvrée

pendant le dernier trimeſtre ; — 5º. le montant des frais faits pendant ce trimeſtre ; — 6º. la ſomme reſtante à recouvrer. Décret du 26 ſeptembre 1791, art. XXVI. == Cet article ne regarde que le recouvrement des contributions. (Voyez nᵒˢ. 184 & 193.)

192. Les procureurs-ſyndics enverront de même, tous les trois mois, un extrait ſommaire de ces états, au procureur - général - ſyndic du département ; — celui-ci en fera former un état général, d'après lequel le directoire du département pourra comparer la marche du recouvrement dans les différents diſtricts & communautés ; — le directoire du département enverra une copie de cet état général au miniſtre des contributions publiques, avec ſes obſervations. Décret du 26 ſeptembre 1791, art. XXVII.

Vérification de la caiſſe.

193. La ſituation de chaque receveur ſera vérifiée & conſtatée, le quinzieme & le dernier jour de chaque mois, par deux membres du directoire du diſtrict. Ils ſe tranſporteront dans le bureau de recette, où ils ſe feront repréſenter les regiſtres, à l'effet de vérifier s'ils ſont tenus avec l'exactitude preſcrite par l'article précédent ; de les calculer & de les arrêter, en portant, *en toutes lettres*, la ſomme totale de la recette, celle de la dépenſe ; enfin, le *reſtant* en caiſſe, ou *l'avance* réſultante de la comparaiſon de la recette avec la dépenſe. Décret du 14 novembre 1790, art. XX. == Cet article regarde la recette générale du comptable. (Voyez nᵒˢ. 184, 191).

194. Lors de la vérification, qui ſe fera le dernier jour de chaque mois, les deux membres du directoire du diſtrict, indépendamment des formalités ci-deſſus preſcrites, feront former en leur préſence, par le receveur, 1º. un bordereau pour chaque nature de recette ; 2º. celui de ſes payements, dont il ſera tenu

94

de leur repréfenter les pieces juftificatives; 3°. enfin,
le reftant en caiffe. Décret du 14 novembre 1790,
art. XX, §. II. = Pour ce qui concerne fon droit de
recette, voyez n°. 34.

195. Ces bordereaux feront formés doubles, cer-
tifiés véritables par le receveur, & vifés par les deux
membres du directoire qui auront fait la vérification:
ils conferveront l'un defdits bordereaux, & adrefferont l'autre au directoire du département; lequel en
tranfmettra les détails & les réfultats au miniftre
des finances, pour ce qui concerne les impofitions
directes ; & au commiffaire du roi du département
de la caiffe de l'extraordinaire, pour les objets relatifs
à cette caiffe ; à l'effet d'en préfenter le tableau
général au corps légiflatif, pour chacune de ces
parties.

196. Les regiftres feront clos à la fin de chaque
année ; & l'excédant de recette ou dépenfe fera
porté en tête des enregiftrements de l'année fuivante.
Décret du 14 novembre 1790, art. XX, §. dernier.

197. Les municipalités feront parvenir au directoire, en *juillet* & *décembre* de chaque année, un
relevé de toutes les quittances qui auront été fournies
par le receveur du diftrict, aux collecteurs de chaque
municipalité, afin d'en comparer le montant avec
celui porté en recette par le receveur fur fes regiftres.
Décret du 14 novembre 1790, art. XXI. = Les municipalités font également tenues de vérifier, chaque
mois, les rôles des collecteurs de chaque municipalité,
pour faire la comparaifon des fommes émargées
auxdits rôles, avec les récépiffés qui leur auront été
fournis par les receveurs de diftrict.

Négligence du Receveur dans la tenue des
regiftres.

198. S'il étoit reconnu par le réfultat de l'opération prefcrite par l'article précédent, qu'un receveur

ne fe fût pas conformé fcrupuleufement, pour la tenue de fes regiftres, à ce qui eft prefcrit par l'article ci-defius, (n°. 144), il lui feroit enjoint, pour la premiere fois, d'être plus exact à l'avenir. Décret du 14 novembre 1790, art. XXII.

199. En cas de récidive, il feroit privé de fa place, *après* que fa prévarication auroit été jugée ; ainfi qu'il eft prefcrit par le même article. = Ce ne peut être que par erreur que l'art. XXII fe référe à l'art. V ; il devoit fans doute fe référer à l'art. XV, qui difpofe qu'en cas de décès ou de fuite d'aucuns defdits receveurs, il fera procédé, à la requête du procureur-fyndic, par les officiers du tribunal de diftrict, à l'appofition des fcellés, *comme auffi à la vérification de la fituation de la caiffe du receveur* ; — & que fi, *d'après les réfultats de la derniere vérification*, il exifte un débet, les pourfuites néceffaires pour le recouvrement des deniers divertis, feront faites devant le tribunal de diftrict.

CHAPITRE VI.

Comment le revenu des propriétés doit être évalué.

OBSERVATION PRÉLIMINAIRE,

Sur les différentes natures de propriété & fur les changements de culture.

200. Pour faire une évaluation jufte, il faut connoître les principes de la loi, & les appliquer avec juftice aux différentes propriétés.

201. Toutes les propriétés font foumifes à la contribution fonciere , à raifon de leur revenu net
moyen , n^{cs}. 19 & fuiv.

202. Le revenu net confifte aux fruits qui reftent
au propriétaire, déduction faite des frais de culture,
de femence , de récolte & d'entretien, n°. 22.

203. Le revenu net moyen fe forme de la fomme
du produit de quinze années confécutives , bonnes,
médiocres ou mauvaifes , également divifée à chacune
des quinze années , pour former une année commune. (Voyez n°. 23 , & inftruct. fur l'art. III, du
tit. I du décret du 23 novembre 1790.)

204. Mais il y a des propriétés de différente nature.
= Les unes ne produifent rien ; — tels les marais
& les terres vaines & vagues. = D'autres produifent
peu ;— tels certains marais qui fervent de pâturage. =
D'autres, qui produifent annuellement ; — telles certaines terres, les vignes & les prairies. = D'autres,
qui ne produifent qu'en maffe, à des époques qui font
ou peuvent être déterminées ; — tels les bois taillis. =
D'autres , qui ne produifent qu'à des époques indé-
terminées , ce qu'il faut arbitrer ; — tels les bois de
haute-futaie. = D'autres, qui ont tout-à-la-fois un produit naturel conftant , & un produit induftriel pé-
riffable ; — tels les terrains plantés en vignes baffes
ou hautes , en mûriers & en arbres fruitiers. =
D'autres, dont le produit change par la culture,
ou les plantations ; — tels les marais que l'on deffe-
che , les terres vaines & vagues que l'on défriche,
ou les terrains en valeur que l'on améliore par
des plantations. = D'autres , qui n'ont point de
produit naturel , qui n'ont qu'un revenu cafuel , conféquemment incertain ; — telles les maifons. =
D'autres qui n'ont qu'un revenu prefque entierement
induftriel, fujet à des viciffitudes & des dépenfes ; —
tels les moulins, les forges & autres artifices, les canaux
de navigation, les péages, les mines & les carrieres.

205. Toutes ces variétés conduifent à des modifi-

cations,

cations, des exceptions qu'il importe de connoître, pour être en état de faire des évaluations juftes. — Elles font l'objet des détails qui fuivent.

Marais, terres vaines & vagues.

206. Les marais, les terres vaines & vagues font affujetties à la contribution fonciere, quelque modique que foit leur produit. Décret du 23 novembre 1790, tit. III, art. Ier. = Mais la taxe de ces terrains peut n'être que de trois deniers par arpent, mefure d'ordonnance, art. II. = C'eft la moindre taxe ; elle eft confervatoire de la propriété. — Toute propriété, quelque peu avantageufe qu'elle foit, doit, en effet, contribuer à l'entretien de la force publique, qui en affure à leurs poffeffeurs la confervation & la jouiffance. Inftruction fur cet article. — Pour l'arpent, voyez n°s. 410 & fuiv.

207. Lorfque les marais & les terres vaines & vagues donnent un produit un peu confidérable, ne fût-ce que pour le pâturage des beftiaux pendant une partie de l'année, leur cotifation doit être faite d'après les mêmes regles & les mêmes proportions que celles qu'il faut fuivre pour les autres propriétés. Inftruct. *ibid.* = Le revenu net moyen doit toujours être la bafe de la contribution ; n°s. 21, 22, 23. = La taxe de trois deniers par arpent, qui repréfente dix-huit deniers de revenu, & qui eft la moindre poffible, n'eft que confervatoire de la propriété, comme on l'a dit au n^o. précédent.

Abandon des Marais, terres vaines & vagues, aux communautés.

208. Les propriétaires de marais, terres vaines & vagues, ne peuvent s'affranchir de la contribution à laquelle ces terrains doivent être foumis, qu'en

renonçant à ces propriétés , au profit de la communauté dans le territoire de laquelle elles font fituées. Tit. II , art. III.

209. La déclaration détaillée de cet abandon *perpétuel*, doit être faite, par écrit, au fecrétariat de la municipalité, par le propriétaire ou par fon fondé de pouvoir *fpécial*. Même article. = Cet abandon eft une véritable aliénation ; ainfi, les mineurs, les tuteurs, les curateurs, les adminiftrateurs, les ufufruitiers (ce qui comprend & l'héritier grevé, & le mari, maître des droits de fa femme), n'ont le droit de le faire qu'en rempliffant les formalités exigées pour l'aliénation des biens en valeur. Inftruction fur cet article III. = Remarquez que la propriété même qui ne produit rien, eft affimilée aux biens en valeur. C'eft que la propriété eft un bien réel. = Remarquez auffi que la feule déclaration d'abandon confomme l'aliénation, fans qu'il foit befoin d'acceptation de la municipalité, ni de contrat. — C'eft que cet abandon eft une pure faculté à celui qui le fait ; & que la communauté devient forcément propriétaire , comme étant préfumée l'être de tout terrain étant dans fon territoire qui n'en a point. (Voyez n°. 211.)

210. Les cotifations des objets ainfi abandonnés dans les rôles faits antérieurement à la ceffion, refteront à la charge de l'ancien propriétaire. Décret du 23 novembre 1790, tit. III, art. III. = Les charges font dues par le poffeffeur, pour tout le temps qu'il poffede. (Voyez les n°s. fuivants).

211. La taxe des marais, terres vaines & vagues, fituées dans l'étendue du territoire d'une communauté, qui n'ont ou n'auront aucun propriétaire particulier, fera fupportée par la communauté , & acquittée, ainfi qu'il fera réglé pour la cotifation des autres biens communaux. Décret du 23 novembre 1790 , tit. III, art. IV. (Voyez le n°. précédent & le n°. fuivant.) = Cet article comprend tous les terrains qui n'ont maintenant aucun propriétaire par-

ticulier, ou qui feroient délaiffés par la fuite, conformément à l'art. I I I. Inftruction fur l'art. I V.

212. Le légiflateur n'a foumis à la contribution,
ces terrains peu productifs, que par refpect pour le
principe, que toute propriété fonciere doit la fupporter, n°. 19; & non pas pour augmenter la maffe
des maticres impofables. — Les officiers municipaux
& les commiffaires-adjoints doivent fe pénétrer de
cette intention du légiflateur, qui refpire la juftice.
Ils doivent fe prémunir contre le défir d'augmenter
les biens communaux, en faifant des furtaxes qui en-
gagent les propriétaires à faire ceffion de ces biens
aux communautés, ou les obligent à former aux corps
adminiftratifs, des demandes en modération ; — &
les corps adminiftratifs doivent par leur furveillance
empêcher ces injuftices. Inftruct. fur l'art. I I I.

Deffèchement des Marais.

213. A l'avenir, la cotifation des marais qui feront
deffèchés, ne pourra être augmentée pendant les
vingt-cinq premieres années, après le deffèchement,
tit. I I I, art. V. = Le deffèchement des marais
exige fouvent de grandes dépenfes; il donne par conféquent des moyens de fubfiftance à beaucoup d'ouvriers ; il procure l'avantage de rendre l'air plus fa-
lubre, & d'augmenter les productions territoriales.
Il étoit donc jufte de n'augmenter la contribution,
que ces marécages fupportoient avant leur deffèchement, qu'après un affez long efpace de temps, pendant lequel le propriétaire eût pu être amplement
indemnifé de ces dépenfes. Inftruct. *ibid.*

214. Mais, par *marais*, l'on ne doit entendre que les
terrains qui étant couverts d'eau la majeure partie
de l'année, ne donnent prefque aucun produit, &
que l'on ne peut deffècher qu'en conftruifant des ouvrages d'arts, ou lorfqu'il faut facrifier des moulins
pour y parvenir, foit qu'on les achete ou qu'on en

foit propriétaire. = Il ne faut pas regarder comme marécages, des prairies qui donnent maintenant des fruits, ou fervent de pâturage, & dont quelques foffés peuvent beaucoup augmenter la valeur. Ce feroit abufer de l'encouragement accordé par la loi. Inftruct. *ibid.*

Défrichement des Terres vaines & vagues, mifes en culture.

215. La cotifation des terres vaines & vagues depuis vingt-cinq ans, & qui feront mifes en culture, ne pourra de même être augmentée pendant les quinze premieres années après leur défrichement. Décret du 23 novembre 1790, tit. III, art. VI. = La loi accorde vingt-cinq ans pour le defféchement des marais, n°. 213; elle n'en accorde que quinze pour le défrichement des terres vaines & vagues. C'eft qu'il en coûte plus pour les defféchements, que pour le défrichement, & que l'on commence à jouir plus tard au premier cas qu'au fecond.

216. Par *terres vaines & vagues*, l'on n'entend point celles qui font en friche depuis dix ou quinze ans, temps pendant lequel, dans des pays peu fertiles, on laiffe repofer les terres ; — ni celles chargées de quelques productions de bois. = Il ne faut entendre que celles qui, n'ayant donné aucune récolte depuis 25 ans, pourroient être défrichées, conformément aux édits donnés en 1764, & autres années fuivantes, fur les defféchements & défrichements ; — avec cette feule différence, qu'il falloit, fuivant ces loix, que ces terrains euffent été incultes depuis vingt-cinq ans. Inftruct. fur cet art. VI.

Défrichement des Terrains en friche, & Plantations en Vignes, Mûriers ou autres arbres fruitiers.

217. La cotisation des terrains en friche depuis vingt-cinq ans, & qui seront plantés en vignes, mûriers, ou autres arbres fruitiers, ne pourra être augmentée pendant les vingt premieres années. Décret du 23 novembre 1790, tit. III, art. VIII. = Ces sortes de plantations rendent plutôt & plus que celles en bois, soit taillis, soit futaye, n°. 218 ; la plantation en est plus coûteuse, soit pour la faire, soit pour la conserver ; elle est d'ailleurs casuelle, sur-tout quant aux mûriers & aux arbres fruitiers. Le défrichement, pour semer en grain, n'est pas plus coûteux que pour planter ; mais si le terrain peut produire moins, il produit plutôt ; & le défrichement fait, il ne reste d'autre dépense que celle de la culture. = Ce sont toutes ces raisons qui ont fait établir des différences pour la durée du temps pendant lequel la cotisation primitive ne seroit pas augmentée.

Défrichement des Terres vaines & vagues ; Plantations en Bois.

218. La cotisation des terres en friche depuis vingt-cinq ans, qui seront plantées ou semées en bois, ne pourra non plus être augmentée pendant les trente premieres années du semis ou de la plantation. Décret du 23 novembre 1790, tit. III, article VII. = Une terre défrichée, ou semée en grains, (voyez n°s. 215, 227,) peut produire dès la premiere année ; plantée en bois, elle est nécessairement plusieurs années sans produire : il étoit donc juste d'accorder un plus long temps dans ce dernier cas. Instruct. sur l'art. VIII du tit. III.

219. Tout ce qui précede, ne concerne que les terrains, pour ainſi dire, incultes. Pour en encourager le défrichement, qui les rend à la culture, & augmente la maſſe des productions, le propriétaire ne paye, pendant un certain temps, que la même cotiſation qu'il payoit avant d'entreprendre ce travail. Il payoit peu ; mais qu'il ne payât que trois deniers par arpent, n°. 206, ou un ſou, n°. 232 ; en un mot, quelque ſomme qu'il payât, il ne doit pas payer davantage pendant le temps déterminé par la loi. = Les diſpoſitions ſuivantes concerneront les améliorations qui ſuppoſent délà un revenu certain.

Plantations dans les Terres déjà en valeur.

220. Les terres *déjà* en valeur, & qui ſeront plantées en vignes, mûriers, ou autres arbres fruitiers, ne ſeront, pendant les quinze premieres années, évaluées qu'au même taux des terres d'égale valeur, & non plantées. Décret du 23 novembre 1790, tit. III, art. IX. = Le propriétaire d'un terrain productif n'y entreprend des plantations que pour augmenter ſa production. Il eſt juſte, par une conſéquence néceſſaire des diſpoſitions déjà faites concernant les terrains en friche, que ce propriétaire, avant de contribuer à raiſon des fruits de ſon amélioration, s'indemniſe de ſa dépenſe ſur les fruits des premieres années. Mais, par la même raiſon, il eſt juſte auſſi qu'il continue de payer la même contribution qu'il payoit avant ſon entrepriſe. C'eſt le même principe que pour les terres vaines & vagues défrichées. (Voyez n°. 206.) D'où il ſuit que, lorſque le propriétaire change de culture, il doit continuer de payer la même contribution qu'il payoit avant d'entreprendre le changement. (Voyez n°. 221). = Cependant, ſi la plantation venoit enſuite à périr,

ce qui doit arriver avec le temps, le propriétaire devroit être auffi-tôt rétabli à la contribution proportionnée au produit d'une terre nue. Autre chofe, lorfqu'il a amélioré; autre chofe, lorfque le temps, qui détruit tout, le prive de fon amélioration. (Voyez n°. 226). = Suivent des réflexions fur ces diverfes plantations.

Vignes baffes.

221. L'on n'entend, en général, par le mot *vigne*, que les vignes baffes, qu'un terrain entierement planté de fouches. Pour faire de telles plantations, il faut renoncer au produit que donnoit le terrain avant de l'entreprendre. Le propriétaire perd donc cet ancien produit, pour tout le temps qui s'écoulera avant que la vigne produife. Une vigne ne commence généralement à produire, qu'à la quatrieme ou cinquieme année; elle n'eft en force qu'à la fixieme ou feptieme. Cette jouiffance doit indemnifer le propriétaire, & de fa non jouiffance pendant quatre à cinq ans, & de fa dépenfe, qui eft confidérable, foit pour planter, foit pour remplacer les plans qui n'ont pas pris. La loi lui donne quinze années. C'eft affez, mais ce n'eft pas trop. (Voyez n°s. 220, 225 à la fin, & 226).

Vignes hautes ou Treillages.

222. Cette plantation eft quelquefois plus chere, fuivant les lieux, que celle des vignes baffes, eu égard aux pieds droits, perches & montants qu'il faut employer pour former & foutenir les treillages; mais comme les treillages font difpofés par rangs efpacés, le terrain refte cultivable par-tout, excepté dans les lignes de la plantation. = Ainfi, quoique le treillage ne produife que vers la feptieme ou la hui-

tieme année, ne foit en force que la neuvieme ou dixieme, le propriétaire eft indemnifé, auffi-tôt que celui qui a planté en vigne ; s'il n'a pas recueilli du vin auffi-tôt , il a recueilli du grain chaque année. (Voyez n°s. 220, 225 à la fin, & 226).

Vignes hautes ou Hautins.

223. Ce font des fouches élevées fur des érables, plantés à côté & en ligne , comme les treillages ; les jets de la fouche font mariés à ceux de l'arbre , qui fe taille annuellement comme elle. = Cette efpece de vigne n'eft connue que dans la ci-devant province de Dauphiné , & même que dans la partie orientale & feptentrionale confinée par la Savoie. — Feu M. Bouchet, infpecteur général des ponts & chauffées, entreprit, il y a environ trente ans , de tranfplanter cette efpece de vigne dans le Berry , où il avoit des poffeffions ; on croit qu'il a réuffi. = Cette efpece de vigne ne commence à porter que de la feizieme à la dix-huitieme année ; elle n'eft en force qu'à la vingtieme. Quinze ans ne fuffifent donc pas au propriétaire pour l'indemnifer de fes dépenfes, comme ils fuffifent au propriétaire de vignes baffes & de treillages. Il lui en faut au moins vingt-cinq ; & calculer ainfi, ce n'eft pas s'écarter de l'efprit de la loi. = Ainfi , il paroît que les départements , dans les territoires defquels font de femblables plantations, devroient demander une loi explicative, qui fît juftice fur cette difficulté. (Voyez n°s. 220, 225 à la fin , & 226).

Arbres Mûriers.

224. S'ils peuvent augmenter le produit d'un fonds, ce n'eft qu'en les plantant fur les bords. S'ils occupoient tout le fonds , même à cinq toifes de dif-

tance les uns des autres , il ne feroit plus poffible de rien femer. = Mais, enfin, les quinze ans accordés par la loi , étant expirés, les commiffaires évaluateurs détermineront le vrai produit du fonds, d'après fon état actuel. (Voyez n⁰. 225 à la fin).

Arbres fruitiers.

225. La réflexion faite fur les mûriers leur convient , avec cette différence, cependant, qu'à l'exception des fruits qui , par leur rareté & la facilité de les conferver , donnent un produit réel & profitable ; telle la pomme renette qui fe récolte dans la partie de la vallée de Graifivodan, à la rive gauche de l'Ifere , & circule dans le midi de la France ; à cette exception près, le produit des arbres fruitiers ordinaires n'augmente pas , ou n'augmente que de peu celui que rendroient les grains , s'il n'y avoit point d'arbre. Le noyer entr'autres rend moins qu'il ne fait perdre , & la récolte en eft très-cafuelle ; il eft hâtif, & le gel le furprend fouvent au printems. = Le produit des vignes , champs & jardins « plantés d'arbres « fruitiers , dit l'inftruction fur l'art. XVII du titre » II du décret du 23 novembre 1790 , eft cafuel , & » n'eft , en grande partie , que le rembourfement » des dépenfes. Il en eft de même des produits que » donnent les oliviers, les noyers, les mûriers, les › châtaigniers, & autres arbres fruitiers, qui font « auffi très-cafuels. » Le revenu que l'on en obtient fera calculé fur quinze années, en tenant compte des frais néceffaires de replantations partielles.

Plantations détruites.

226. Le propriétaire d'une vigne eft obligé de la détruire pour la replanter ; comment fera-t-il cotifé ? Suivant le produit que rendroit une terre d'égale

valeur & non plantée. C'eſt la déciſion de la loi ; n⁰. 220 : le propriétaire ſera traité comme s'il plantoit pour la premiere fois. ⹀ Même raiſon pour celui qui eſt obligé de replanter un treillage ; ⹀ même raiſon encore pour celui qui eſt obligé de replanter des hautins ; avec cette différence, qu'il peut les renouveler avant qu'ils ſoient abſolument ſur le retour, en plantant dans l'entre-deux ; & de cette maniere la plantation eſt éternelle ; de cette maniere encore, le propriétaire eſt toujours dédommagé par la jouiſſance, ſur-tout s'il commence le renouvellement aſſez à temps, pour que la nouvelle plantation ſoit en force avant que l'ancienne ſoit abſolument ſans produit.

Plantations en Bois.

227. Les terrains maintenant en valeur, & qui ſeront plantés ou ſemés en bois, ne ſeront, pendant les trente premieres années, évaluées qu'au même taux des terres d'égale valeur, & non plantées. Décret du 23 novembre 1790, tit. III, art. X. (Voyez n⁰. 218.) ⹀ C'eſt le même principe que pour les autres plantations dont on vient de parler ; avec cette différence, qu'au lieu de quinze ans la loi en donne trente, parce les bois ne produiſent pas auſſitôt. ⹀ Que le terrain ſoit en friche ou en valeur, le propriétaire qui plante en bois, a toujours trente ans pendant leſquels ſa plantation ne contribue pas.

Différence entre lès Térrains en frichë & ceux déjà en valeur.

228. Le propriétaire des marécages & terres vaines & vagues, qui les fait deſſécher ou défricher, ne paye, pendant le temps déterminé, que ce qu'il payoit avant ſon entrepriſe. S'il payoit trois deniers ou un fou par arpent, il continue de payer de même ; & cette fixation a lieu, foit que la fomme de contribution fonciere', fupportable par la communauté, foit augmentée ou diminuée. Inftruct. fur l'art. VII, du tit. III. = C'eft que les art. V, VI, VII & VIII difpofent que *la cotifation* de ces terrains *ne pourra pas être augmentée.* Et, fi elle ne peut pas être augmentée, elle ne peut pas être diminuée. (Voyez n⁰ˢ. 213, 215, 217, 218). = Il n'en eft pas de même des terrains en valeur que le propriétaire entreprend d'améliorer par des plantations. Les art. IX & X difpofent qu'ils feront évalués *au même taux des terres d'égale valeur & non plantées.* Ils font cotifés proportionnément à la fomme de contribution que la communauté fupporte, foit qu'elle foit augmentée ou diminuée. — Ainfi, que le propriétaire d'une terre de dix arpents d'égale valeur la plante en entier, ou ne la plante qu'en partie, la partie plantée fera cotifée fur le pied de la partie non plantée. Inftruct. fur les art. IX & X, du tit. III.

Préalable pour jouir des avantages accordés à ceux qui defféchent, défrichent & plantent.

229. Pour jouir de ces divers avantages, le propriétaire eft tenu de faire au fecrétariat de la municipalité, & à celui du diftrict dans l'étendue defquels les biens font fitués, & avant de commencer les *defféchements, défrichements* ou *autres améliorations*, une déclaration détaillée des terrains qu'il voudra ainfi améliorer. Décret du 23 novembre 1790, tit. III, art. XI. = Remarquez qu'il faut deux déclarations; l'une, à la municipalité; l'autre, au directoire de diftrict. = Mais, la loi ne difpofe que pour l'avenir, & la déclaration du propriétaire doit précéder le commencement du travail. — Cependant, ceux qui ont commencé ou fait des defféchements, défrichements ou autres améliorations, quelques années avant la loi nouvelle, qu'ils ne pouvoient pas connoître, doivent

jouir des avantages qu'elle promet pour le temps qui doit s'écouler, jufqu'à la fin du terme qu'elle a fixé; & le travail exiftant dépofe de fa réalité. — Les commiffaires doivent donc, en évaluant ces terrains, examiner leur état, s'affurer de l'époque précife où le travail a commencé, en retenir note & en faire mention dans leurs opérations. (Voyez n°s. 57, 65 & 392). = Si, cependant, les commiffaires omettoient ou refufoient de vérifier & conftater le fait, le propriétaire n'auroit d'autre parti que celui de faire fa déclaration; en obfervant d'indiquer l'époque précife à laquelle il a fait le travail. (Voyez le n°. fuivant).

230. La déclaration prefcrite par la loi, n°. 229, doit être infcrite fur le regiftre de la municipalité. — La municipalité eft tenue de faire la vifite des terrains deffléchés, défrichés & améliorés, & d'en dreffer procès-verbal; — elle doit faire paffer une expédition de ce procès-verbal au directoire de fon diftrict; — ce directoire doit auffi en tenir regiftre; — & à la premiere réquifition du déclarant, le fecrétaire du diftrict doit lui en délivrer, fans frais, une copie vifée des membres du directoire. Décret du 23 novembre 1790, tit. III, art. XII. — Et cette copie fervira de titre au déclarant. Inftruct. fur cet art. = Les officiers municipaux doivent nommer des commiffaires parmi eux, pour faire le procès - verbal ordonné. Inftruct. *ibid.* = A la remarque faite au n°. précédent, joignez que ce n'eft pas à la municipalité à délivrer copie de fon procès-verbal au propriétaire; c'eft au directoire du diftrict, & elle doit être vifée de fes membres. — Ainfi, le propriétaire doit veiller, d'après fa déclaration, & pour ne craindre aucune difficulté fur fon effet, à ce que la municipalité faffe ce que lui prefcrit la loi. = Au refte, il auroit contr'elle l'action en refponfabilité.

231. La déclaration du propriétaire qui veut deffécher, défricher ou améliorer, doit fervir d'époque

pour l'exception au taux de la contribution , qui datera du premier janvier fuivant. Inftruct. fur l'art. XII , du tit. III. (Voyez le n°. fuivant).

Défrichements faits en vertu d'anciennes lois.

232. Les terrains précédemment deffechés ou défrichés , & qui, conformément à l'édit de 1764 , & autres fur les défrichements & deffechements , jouiffoient de l'exemption d'impôts, ne doivent être taxés qu'à raifon d'un fou par arpent, *mefure d'ordonnance* , jufqu'au temps où l'exemption d'impôt devoit ceffer. Décret du 23 novembre 1790 , tit. III , art. XIII. = Ce temps étoit fixé par les art. VII , VIII & IX de la déclaration du 28 novembre 1768 , tom. 25 , n°. 50 , du recueil des édits , par Giroud , à quinze années , à commencer du premier octobre , qui fuivroit la déclaration que les propriétaires étoient tenus de faire au greffe de la communauté où les biens étoient fitués , à la forme des art. II & fuiv. — Les communautés doivent s'affurer du temps précis pendant lequel l'exemption doit encore durer. (Voyez n°s. 231 , 234 , 235).

233. Parce que tous privileges ont été abolis , notamment ceux en matiere de fubfide , n°. 16 , quelques communautés avoient cru que l'exemption d'impôt accordée par l'édit de 1764 & autres, aux propriétaires qui avoient deffeché ou défriché , étoit , par-là même , abolie ; en conféquence , elles avoient cotifé les propriétaires pour l'impofition des fix derniers mois de 1789 , & pour celle de 1790. Cependant , cette exemption n'étoit pas un privilege , mais l'effet d'une convention du gouvernement avec ces propriétaires ; & ceux qui l'ont remplie , ont bien fervi la patrie. Cette exemption convenue étoit un droit qui devoit être refpecté. Et fi , malgré cette exemption , l'affemblée nationale a taxé à un fou par arpent les propriétaires de ces terrains , c'eft parce

qu'à la taille, à ſes acceſſoires, à la capitation & aux vingtiemes, elle a réuni des parties de gabelle, droits ſur les cuirs, les amidons, les fers &c., que les propriétaires de terrains deſſéchés & défrichés payoient. = En conſéquence, elle a autoriſé ces propriétaires à demander aux corps adminiſtratifs la décharge de leur cotiſation pour ces biens, & le rembourſement des ſommes qu'ils auroient déjà payées; & elle a chargé les corps adminiſtratifs d'ordonner ces décharges & rembourſements. Inſtruct. ſur l'art XIII, du tit. III.

234. Il doit être fait mention, ſur chaque rôle de la contribution fonciere, à l'article de chacune des propriétés qui jouiſſent ou jouiront de ces divers avantages donnés pour l'encouragement de l'agriculture; il doit être fait mention de l'année où ces biens doivent ceſſer d'en jouir. Décret du 23 novembre 1790, tit. III, art. XIV. (Voyez nᵒ. 232). = Si la loi dit le rôle, il faut entendre la matrice de rôle; parce que chaque contribuable ne doit être cotiſé dans le rôle qu'en un ſeul & même article, pour toutes ſes poſſeſſions; tandis que la matrice de rôle doit raſſembler tous les nᵒˢ. de poſſeſſions, les uns à la ſuite des autres. (Voyez nᵒ. 83). = Cependant, il eſt poſſible de mettre cette note dans le rôle, à la ſuite du texte de l'article.

235. Au moyen de la précaution rappelée dans le nᵒ. précédent, il n'eſt pas poſſible d'ignorer l'époque où l'exemption doit ceſſer. — Cette époque arrivée, les commiſſaires de la municipalité évalueront les biens qui jouiſſoient de l'exemption, d'après les mêmes regles & dans les mêmes proportions que les autres biens de la communauté, qui ſont depuis long-temps en valeur; & ils feront cotiſés en conſéquence. Inſtruct. ſur l'art. XIV, du tit. III, nᵒ. 232.

M A I S O N S.

236. Les maiſons ne contribuent pas en propor-

tion du revenu entier ; c'eſt-à-dire, du loyer total ; elles ne contribuent que pour les trois quarts, le quart devant être déduit en conſidération du dépériſſement & des frais d'entretien & de réparation. Décret du 23 novembre 1790, tit. II, art. X. ⊐ La diſpoſition de cet article eſt générale. Elle embraſſe les maiſons louées, ſituées dans les villes, ou hors des villes. Mais celles ſituées hors des villes, habitées par les propriétaires, ſont exceptées par l'art. **XI.** (Voyez nᵒˢ. 237, 239, 240).

237. Les maiſons ſituées hors des villes, lorſqu'elles ſont habitées par leurs propriétaires, & ſans valeur locative, (c'eſt-à-dire, ſi aucune partie n'en eſt louée), ne doivent contribuer qu'à raiſon du terrain qu'elles occupent, ſi elles n'ont qu'un rez de chauſſée ; ⎯ la cotiſation ſera double, ſi elles ont un premier étage ; ⎯ elle ſera triple, ſi elles en ont deux ; ⎯ & ainſi de ſuite pour chaque étage de plus. Décret du 23 novembre 1790, tit. II, art. XI. (Voyez nᵒˢ. 238, 240). ⊐ Les greniers ne doivent pas être conſidérés comme étage. Inſtruct. ſur cet article.

238. Le terrain occupé par ces maiſons, doit être évalué ſur le pied des meilleures terres *labourables* de la communauté. *Ibid.* ⊐ Il en eſt de même des cours dépendantes de ces maiſons ; elles doivent auſſi être eſtimées ſur le pied de la meilleure terre labourable. ⎯ Mais la maiſon doit payer en proportion des étages, tandis que les cours ne payent qu'en proportion du terrain qu'elles occupent. Inſtruct. *ibid.* S'il n'y a pas de terre labourable dans une communauté, l'évaluation doit ſe faire d'après celle de la communauté la plus voiſine. Inſtruct. ſur l'art. XII. ⊐ Les commiſſaires, dans certaines municipalités, avoient penſé que ce terrain devoit être évalué ſur le pied des meilleurs *fonds* ; & dans cette idée, ils entendoient eſtimer ſur le pied des fonds qui produiſoient le plus ; tels les prés, ou les vignes baſſes, ou les vignes hautes, appellées hautins, dans les lieux

où il y en a ; c'étoit une erreur. Une maifon ne rend qu'autant qu'elle eft louée. Si le propriétaire l'habite, il paye, outre la contribution fonciere, une cote d'habitation, fous le nom de cote mobiliere ; les fonds ne font dans l'origine que des terres ; les plantations, fruits de l'induftrie, n'en font que des accidents. Auffi la loi fe borne à affimiler les maifons non louées, aux meilleures terres *labourables* de la communauté. (Voyez nos. 240, 253).

239. Lorfqu'une partie de la maifon, hors de la ville, eft habitée par le propriétaire, & une autre partie louée, comment doit-elle être évaluée ? La difpofition de la loi, nos. 236, 237, 238, conduit à penfer que tout ce que le propriétaire en occupe, doit être évalué fur le pied de la meilleure terre labourable ; & tout ce qu'il en loue, fur le pied du loyer, déduction faite du quart. = L'exception prononcée par la loi, à la difpofition, no. 236, ne porte, en effet, que fur les maifons fituées hors des villes, habitées par les propriétaires, & nullement fur celles qu'ils louent : ainfi, il faut argumenter du tout à la partie. (Voyez le no. fuivant).

240. Les maifons qui auront été *inhabitées* pendant *toute* la durée de l'année, expirante au jour de la clôture du rôle, ne feront cotifées qu'à raifon du terrain qu'elles occupent, évalué fur le pied des meilleures terres labourables de la communauté. Décret du 23 novembre 1790, tit. II, art. XII. = La difpofition de cet article eft encore générale, comme celle no. 236 ; l'exception qu'elle prononce, eft pour les maifons inhabitées. Cette difpofition concerne les maifons fituées *dans* les villes, comme celles fituées *hors* des villes. Celles dans les villes font bâties pour être louées, & doivent contribuer à raifon du loyer. Mais fi elles ne font pas louées, elles ne rendent aucun revenu ; elles ne peuvent plus être impofées qu'à raifon du fol. — Celles fituées hors des villes, font bâties pour être habitées par le propriétaire ; cependant, elles peu-

vent

vent être louées en totalité ou en partie. Elles doivent contribuer fuivant la circonftance, comme il a été dit aux numéros précédents. = Les impofitions font toujours préfumées payées fur les fruits de l'année précédente ; l'impofition de 1791 eft pour les fruits de 1790 ; & les rôles doivent être faits avant que l'année de l'impofition commence. Voilà pourquoi la loi dit « maifon inhabitée pendant toute la durée de l'an- » née expirante *au jour* de la confection du rôle ». — Il fuit de fon expreffion que, fi la maifon louée a été habitée toute l'année, elle doit contribuer pour le loyer de l'année ; & pour celui de fix mois, fi elle n'a habitée que fix mois : en un mot, à raifon de la partie habitée, quand même, dans une ville, le propriétaire occuperoit cette partie ; parce que les maifons de ville font bâties pour être louées ; & qu'il en eft alors du propriétaire qui habite, comme s'il louoit. = Mais fi c'eft la maifon de campagne d'un forain qui ne paye pas, eu égard au loyer, mais eu égard à ce qu'il l'habite & au nombre d'étages, il paroît qu'il fuffit qu'il l'ait habitée, quelque temps, pour devoir payer pour toute l'année, eu égard aux étages ; car la loi dit « *inhabitée* » pendant *toute* la durée de l'année ». = D'après le principe de cet art. XII, les maifons neuves ne doivent être cotifées que pour l'année qui fuivra celle pendant laquelle elles auront commencé à être habitées ; & jufqu'à cette époque, le terrain fur lequel elles feront conftruites, acquittera la même contribution qu'auparavant : c'eft auffi ce que décide l'inftruction fur cet article.

241. Les bâtiments fervant aux exploitations rurales ne font pas foumis à la contribution fonciere ; feulement le terrain qu'ils occupent, doit être évalué au taux des meilleures terres labourables de la communauté. Décret du 23 novembre 1790, tit. II, art. XIII. = L'expreffion de la loi paroît comprendre la maifon, foit bâtiment qu'habite le fermier d'un domaine. Le propriétaire n'en retire aucun loyer ; il

114

paye la contribution, non-feulement du revenu du domaine, mais encore du fol de tous les bâtiments; & le fermier paye une cote d'habitation; & le propriétaire ne loue pas au fermier l'habitation, au contraire, le logement eſt une charge pour lui — La loi, lorſque ſur-tout on compare les diſpoſitions précédentes avec celle-ci, s'exprime de maniere à montrer qu'elle regarde les bâtiments comme uniquement deſtinés aux exploitations rurales, & nullement fuſceptibles d'un loyer. En un mot, le propriétaire, obligé d'avoir des écuries pour loger des beſtiaux, eſt obligé d'avoir une maiſon pour loger ſon fermier. Sans cela, comment veiller ſur les beſtiaux, les inſtruments, les récoltes & les bâtiments? Voyez n⁰ 278. = Si cependant le propriétaire de deux granges, de deux écuries &c., en louoit une à un tiers, il devroit la contribution, à raiſon du loyer; parce que, quoique le locataire ſe ſerve du bâtiment, ſuivant ſa deſtination, il ne s'en ſert pas comme fermier d'un corps d'immeuble, mais ſimplement comme locataire du bâtiment; & le propriétaire ne s'en ſert pas pour ſes exploitations rurales, puiſqu'il le loue à un étranger.

Mines & Carrieres.

242. Les mines ne doivent être évaluées qu'à raiſon de la ſuperficie du terrain occupé *pour* leur exploitation. Décret du 23 novembre 1790, tit. II, art. XV. = Il en eſt de même pour les carrieres, art. XVI. = L'on doit entendre par terrain qu'occupent les mines & carrieres, non-feulement celui de leurs ouvertures, mais encore tous ceux où ſont leurs réſerves d'eaux, leurs déblais & les chemins qui ne ſervent qu'à leur uſage. Inſtruct. ſur cet art. (Voyez n⁰. 262). = Il n'en eſt pas des mines & des carrieres, comme des bâtiments; on ne doit évaluer leur ſuperficie que d'après la nature de leur ſol; tandis qu'on regarde le ſol des bâtiments comme celui des meilleures terres labourables. = Leur produit n'eſt

point regardé comme naturel, mais comme induftriel; ainfi, il ne peut participer qu'à la contribution
mobiliere.

Fabriques, Manufactures, Forges & autres ufines.

243. Les fabriques & manufactures, les forges,
moulins & autres ufines doivent être cotifés à raifon
des deux tiers de leur valeur locative, en confidéra-
tion du dépériffement & des frais d'entretien & de
réparation qu'exigent ces objets. Décret du 23 novembre 1790, tit. II, art. XIV. (Voyez n°. 263). =
Cette difpofition précife écarte tous les arrangements
que le propriétaire peut prendre avec le fermier,
eu égard aux réparations d'entretien. Elle a eu en
vue le loyer réel & les dépenfes réelles. — D'ailleurs,
fi le fermier eft chargé d'une partie de l'entretien,
il donne un prix de ferme, moindre. Le propriétaire
& le fermier ont calculé chacun à part eux. = Obfer-
vez que la déduction eft plus forte fur ce loyer que
fur celui des maifons, n°. 236. C'eft que le dépériffement, l'entretien & les réparations font plus confidérables que pour les maifons. Inftruct. fur cet art. =
(Voyez n°. 258).

Bois en coupe réglée.

244. L'évaluation des bois en coupe réglée doit
être faite d'après le prix moyen de leurs coupes annuelles. Décret du 23 novembre 1790, tit. II, art. XVIII.
= Il faut faire un prix moyen des ventes de ces bois;
fi le taillis, par exemple, eft divifé en quinze coupes annuelles, le revenu eft le quinzieme du prix
de la totalité des ventes. Inftruction fur cet article.
= Mais il faut obferver de déduire les frais d'exploitation. (Voyez n°. 404.)

Bois taillis.

245. L'évaluation des bois taillis qui ne font pas

en coupe réglée, devoit d'abord être faite d'après la comparaifon avec les autres bois de la communauté ou du canton. Décret du 23 novembre 1790, tit. II, art. XIX. = Mais tous les bois au-deſſous de l'âge de trente ans, font réputés taillis. Décret du 13 juillet 1791, art. Ier, & doivent être évalués & cotifés conformément à l'art. XVIII, n°. 244, & à l'art. XIX du décret ci-deſſus. = Un bois taillis peut n'être pas en coupe réglée, par fon peu d'étendue ou pour quelqu'autre caufe; alors il faut l'eftimer d'après les mêmes regles que ceux qui font en coupe réglée.— Si, par exemple, un bois qui a quinze arpents, eft de la même qualité de ceux qui fe coupent tous les quinze ans, quand bien même le propriétaire ne feroit une coupe que tous les quinze ans, ou bien en feroit une de quelques arpents, tous les quatre à cinq ans; dans ce cas, il faut eftimer le revenu du bois entier, comme fi le propriétaire en coupoit un arpent par an. Inftruction fur l'art. XIX du tit. II du décret du 23 novembre 1790. = Delà il fuit que, quelle que foit l'étendue d'un tel bois, il fuffit de la connoître, & de favoir combien il faut que le bois ait d'années pour être coupé. Alors, on fait état du prix de la coupe entiere, & on divife ce prix par le nombre d'années néceffaires pour la coupe.

Bois âgés de plus de trente ans.

246. Les bois actuellement exiftants, & âgés de plus de trente ans, doivent être eftimés à leur *valeur actuelle* & cotifés *jufqu'à leur exploitation*, comme s'ils produifoient un revenu égal à deux & demi pour cent de cette valeur. Décret du 13 juillet 1791, art. II. = Cette cotifation ne peut être que momentanée, puifqu'elle doit ceffer lors de l'exploitation. — Pour la déterminer, il faut eftimer le bois tel qu'il eft. Suppofons 100 liv.; le revenu au deux & demi pour cent, fera de 2 liv. 10 f., & la cotifation fera prife

fur ce revenu; comme elle eſt d'un fixieme en principal, elle feroit de 8 f. 4 den.; il faudroit y joindre enfuite les fous pour livre. (Voy. n⁰. 248).

247. A l'avenir, lorfqu'un bois atteindra l'âge de trente ans, fans être aménagé en coupe réglée, il fera eftimé à fa valeur, & cotifé *jufqu'à fon exploitation*, fur le pied d'un revenu égal à deux & demi pour cent de cette valeur. Décret du 13 juillet 1791, art. III. ═ Les bois au-deſſous de l'âge de trente ans, font réputés taillis, n⁰. 245; âgés de plus de trente ans, ils ceſſent, en quelque forte, d'être taillis; mais ils peuvent le redevenir par l'exploitation, n°. 246. Ainfi, l'art. III ne fait que déterminer à quelle époque on commencera à le cotifer à l'avenir fur le pied du revenu égal à deux & demi pour cent de fa valeur; ce fera lorfqu'il courra fa trentieme année, vû que, s'il n'a pas été coupé à la vingt-neuvieme, il aura trente ans accomplis l'année fuivante. ═ Il faut donc bien diftinguer les difpofitions des articles II & III; l'une eſt pour le temps préfent, & l'autre pour l'avenir. (Voy. le n⁰. fuiv.)

248. Ce n'eſt que jufqu'à l'exploitation, que les bois *actuellement* âgés de plus de trente ans, n⁰. 246, & ceux qui atteindront à *l'avenir* cet âge, n⁰. 247, doivent être cotifés d'après leur valeur; — comment le feront-ils donc après l'exploitation? ═ Il paroît qu'ils doivent être cotifés comme des bois taillis; & les bois taillis doivent l'être proportionnément au prix que la coupe a rendu, & au nombre d'années que le bois a demeuré fur pied : ainfi, deux manieres fe préfentent de déterminer cette cotifation. — La *premiere* eſt de divifer le prix de la coupe, par le nombre d'années que le bois a demeuré fur pied, & de le cotifer fur le pied d'une année. Si la coupe a plus rendu, c'eſt qu'elle a été plus retardée; & la divifion, par le nombre des années, ramene au prix annuel. ═ Si le propriétaire continue de le laiſſer paſſer trente ans, il fera cotifé alors, à raifon du revenu

fixe , au deux & demi pour cent de la valeur du bois ; s'il devance ce nombre d'années, il fera cotifé dès l'inftant de la nouvelle coupe , eu égard au prix de cette coupe, divifé par le nombre d'années écoulées depuis la précédente. = *L'autre maniere* eft de déterminer, fuivant la nature du bois & du fol , en combien d'années la coupe doit être réglée , & en quoi elle pourra confifter; de fixer ainfi l'année commune d'après laquelle il fera cotifé. = Ces deux manieres paroiffent rendre le même prix ; parce que, fi la coupe d'un bois à vingt ans vaut vingt louis, à quarante ans elle doit valoir quarante louis ; & dans tous les cas, c'eft un louis par an.

Bois de haute futaie.

249. Il n'en eft parlé, dans le décret du 23 novembre 1790, que fous l'expreffion générale de bois en coupe réglée, tit. II . art. XVIII , n°. 244 ; & l'inftruction fur cet article, dit : qu'il en eft de même pour les futaies qui font en coupe réglée. =Le décret du 13 juillet 1791 , art. IV , a difpofé que l'évaluation des revenus des forêts en futaie , aménagées en coupe réglée, lorfqu'elles s'étendront fur le territoire de plufieurs communautés d'un même diftrict, doit être faite par le directoire du diftrict ; & que le revenu fera porté au rôle de chaque communauté, en proportion du nombre d'arpents qui fe trouveront fur fon territoire : = L'art. V , que lorfqu'elles s'étendront fur le territoire de plufieurs diftricts d'un même département, la cotifation doit être faite par le directoire du département, & le revenu porté au rôle de chaque communauté, en proportion du nombre d'arpents qui feront fur fon territoire ; = & l'art. VI, que le revenu des forêts qui s'étendroient fur plufieurs départements, fera évalué féparément dans chaque département.

250. D'après la difpofition de ces trois articles, les communautés doivent faire l'eftimation des fo-

rêts en haute futaie , aménagées en coupe réglée, qui font entierement fur leur territoire. — C'eft aux directoires de diftrict & de département à la faire, lorfqu'elles s'étendent fur plufieurs communautés, diftricts ou départements ;= & cette évaluation doit fe faire, comme elle fe fait des bois taillis qui font en coupe réglée. Inftruct. fur l'art. XVIII du tit. II, du décret du 23 novembre 1790 , nᵒ. 244. — Ainfi, le prix de la coupe doit être divifé par le nombre d'années que le bois eft refté fur pied. = Mais il n'en eft pas de ces forêts, comme des canaux de navigation ; le revenu de ces canaux doit bien être évalué par les directoires de diftrict & de départe-ment , nᵒˢ. 256 & fuiv. Mais la cotifation doit en-core en être directement perçue par les receveurs de diftrict, nᵒˢ. 256 & 267. — Le décret du 13 juillet 1791 , ne dit pas que ces receveurs percevront la cotifation des bois; ce feront donc ceux des com-munautés qui la percevront, chacune pour leur con-tingent, tel qu'il fera affigné aux communautés par les directoires de diftrict.

251. Aucun décret ne parle précifément des fo-rêts en futaie qui ne font pas aménagées en coupe réglée; mais l'art. XVIII du tit. II du décret du 23 no-vembre 1790 , parloit des bois en coupe réglée , nᵒ. 244 ; & l'inftruction fur cet art. difoit : « Qu'il » en étoit de même pour les futaies qui étoient en » coupe réglée ». = Le décret du 13 juillet 1791, nᵒˢ. 245 & fuivants, ayant expliqué la difpofition du décret du 23 novembre 1790, il paroît conféquent de l'appliquer aux bois de futaie qui ne font pas aménagés en coupe réglée. Il faut donc les eftimer à leur valeur, & les cotifer fur le pied d'un re-venu égal, à deux & demi pour cent de cette valeur, comme difpofe l'art. III du décret du 13 juillet 1791, nᵒˢ. 247, 248 ; — & ce fera, fuivant les cas, aux communautés , ou aux directoires de diftrict , ou aux directoires de département , à faire l'évaluation ; nᵒˢ. 249 , 250.

Terrains enclos.

252. Les terrains enclos doivent être évalués d'après les mêmes regles & dans les mêmes proportions que les terrains non-enclos, donnant le même genre de production. Décret du 23 novembre 1790, tit. II, art. XVII. ⹀ Qu'importe qu'un terrain foit enclos ou ne le foit pas ? c'eft fur le revenu que la contribution doit être payée. Qu'un propriétaire ait plufieurs mefures de terrain, les unes en terre labourables, les autres en vigne, en pré, &c., & que ce terrain foit enclos ou ne le foit pas, il faut évaluer le revenu des terres, des vignes, des prés, &c.

Parcs, allées & autres terres d'agrément.

253. Les terrains enlevés à la culture pour le pur agrément, doivent être évalués au taux des meilleures terres *labourables* de la communauté. Décret du 23 novembre 1790, tit. II, art. XVII. (Voy. n°. 238).

Péages.

254. Les droits de péage & autres de même nature, (voyez n°. 20), doivent contribuer à raifon de leur revenu net. Décret du 21 février 1791, art. Ier. ⹀ La loi ne dit pas comment ce revenu fera évalué; il ne pourra l'être, fans doute, que d'après des baux authentiques & non-fufpects, ou d'après une eftimation étayée fur le droit établi & fur la fréquentation plus ou moins grande du péage. ⹀ La loi ne dit pas non plus par qui l'évaluation fera faite, & dans quelle caiffe la contribution en fera payée; mais de ce qui fera dit dans les numéros fuivants, on doit conclure que l'évaluation doit être faite par la communauté fur le territoire de laquelle

eſt établi le péage , & que ſon receveur doit en faire
le recouvrement.

Bacs ſur les rivieres.

255. Les décrets ne parlent pas des bacs ; ſans
doute ils ſont regardés comme ne produiſant qu'un
revenu induſtriel , non ſoumis à la contribution fonciere, mais à la mobiliere. Les bacs n'ont, en effet,
d'autre affiete que le lit même de la riviere qu'ils
ſervent à traverſer. == Il ne paroît pas qu'ils puiſ-
ſent être affimilés aux canaux de navigation, n°s. 256
& ſuivants, qui ſont des ouvrages d'art établis ſur un
territoire qu'ils enlevent à la culture. — Si les bacs
étoient ſoumis à la contribution fonciere , le revenu
devroit en être évalué comme celui des péages ,
n°. 254; avec cette différence que, ſi la riviere ſé-
paroit deux territoires différents , chacune des deux
communautés devroit en impoſer & faire percevoir la moitié.

Canaux de navigation.

256. L'évaluation du revenu des canaux de navigation, ne doit pas être faite comme celle du revenu
des autres biens, par les officiers municipaux. Comme
ils peuvent s'étendre, non-ſeulement ſur pluſieurs
communautés, mais encore ſur pluſieurs diſtricts ou
départements, c'eſt aux divers directoires , ſuivant
les cas, à faire cette évaluation, ainſi qu'il va être
expliqué. == Ce ne ſont pas non plus les receveurs
des communautés, qui recevront cette contribution,
ce ſont ceux des diſtricts, n°. 267.

257. Le revenu des canaux qui traverſent le territoire de pluſieurs communautés du même diſtrict, doit
être évalué par le directoire du même diſtrict. Décret
du 21 février 1791 , art. III. == C'eſt le vrai moyen
d'éviter les longueurs, les difficultés & les différences

qui feroient inévitablement réfultées des évaluations que chaque communauté auroit faites féparément, de celles même qu'elles auroient pu faire par com- miffaires de chacune.

258. La contribution fupportable par ces canaux, doit être fixée, par le même directoire, au taux moyen de celle qui fera fupportée par les autres propriétés du-diftrict. Même article. = Chaque diftrict fupporte un contingent de la contribution du département; & chaque communauté, un con- tingent de celle du diftrict. Chaque communauté évalue le revenu de fes propriétés, eu égard à leur valeur; le revenu eft plus ou moins évalué dans l'une que dans l'autre, & la fomme du revenu de chacune eft plus forte ou plus foible que celle du revenu des autres, en proportion du territoire plus ou moins étendu, & plus ou moins productif. Sans doute, la loi à entendu que le directoire du diftrict fît toutes ces confidérations, lors de l'évaluation du revenu d'un canal, qui, traverfant le territoire de plufieurs communautés, & enlevant à la culture celui qu'il occupe fur chacune, doit contribuer, à raifon de fon revenu, au taux moyen que ces différents fols au- roient fupporté dans chaque communauté, à raifon auffi du revenu qu'ils auroient produit; le canal pro- duit plus que n'auroit produit le fol. (Voyez nº. 264.) Mais la proportion dans l'évaluation, eft confervée, nº 259. Pour les charges du revenu, voyez nᵒˢ 261, 262, 263.

259. Cette fixation du revenu d'un canal, doit être faite en même temps que le répartement de la contribution fonciere entre les diverfes commu- nautés. Décret du 21 février 1791, même article. = Chaque propriétaire, & par conféquent chaque communauté, chaque diftrict, chaque département doit contribuer à raifon de fon revenu net. Nᵒˢ. 21 & fuiv. — Celui qui juftifie qu'il a été cotifé, quant au principal, au-delà du fixieme de fon revenu net, a

droit à une réduction. N°. 37. — Lorsque des canaux traversent plusieurs districts, le revenu doit être divisé par chaque district, en proportion de la longueur du canal sur le territoire de chacun. N°. 260. = Il suit donc delà, que le revenu d'un canal qui traverse le territoire de plusieurs communautés, doit être également divisé entre chacune, en proportion de la longueur du canal sur le territoire de chacune; & que tel a été le vœu de l'art. III, en ordonnant que la fixation du revenu d'un tel canal, seroit faite en même temps que le répartement de la contribution fonciere entre les diverses communautés. = Cette division du revenu entre les communautés, ne doit pas être faite pour en assigner à chacune une portion à recouvrer , puisque les propriétaires des canaux doivent payer directement au receveur du district, n° 267; — mais pour déterminer quelle portion de ce revenu appartient à chaque communauté; à l'effet qu'elle fasse fonds dans son revenu total, & que la communauté le puisse faire valoir, si elle est dans le cas de former une demande en réduction.

260. Le revenu des canaux qui traversent plusieurs districts d'un même département, doit être évalué par le directoire du département, & divisé par chaque district, en proportion de la longueur du canal sur le territoire de chacun. Décret du 21 février 1791, art. IV. = Quant à la maniere d'évaluer, ce doit être même regle que celle expliquée, n°. 258 ; quant à l'effet de la division du revenu par chaque district, il doit être le même, en cas de demande en réduction, que celui expliqué, n°. 259.

261. Quant aux canaux qui traversent plusieurs départements , chaque directoire de département doit évaluer les revenus & les charges du canal sur son territoire. — Les directoires doivent se communiquer le résultat de leurs évaluations ; & le total du revenu imposable doit être réparti, en proportion

de la longueur du canal , fur le territoire de chacun des diftricts. Décret du 21 février 1791 , art. V. = (Voyez les trois nᵒˢ précédents). = Les charges du revenu doivent toujours en être déduites, nᵒ. 202 : ici les charges confiftent aux dépenfes d'entretien & de réparations des canaux & de tout ce qui en eft acceffoire. (Voyez le nᵒ fuivant).

262. Dans l'évaluation des revenus & des charges du canal, doivent être compris les ouvrages d'art, les réferves d'eau , les chemins de hallage , les berges & francs bords, qui ne produifent aucuns fruits. Décret du 21 février 1791 , art. VI. (Voyez nᵒ. 242). = Cette difpofition vient à l'appui de la réflexion faite au nᵒ précédent ; mais voyez le nᵒ fuivant.

263. Les moulins , ufines & fabriques conftruits fur les canaux , les plantations & autres natures de biens qui avoifinent les canaux, & appartiennent au même propriétaire , ne doivent point être compris dans l'évaluation générale des revenus du canal ; mais elles font foumifes à toutes les regles fixées pour les autres biens fonds. Décret du 21 février 1791 , art. VII. = Ces objets étant étrangers aux canaux, ils reftent dans la claffe des divers artifices , nᵒ 243.

264. Les propriétaires de canaux devoient, dans le délai de quinze jours après la publication du décret , faire aux fecrétariats de diftricts ou de départements, qui devroient faire les évaluations , une déclaration détaillée de la totalité des revenus & charges de leur canal. Décret du 21 février 1791 , art. VIII. = La précaution que prend ici la loi , explique, d'un côté, comment peut être connu le revenu à évaluer ; & difpenfe , de l'autre, de l'examen de la qualité du terrain. La premiere deftination de ce terrain ayant été changée pour l'intérêt public , d'une maniere durable , il doit contribuer & être évalué fuivant fon revenu actuel. = Mais, fi d'autres canaux viennent à s'établir , comment le fol qu'ils enleveront à la culture , devra-t-il être évalué pen-

dant le tems que l'entreprife durera , & enfuite jufqu'à l'indemnité de la dépenfe ? Le principe expliqué , nᵒˢ. 213 & fuiv., 220 & fuiv., feroit applicable , & la durée du temps feroit à déterminer. — Mais de pareilles entreprifes ne pouvant fe faire fans l'autorité du fouverain, la loi qui les autoriferoit, régleroit ce point.

265. Les directoires de département décident, en dernier reffort , les conteftations relatives à l'évaluation faite par les directoires de diftrict. Décret du 21 février 1791 , art. IX.

266. Les confeils généraux de département décident également, en dernier reffort , les conteftations relatives aux évaluations faites par les directoires de département. = Dans ce cas , les membres des directoires n'affiftent pas à la délibération. Décret du 21 février 1791 , art. X.

267. La contribution fonciere , fupportée par les canaux dans chaque diftrict, doit être payée directement au tréforier du diftrict. Décret du 21 février 1791 , art. XI.

Tourbes , Tourbieres.

268. Lorfqu'un terrain aura été exploité en tourbiere , on évaluera , pendant les dix années qui fuivront le commencement du tourbage , fon revenu au double de la fomme à laquelle il étoit évalué l'année précédente. Décret du 13 juillet 1791 , art. VII. = La tourbe , ainfi que l'apprend le Dictionnaire Encyclopédique , fous ce mot , eft une terre brune, inflammable , formée par la pourriture des plantes & des végétaux , & que l'action du feu réduit en une cendre jaune ou blanche. — Elle fe trouve dans certains terrains recouverts d'une croute gazonnée. Après avoir érarté le gazon , on enleve , avec des bêches & des pelles, la terre qui eft en deffous ; on la tranfporte fur une aire for-

mée vers un côté de la prairie ; on l'y laiffe fécher , & on la divife en morceaux de fept à huit pouces de longueur , fur quatre à cinq pouces d'épaiffeur , dont on fe fert pour bruler en place de bois.

269. Sans doute , parce que cet enlèvement de de terre caufe au terrain un dommage durable , l'affemblée nationale a fixé le revenu de ces fonds au double de ce qu'il étoit évalué avant le commencement du tourbage — En Hollande , fuivant l'Encyclopédie , où la tourbe eft abondante , & où le terrain , lorfqu'elle en a été extraite , fe remplit d'eau, & devient entièrement perdu , l'état fait payer très-cher aux particuliers la permiffion de creufer fon terrain, pour en tirer cette fubftance ; ils font obligés d'affigner un autre bien folide qui , alors , fe trouve chargé des taxes que payoit le revenu que l'on veut faire difparoître.

270. L'affemblée nationale n'a pas traité les propriétaires auffi rigoureufement ; c'eft que l'extraction de la tourbe ne fait pas aux terrains de France , d'où l'on en peut tirer , le même dommage qu'en Hollande ; & que les propriétaires ne font pas affez mal avifés pour entreprendre ce travail fur des terrains productifs. L'affemblée nationale s'eft donc contentée de doubler , pendant dix ans , la cotifation annuellement fupportable, par le revenu que le terrain rendoit avant le tourbage.

271. Il doit être fait note fur chaque rôle de l'année où devra finir ce doublement d'évaluation. — Après ces dix années , ces terrains feront cotifés comme les autres propriétés. Décret du 13 juillet 1791 , art. VIII. = Si des tourbieres ont été commencées depuis moins de dix ans avant la nouvelle loi , les propriétaires doivent la double cotifation pour ce qui refte à écouler des dix années. Il faudra donc évaluer le terrain fuivant ce qu'il valoit avant le commencement du tourbage , & noter fur le rôle

combien d'années restent à s'écouler des dix fixées par la loi. (Voyez nᵒˢ 229, 234, 235.)

272. Mais, après les dix ans, comment seront évalués les terrains tourbés ? comme les autres propriétés, dit la loi; c'est-à-dire, d'après le revenu qu'ils auront alors, & qui sera évalué d'après les mêmes regles & dans les mêmes proportions que les autres biens de la communauté. (Voyez nᵒ 235.)

CHAPITRE VII.

RÉGLES générales pour l'évaluation des Biens fonds & des fruits.

Principes du droit commun.

273. LES législateurs, les jurisconsultes & les tribunaux ont consacré, pour l'évaluation des biens & des fruits, des principes sûrs, fondés sur la raison même, & de tout temps observés.

274. Les biens n'ont de valeur qu'en raison des fruits qu'ils produisent. On achete au deux, au trois, au quatre pour cent du revenu; en un mot, au taux que l'on veut ; mais ce taux est toujours déterminé par le revenu. Le capital est arbitraire, parce qu'il dépend du concours des volontés du vendeur & de l'acquéreur, que nombre de circonstances peuvent faire varier en plus ou en moins; mais le revenu net moyen, calculé sur un nombre d'années déterminé, est aussi certain que peuvent l'être les productions constantes de la nature.

275. L'on n'appelle fruits, que ce qui en reste au propriétaire, les charges acquittées; — & par charges, l'on entend toutes dépenses nécessaires pour obtenir des fruits de la terre, par ses travaux.

276. On n'achète, on ne cultive, on n'afferme généralement qu'en corps de domaine. Ceux-là feulement cultivent ifolément, qui n'ont pas aſſez de propriétés pour en former des domaines.

277. On ne peut pas cultiver la terre fans beftiaux ; on ne peut pas nourrir les beftiaux fans prairies : le produit des prairies fe confomme donc dans les fonds cultivables. — Mais les beftiaux font des engrais ; & ces engrais rendent les terres cultivées, plus productives. — Ainſi, le produit des prairies s'abforbe & fe confond dans celui des terres cultivées ; c'eſt une forte d'emprunt qu'elles font des prairies auxquelles elles en font redevables.

278. On ne peut héberger des beftiaux fans écurie, les faire travailler fans les équiper, fans avoir des inftruments de labourage. = On ne peut ferrer les récoltes en grains, foin, paille, fans grange & greniers ; en vin, fans des celliers, cuves, preſſoirs, caves & tonneaux, &c. ; & le cultivateur doit être logé tout auprès, pour pouvoir veiller à tout.

279. Les bâtiments & les outils d'agriculture, les inftruments & vafes vinaires font confidérés comme faifant partie du capital du domaine ; — mais ils ont befoin d'un entretien annuel, quelquefois de réparations ; & l'équipement des beftiaux exige des renouvellements. = Ce font autant de dépenfes des fruits. N°. 287.

280. Les plantations, celles fur-tout en vignes hautes ou baſſes, ont befoin d'un entretien annuel. Des fouches & des arbres à replanter ; des échalas, pieds droits, perches, montants à renouveller ; des ofiers à acheter. — Ce font encore autant de dépenfes des fruits, fans parler d'autres dépenfes qui dépendent de la nature des fonds & de la localité.

Évaluation en corps de domaine.

281. Toutes ces confidérations, qui tiennent eſſentiellement

tiellement à l'agriculture, qui conduifent à la perfec-
tionner, ont fait adopter le principe que les biens &
les fruits devoient être évalués en corps de domaine. =
Quand le revenu net moyen d'un domaine eft connu,
la valeur du domaine l'eft.

282. Ce principe a conduit à décider que l'on ne
devoit faire, en eftimant les fruits d'un domaine,
aucun état du produit des prairies néceffaires à fon
exploitation ; que feulement on devoit eftimer le
produit de celles qui étoient furabondantes. — Les
prairies néceffaires ne fervent en effet, comme on
l'a dit, qu'à nourrir les beftiaux néceffaires auffi ; &
l'engrais que procurent ces beftiaux, augmente le
produit des terres cultivées : celui des prairies fe
retrouve ainfi dans celui des terres ; = ce principe a également conduit à déterminer combien de
fétérées, d'arpents, ou autres mefures de prairies
étoient néceffaires, fuivant les lieux, pour la nourriture d'un nombre déterminé de bêtes, employées
à cultiver un nombre déterminé de mefures de
terres.

283. Ce principe d'évaluation a été conftamment
fuivi, lorfqu'il a été queftion d'eftimer des biens, dans
les cas de ventes à refcinder, ou de partages entre
communiftes, ou de compofition de maffe pour régler des légitimes, ou d'eftimer des fruits reftituables.

284. Souvent des perfonnes qui avoient obtenu des
reftitutions de fruits, ont allégué & foutenu qu'il
falloit les eftimer en détail, fonds par fonds ; bien
affurées qu'en eftimant ainfi, la fomme en feroit portée plus haut. = Mais les tribunaux ont conftamment
rejetté cette prétention, comme fouverainement injufte. = En effet, quand le produit d'un domaine
en corps eft connu, on ne peut rien prétendre de
plus ; & pour le connoître, il faut favoir ce qu'il a
produit en tout, cultivé comme il devoit l'être. = Si
l'on eftimoit le revenu fonds par fonds, on l'eftime-
roit fuivant l'état du fonds ; & le fonds n'eft en cet

I

état, que parce qu'il a participé au bénéfice des engrais que les prairies & les beftiaux ont procurés. — Eftimer encore les prairies, ce feroit faire un double emploi, puifque leur produit réel s'eft abforbé dans celui des terres qui leur en font devenues débitrices. — Le propriétaire n'a rien retiré des prairies, puifqu'il n'en a pas vendu le foin ; mais les terres lui ont rendu davantage, par le fecours des engrais ; & il a ainfi retrouvé le produit des prairies. (Voyez n°s. 333, 334, 335).

Principes de l'Affemblée nationale, fur l'évaluation des fruits.

285. L'Affemblée nationale, loin de s'éloigner de ces principes, les a adoptés dans fon inftruction fur le décret du 23 novembre 1790, & dans fon adreffe aux François, du 24 juin 1791. = D'abord elle a dit, dans fon adreffe : « à prendre les récoltes en » maffe, elles ne donnent gueres qu'un tiers de leur » produit but, en produit net » ; — & dans le vrai, fuppofons un propriétaire qui a perçu 1200 liv. de fruits, prélevement fait de la part du cultivateur, il lui refte 600 liv. ; mais fur ces 600 liv. il fupporte pour frais d'entretien, environ 200 liv. : il ne lui refte ainfi que 400 liv., tiers du tout. Il eft peu de propriétaires qui ayant tenu des états, ne foient convaincus de cette vérité.

Interêts des avances.

286. Dans fon inftruction, après l'art. XX, du titre III, l'Affemblée nationale met au rang des avances premieres, néceffaires pour l'exploitation, les beftiaux & les autres dépenfes qu'on eft obligé de faire avant d'arriver au moment où l'on peut vendre ou confommer les produits ; — & elle admet au rang des dépenfes, l'intérêt de ces avances.

Entretien des Bâtiments & des Instruments d'Agriculture.

287. Elle met encore au rang des dépenses, l'entretien des bâtiments; celui des instruments aratoires, tels que charrues, voitures, &c.; ⹀ les salaires des ouvriers, les salaires ou bénéfices du cultivateur qui partage ou dirige leurs travaux , [c'est ce qu'on appelle le droit du colon, ou la part du metayer] ; ⹀ l'entretien & l'équipement des animaux qui servent à la culture, [l'entretien, c'est la nourriture fournie par les prairies]; ⹀ le renouvellement des engrais, lorsqu'il est nécessaire d'en acheter ; [ceci est pour les lieux où l'on achete les engrais , tels les environs de Grenoble]; ⹀ la quantité de grains employés à l'ensemencement, — ainsi que les autres dépenses de semaille. ⹀ L'Assemblée énumere ensuite les frais pour recueillir , serrer & battre les grains ; [ce qui comprend ceux pour récolter , presser & serrer le vin].

288. Quelques personnes ont prétendu, qu'outre *l'intérêt* des avances, *l'entretien* des bâtiments, ce ui des instruments aratoires , &c. on étoit en droit de demander, comme charge, l'intérêt annuel de la valeur des bâtiments , des instruments aratoires , des vases vinaires , &c. — C'est une erreur condamnée par le texte même de l'instruction qui distingue l'intérêt de l'entretien ; elle admet l'intérêt de toutes les avances préalables à la récolte , & tels sont les bestiaux, les engrais, & autres dépenses de même genre. Ce ne sont pas en effet des objets permanents ; ils se renouvellent , sinon annuellement , du moins à peu d'années de distance. — Mais elle n'admet que l'entretien des bâtiments , des instruments aratoires, &c. ; parce que , comme on l'a dit, n°. 279, ces objets permanents sont considérés comme faisant partie du capital du domaine. ⹀ Il est d'ail-

leurs impropofable de prétendre qu'on puiffe avoir tout-à-la-fois l'intérêt d'un capital & l'entretien de ce même capital : il faudroit néceffairement opter entre l'un & l'autre ; & l'Affemblée nationale a tranché la queftion , en décidant ce qui eft intérêt & ce qui eft entretien.

289. D'autres ont auffi prétendu que l'on devoit porter en dépenfe ce qu'il en coûte pour planter des *hautins*, (fouches montées fur des érables), & des vignes. — Et comme ces plantations font confidérables, ils divifoient la fomme totale entre un certain nombre d'années. — C'eft encore une erreur condamnée par la difpofition du décret du 23 novembre 1790, tit. III, art. VIII & IX. (Voyez n°s. 217 , 220 & fuiv.) Les terres, qu'elles foient en friche ou en valeur, qui font améliorées par des plantations en vignes , muriers , ou autres arbres fruitiers , ne peuvent être cotifées , pendant un nombre d'années déterminé, qu'au même taux des terres d'égale valeur, non plantées. La loi donne ainfi aux propriétaires un temps de jouiffance fuffifant pour s'indemnifer de fes avances. = Ainfi , porter en dépenfe fur les fruits des vignes & hautins qui font dans la force de leur produit , ce qu'il en a coûté pour les planter , c'eft vouloir fe faire payer une feconde fois d'une dépenfe dont la jouiffance antérieure a indemnifé. = Le poffeffeur évincé , qui demandoit à la juftice le rembourfement de femblables avances , comme améliorations, étoit toujours débouté, s'il avoit joui un nombre d'années fuffifant pour l'indemnifer. — Il n'eft dû d'autres dépenfes que celles de l'entretien , n°. 225 à la fin.

Digues , Éclufes , &c.

290. L'Affemblée nationale met encore au rang des dépenfes , les frais d'entretien des propriétés , & elle les fait confifter à ceux qui font néceffaires à

leur confervation ; tels que les digues, les éclufes, les foffés & autres ouvrages fans lefquels les eaux de la mer, des rivieres , des torrents pourroient détériorer & même détruire des propriétés que des travaux utiles confervent.

291. Toutes ces dépenfes, admifes par l'Affemblée nationale , montrent évidemment qu'elle n'a confidéré les propriétés qu'en corps de domaine. Les beftiaux , les bâtiments, les prairies , &c. font en effet , en y joignant les terres, ce qui conftitue les domaines.

Comment on arrive à l'évaluation des Propriétés.

292. Quant à l'évaluation du produit des fonds , l'Affemblée nationale a dit qu'il n'étoit pas néceffaire, pour évaluer les propriétés , de faire toujours le calcul détaillé & difficile des déductions fur la récolte de chaque propriété; ce feroit, dit-elle, une chofe impraticable , par exemple, que de déterminer ce que les divers frais d'exploitation peuvent coûter pour chaque arpent en particulier. = Mais après avoir fait le calcul fur 2 ou 300 arpents , on répartira fur chacun de ces arpents, la fomme de déduction qu'on aura trouvée. = On peut auffi prendre dans le territoire, dit-elle , quelques exemples de différentes qualités de terre & de production , & s'en fervir pour évaluer, *par comparaifon*, celles qui auront des caracteres femblables.

293. Après avoir dit que le prix moyen des fermages eft le véritable produit net, l'Affemblée nationale s'exprime ainfi : « Dans quelques parties du » royaume, fi le propriétaire ne fourniffoit point de » bâtiments, & fi dans d'autres, il ne donnoit pas , » en même-temps, des beftiaux, des inftruments de » labourage , & des femences , il lui feroit diffi-

» cile , & peut-être impoffible de trouver à faire
» exploiter fes domaines ; mais, pour lors, il joint
» à fa qualité de propriétaire du bien , celle de
» propriétaire d'une partie ou de la totalité des
» avances néceffaires à une exploitation. = Ces
» objets acceffoires de la propriété fonciere , ne
» doivent pas être confondus avec elle , ni par con-
» féquent affujettis au même genre de contribution.
» = Ainfi , *foit* que le propriétaire faffe valoir fon
» bien entier & à fes rifques , *fo t* qu'il fourniffe à un
» cultivateur partiaire , la totalité ou partie des ob-
» jets néceffaires à cette exploitation , *foit* que le
» bien feul foit affermé , & que le fermier poffede
» les bâtiments & tout ce qui fert à la culture, l'évalua-
» tion doit être la même ; c'eft-à-dire , uniquement
« celle du revenu de la terre, fans y comprendre
» tout ce qui n'eft qu'acceffoire, & qui fert feulement
» à la faire produire ».

294. D'après toutes ces expreffions de l'Affemblée
nationale , il ne doit refter aucun doute que l'évaluation des propriétés doit être faite en corps de
domaine.

295. D'après ces mêmes expreffions, il faut eftimer les fonds ifolés , comme s'ils étoient cultivés en
corps de domaine ; parce que , fi celui qui en eft
propriétaire , n'a ni beftiaux ni prairies , ni bâtiments, &c. il eft obligé de payer à des tiers toutes
les dépenfes qu'il retrouveroit dans ces objets, s'il
les poffédoit. = Ainfi foignés , ils doivent produire
comme s'ils étoient joints à des domaines ; ils doivent préfenter le même état de valeur ; & les évaluer
fuivant cet état , ce feroit leur faire produire plus
qu'ils n'auroient produit fans ces dépenfes. (Voyez
n°s. 288, 334, 335).

296. En un mot, eftimer en corps de domaine,
c'eft affigner fon produit à chaque fonds ; & peu
importe enfuite que des fonds foient ainfi cultivés,
ou le foient ifolément. Ils doivent tous avoir le

même produit, s'ils font tous de la même qualité ; fi, comme dit l'Affemblée nationale, ils ont des caracteres femblables. (Voyez n°. 292).

297. Enfin, d'après les expreffions de l'Affemblée nationale, on peut évaluer les fonds de différent produit, par comparaifon. (Voyez n° 292.) $=$ Mais, pour le faire avec juftice, il faut n'avoir qu'un feul terme de comparaifon.

Evaluation par comparaifon.

298. La meilleure, ou pour mieux dire la feule maniere fure d'avoir un terme de comparaifon jufte, eft de former, des meilleures prairies & des meilleures terres cultivables du lieu, un domaine complet, afforti & proportionné. $=$ De la connoiffance du produit d'un tel domaine, réfulte celle du produit de chaque fonds de la meilleure qualité ; — & quand il eft connu, il fuffit, pour connoître celui des fonds d'une qualité plus ou moins inférieure, de divifer les premiers prix par des diminutions graduelles, & d'appliquer à chacune fon produit contingent, par comparaifon avec le plus haut prix.

299. Il faut fe bien garder de claffer les fonds par mas, ainfi que l'avoient pratiqué quelques faifeurs de parcelaires. Ils divifoient le territoire d'une communauté par mas ou fections ; eftimoient les fonds du premier mas, par exemple, à 20 fous ; ceux d'un autre, à 18 fous, ainfi de fuite ; cette évaluation étoit évidemment fautive. Il eft, en effet, moralement impoffible que tous les fonds d'un même mas foient de la même qualité ; à côté d'un fonds de la premiere qualité, on en trouve un d'une qualité infiniment moindre & réciproquement : $=$ & jamais des chemins, des ruiffeaux, ni telles autres lignes de féparation adoptées pour circonfcrire des mas, ou fections, n'ont pu être des fignes certains de la diftinction des qualités de terrain de chaque mas,

ni de l'uniformité de qualité de tout le terrain d'un mas.

300. Il faut fe bien garder encore de prendre pour terme de comparaifon, le troifieme, le quatrieme, le fixieme prix, un autre, enfin, que le premier. Il eft des communautés dans lefquelles on met un premier prix à chaque fection ; & par comparaifon à ce prix, qui n'eft pas réellement le premier, qui ne l'eft que relativement, on eftime les fonds de qualité inférieure. = Cette marche eft doublement fautive ; — 1°. en ce que dans ce mas, fuppofé de feconde ou de troifieme qualité, il peut y en avoir de la premiere ; — 2°. en ce que lorfqu'on ne fe réfere pas toujours au premier terme de comparaifon, lorfqu'on s'en fait plufieurs, on s'expofe à faire des erreurs, des injuftices d'autant plus grandes, qu'on s'eft plus éloigné du principe. = Celui qui veut couper fur une piece d'étoffe ou de toile, des morceaux conformes à un échantillon donné, doit, s'il les veut égaux, les couper tous fur l'échantillon. S'il prend pour modele, tantôt un coupon, tantôt un autre, il aura des coupons plus grands & plus petits.

Avantage d'une évaluation jufte.

301. Les départements, les diftricts, les municipalités, les particuliers, tous enfin doivent contribuer par égalité proportionnelle ; & le revenu net moyen de chacun, eft la bafe de cette proportion ; nos. 21 & fuiv. — Tout contribuable, particulier, ou corps qui juftifiera d'être cotifé, quant au principal, au-delà du fixieme de fon revenu net, a droit à une réduction ; n°. 37. — Lorfqu'une communauté demandera réduction, il faudra, pour la vérification de fa demande, que fa matrice de rôle foit repréfentée, que le plan de fon territoire foit levé, que l'évaluation générale de fon revenu foit faite ; n°. 519. = Une regle conftante d'évaluation, la meilleure

poffible, enfin, eft donc à fuivre ; afin que les experts qui feront nommés pour vérifier l'évaluation d'une communauté, fuivent la même regle : & , fi d'après cette regle, qui conduifoit à une évaluation exacte & jufte, l'évaluation de cette communauté l'eft en effet, elle ne craindra rien en demandant une vérification pour réduction ; — fi au contraire fon évaluation a été faite fur des bafes fautives & injuftes, demeurant fans appui, elle aura tout à craindre d'une vérification. ⚌ Pour l'effet que doit avoir une évaluation jufte, à l'égard du rachat des droits féodaux, voyez la note à la fin de l'introduction.

Compofition d'un domaine de vignes hautes, vignes baffes & prairies de la meilleure qualité du lieu.

302. Il eft généralement reconnu que quatre bêtes à cornes, quatre bœufs, ou deux bœufs & deux fortes vaches, font néceffaires, mais fuffifent pour cultiver vingt-quatre fétérées de terres cultivables ; — & que huit fétérées de bonnes prairies, en mêlant une quantité de foin avec la paille, & en profitant du paquérage que peuvent fournir les fonds en jachere, fuffifent pour l'entretien de quatre bêtes à cornes. On peut donc former un domaine de trente-deux fétérées, dont huit, faifant le quart, en prairies.

303. Formons un domaine dans la vallée de Graifivodan, à la rive droite de l'Ifere, où l'on trouve des terres labourables, des vignes, des vignes hautes (hautins). — Prenons huit fétérées de vignes, feize fétérées de hautins, & joignons huit fétérées de prairies. Suppofons tous ces fonds de la premiere qualité, & calculons le revenu total de ce domaine de trentedeux fétérées, pour le fervice duquel nous fuppofons tous les bâtiments d'agriculture, tous les inftruments & vafes vinaires néceffaires.

138

304. LA VIGNE BASSE produit toutes les années: outre le vin, elle produit des fagots de farment. = Mais il faut chaque année des Paisseaux pour soutenir la souche ; des osiers pour la marier aux paisseaux. — Il faut aussi une certaine quantité de toifes de plantées pour renouveler les fouches qui périssent en masse dans des cantons de la vigne ; ce qui est différent des provins. (Voyez n⁰ˢ. 225 à la fin, & 280). = Quand le fermier est partiaire, il retire la moitié du produit brut des vignes.

305. LES HAUTINS font des fouches qui s'élevent sur des érables plantés au pied ; ils produifent du vin toutes les années ; — & plantés en ligne à la diftance de trois, quatre à cinq toifes, le terrain libre produit du blé ; mais comme les fonds fe repofent une année, une récolte en grain doit compter pour deux : — la taille des érables & des fouches produit auffi des fagots ; = mais il faut chaque année des ofiers pour marier les jets de la fouche à ceux de l'érable. Les érables qui foutiennent les fouches, font fujets à périr ; on remplace ceux qui périffent, par des pieds droits de châtaignier, appelés fourchaux, & l'on étend les fouches en treillages ; ce qui exige encore des perches de longueur & des montants : — il faut auffi des ofiers pour former les treillages. (Voyez n⁰. 225 à la fin, n⁰ˢ. 280 & 289.) = Quand le fermier eft partiaire, il retire le tiers du produit brut du vin & la moitié de celui des grains.

306. LES PRAIRIES, on l'a expliqué n⁰ˢ. 277, 282, ne rendent rien ; mais le propriétaire reçoit du fermier un revenu annuel appelé microît, qui prend fon principe dans la mife des prairies ; microît qui varie fuivant les lieux. — Ce microît n'eft cependant pas confidéré comme revenu, quant à la partie qui repréfente le prix de l'achat des beftiaux ; il n'eft que le dédommagement de l'avance du propriétaire. (Voyez n⁰. 286.)

307. Les bâtiments, les inftruments d'agriculture,

& les inftruments & vafes vinaires fervent a l'exploitation ; = mais il en coûte chaque année pour les entretenir, ou pour renouveler ceux qui périffent. (Voyez n°. 287.)

3o8. Enfin, le revenu impofable eft le revenu net moyen, calculé fur un nombre d'années déterminé ; & ce nombre a été déterminé par l'affemblée nationale à quinze années, n°. 203. = « Pendant quinze années, dit l'inftruction, il y a lieu d'efpérer que quelques récoltes abondantes dédommageront de celles des années malheureufes, pendant lefquelles des féchereffes, des pluies, des hivers rigoureux, des grêles, des débordements de riviere, d'autres accidents diminuent quelquefois les récoltes ; le revenu net moyen, calculé fur ce nombre d'années, l'eft avec moins d'incertitude que s'il l'étoit fur un temps plus court ».

Il faut évaluer, non fur des baux à prix d'argent, mais d'après le vrai produit d'un domaine.

3o9. Avant de préfenter l'évaluation du domaine annoncé, il refte encore un principe à pofer. — On a montré qu'il falloit eftimer les propriétés en corps de domaine, & que tel étoit l'efprit de l'inftruction de l'affemblée nationale, n°s. 281, 287 & fuiv. On a montré que, pour obtenir une bafe qui pût fervir à évaluer toutes les propriétés d'un territoire, il falloit fuppofer un domaine formé de terres de la premiere qualité, n°. 298. De ces points fondamentaux, fuit le principe, qu'il faut eftimer un domaine cultivé par un colon partiaire, & non pas un domaine affermé à prix d'argent. = Et d'abord, il eft comme impoffible de trouver un domaine afforti de terres de la meilleure qualité, tel qu'il faut le fuppofer ; & s'il ne peut pas fe trouver, on n'aura point de bafe générale qui ferve à évaluer les fonds de toutes qualités ; les évaluations feront toutes arbitraires. = On trouvera bien

des domaines, mais on les trouvera compofés de
fonds d'inégales qualités : comment régaler le prix
de ferme à chacun ? car il le faut ; parce que nulle
propriété ne doit contribuer qu'en proportion de
fon revenu net, & chaque propriété doit paſſer dans
les mains d'un nouveau poſſeſſeur avec une cotiſation
certaine, n°. 335. Il faudra donc, pour ventiler le
prix de ferme, rentrer dans des examens & des
détails, ou qui fuppofent une bafe générale, ou qui
conduifent à l'établir. = L'aſſemblée nationale, dans
fon inftruction fur le décret du 23 novembre 1790,
tit. II, art. VI, VII & VIII, a profcrit le réfultat des
baux : « Les conventions, dit-elle, faites entre les
» propriétaires & les fermiers, ne devant jamais
» occafionner ni furcharge, ni modération de contri-
» bution, les officiers municipaux & commiſſaires-
» adjoints ne *pourront* exiger la *repréfentation* d'aucuns
» baux, & *ne feront* pas tenus *non plus* d'y avoir
» égard, *lors* même qu'ils leur feroient *exhibés* ». —
Ne pouvoir pas exiger la repréfentation des baux,
ne pouvoir non plus être tenu d'y avoir égard, il eût
été difficile de les profcrire réciproquement avec plus
de précifion. Et fi l'aſſemblée nationale les a écartés,
c'eft, à part les raifons déjà données, pour montrer qu'ils ne pourroient produire aucun bon effet :
fi les preneurs & les bailleurs font contents de quelques-uns, il en eft nombre dans lefquels les bailleurs
ou les preneurs font léfés. Et combien d'autres raifons
qui peuvent les rendre fufpects, & qui entraîneroient
dans trop de détails, aſſez connus dans tout territoire
où les fermes font recherchées. = L'aſſemblée nationale a dit, *ibid.*, que la grande connoiſſance des
produits & des dépenfes, peut fuppléer à tous les
calculs de détails ; que le prix moyen des fermages
eft le véritable produit net. « Il faudra donc, dit-elle,
» que chaque eftimateur fe pénetre de ces prin-
» cipes, & fe dife à lui-même : Si j'étois propriétaire
» de ce bien, je pourrois trouver à l'affermer raifon-

» nablement tant ; fi j'étois dans le cas d'être fer-
» mier, je pourrois en rendre la fomme de . . . . . . ;
» c'eft - à - dire, le prix que cette propriété feroit
» affermée ; lorfque, pour fon exploitation , le pro-
» priétaire ne fourniroit ni bâtiments ni beftiaux,
» ni inftruments aratoires , ni femences, mais feroit
» chargé d'en acquitter la contribution fonciere ».
Ce fentiment de l'affemblée précede fa décifion fur
les baux, qui vient d'être rapportée ; ce qui prouve,
comme le prouvent auffi les termes dans lefquels elle
s'exprime, qu'elle n'a entendu parler que des propriétés individuelles, ifolées ; en un mot, d'un fonds
feul : & il faut convenir que fa maniere de voir eft
fûre. Mais auffi le cultivateur qui. parle en conféquence, confidere, réfléchit, évalue ; au lieu que le
propriétaire & le fermier ont compofé, fe font liés,
& font peut-être léfés, l'un ou l'autre. ⚌ Il ne faut
pas non plus évaluer un domaine que le propriétaire
fait valoir ; on auroit le danger de trop de difputes,
& fur le produit & fur les dépenfes. ⚌ Il faut évaluer
le domaine fuppofé, comme cultivé par un colon partiaire. On a l'avantage de trouver un jufte milieu
entre les dangers d'un bail à prix d'argent & celui
de difputes avec le propriétaire qui fait valoir. On
évalue entre les mains d'un cultivateur, mais d'un
cultivateur qui, étant en fociété avec le propriétaire,
fupporte en commun avec lui toutes les dépenfes de
la culture , tandis que le propriétaire fupporte toutes
celles de la propriété : il ne peut y avoir entr'eux
de dépenfe commune, que, par exemple, celle des
femences & des engrais ; & il n'eft aucun pays où
ces dépenfes communes ne foient connues. — Cette
maniere d'évaluer eft évidemment la plus fûre, la
feule qui puiffe conduire à l'évaluation jufte du revenu
net de tout territoire.

*Evaluation détaillée d'un domaine de trente-deux
fétérées, cultivé par un colon partiaire.*

310. VIGNES, *huit fétérées.* — Suppofons à la fétérée
un produit annuel de huit charges de vin; ce fera
pour huit fétérées, foixante-quatre charges de vin. ═
Évaluons le prix commun du vin, à 12 liv. la charge;
ce fera pour foixante-quatre charges, 768 liv., dont
la moitié pour le propriétaire.
(Voyez nº. 304)   .   .   384 l. o f. o d.

311. La taille de la vigne donne
environ un cent de fagots de farment par fétérée; pour huit, c'eft
huit cents fagots; ═ à 50 fous le
cent, c'eft 20 liv., dont la moitié
pour le proprétaire   .   .   10   0   0

312. LES HAUTINS, *feize fétérées.*
Suppofons à la fétérée un produit
annuel de quatre charges de vin;
ce fera pour feize fétérées, foixante-
quatre charges. ═ Evaluons - en
auffi le prix à 12 liv.; ce fera pour
le tout 768 liv., dont les deux tiers
pour le propriétaire. (Voy. nº. 305 .   512   0   0

313. La taille des hautins donne
environ foixante fagots par fétérée;
ce qui fait pour feize fétérées 960;
à 3 liv. 10 fous le cent, c'eft 33 liv.
12 fous, dont la moitié pour le
propriétaire   .   .   .   16   16   0

314. La femence rend moins
dans les terres plantées en hautins,
que dans les terres nues. — Le
terrain de coteau, & qui eft graveleux, rend moins que le terrain

922   16   o

De l'autre part . . . 922 16 0

plain & net. — Suppofons que la
fétérée dans laquelle on aura femé
fix quartaux, rende quatre pour un,
& femence levée, dix-huit quartaux de froment ; ce fera pour feize
fétérées, deux cent quatre-vingt-
huit quartaux. — Mais la terre fe
repofe une année, & la récolte
d'une année fe divife à deux ; ainfi
il ne refte que cent quarante-quatre
quartaux. ⚌ Evaluons-les au prix
commun de 3 liv.; ce fera 432 liv.,
dont la moitié pour le propriétaire.
(Voyez n°. 305.) . . 216 0 0

315. LES BESTIAUX. Il en faut
quatre ; n°. 302. Suppofons deux
bœufs & deux vaches ; ils coûteront bien 600 liv., dont l'intérêt
eft de 30 liv. ⚌ Si le propriétaire
fournit les beftiaux, le fermier lui
donnera pour microît, l'intérêt au
dix pour cent, faifant 60 liv. —
Si le fermier les fournit, il ne
donnera que 30 liv. Dans tous les
cas, le maître ne profite, à raifon
des prairies, que de 30 liv.; parce
que l'intérêt de l'avance n'eft pas
un revenu ; n°. 286. Ainfi . 30 0 0

316. Le fermier donnera encore
au propriétaire une livre de beurre
& un pot de lait par femaine ; ce
qui fait pour l'année, à 10 fous le
beurre & 2 fous le lait . 31 4 0

Total du produit . 1200 0 0

Charges du propriétaire.

317. PAISSEAUX. Il en faut environ trois cents par an, par fétérée de vigne ; à 5o fous le cent, c'eft 7 liv. 1o fous ; & pour huit fétérées . . . . . . 6o o o

318. Il faut encore trois paquets d'ofier ; à 3o fous l'un, c'eft 4 liv. 1o fous ; & pour huit fétérées . 36 o o

319. Les fourchaux , perches, montants & ofiers néceffaires annuellement aux hautins , forment une dépenfe au moins de 7 liv. par fétérée ; & pour feize , c'eft . 112 o o

32o. Il en coûte au moins 6 liv. par an pour faire prendre les taupes & les rats des prairies & d'autres fonds ; le fermier fupporte la moitié de la dépenfe : ainfi pour le propriétaire . . . 3 o o

321. L'entretien des bâtiments, 3o l. ; l'entretien & le renouvellement des inftruments d'agriculture, 1o l. ; & le renouvellement des inftruments & vafes vinaires , 2o l. : en tout 6o liv. Ces objets coûtent bien annuellement cette fomme, une année dans l'autre . 6o o o

Total des charges .	271	o	o

322. *RECAPITULATION.*

Le produit monte à .	12oo	o	o
Les charges , à . .	271	o	o
Produit net . ,	929	o	o

Régalement

Régalement du revenu net à chaque fonds.

323. S'il ne s'agissoit que de savoir la valeur du domaine par ses fruits, ou d'en apprécier les fruits restituables, l'opération qui précede suffiroit, parce qu'elle présente, en effet, la totalité des fruits. — Mais il s'agit de déterminer la contribution de chaque fonds, & par conséquent de connoître quelle portion de cette totalité de fruits chacun a produit. Il faut donc ventiler le produit total & le régaler dans une juste proportion. = Ce n'est d'ailleurs que de cette maniere qu'on pourroit connoître la valeur particuliere d'un ou de plusieurs fonds d'un domaine, s'il falloit les expédier à un légitimaire. Fallût-il en restituer les fruits, même regle, n°. 283.

324. Si les fonds de ce domaine, tous de la meilleure qualité, avoient, quoique de différente nature, le même produit, les mêmes charges, le régalement du produit total seroit bientôt fait ; il suffiroit de diviser les 929 l. par 32, nombre des sétérées, & l'on trouveroit pour chacune 29 liv. 0 s. 7 d. ½ = Mais leur produit n'est pas le même, & les charges de chacun sont différentes. Il faut donc commencer par faire cette séparation.

325. Les vignes ont produit en vin 384 liv., en fagots 10 liv. ; total 394 liv. = Mais ce revenu doit supporter pour paisseaux, 60 liv. ; pour osiers, 36 liv. ; pour le quart de 30 liv., concernant les bâtiments, 7 liv. 10 sous ; pour le quart de 10 liv., concernant les instruments d'agriculture, 2 liv. 10 sous ; & pour la moitié de 20 l., concernant les instruments & vases vinaires, parce que les vignes rendent brut autant de vin que les hautins, 10 liv. : en tout, 116 liv. = Le produit net des vignes est donc réduit à 278 liv.

326. Les hautins ont produit en vin 512 liv. ; en fagots, 16 liv. 16 sous ; en blé, 216 liv. Total, 744 liv.

K

16 fous. = Mais ce revenu doit fupporter pour pieds droits, perches, montants & ofiers, 112 liv. ; pour la moitié de 30 liv., concernant les bâtiments, 15 liv.; pour la moitié de 10 liv., concernant les inftruments d'agriculture, 5 liv. ; & pour la moitié de 20 liv., concernant les inftruments & vafes vinaires, 10 liv. : en tout, 142 liv. = Le produit net des hautins eft donc réduit à 602 liv. 16 fous.

327. Admettons que le revenu d'une fétérée de prairie, de la meilleure qualité, doive être évaluée 30 liv. ; à ce prix les huit fétérées du domaine rendent 240 liv. : — elles trouvent dans le produit du microît 61 liv. 4 fous, nos. 315, 316. Il leur manque encore 178 liv. 16 fous, qui font à reprendre fur les vignes & les hautins, proportionnellement à leur nombre ; c'eft à-dire, un tiers fur les vignes, montant 59 liv. 12 fous, & deux tiers fur les hautins, montant 119 liv. 4 fous.

328. Le revenu des huit fétérées de pré eft de 240 liv. ; mais ce revenu doit fupporter pour le quart des 30 liv., concernant les bâtiments, 7 liv. 10 fous; pour le quart de 10 liv., concernant les inftruments d'agriculture, 2 liv. 10 fous ; & pour la prife des taupes, 3 liv. : en tout 13 liv. Ce revenu fe trouve ainfi réduit à 227 liv. qui, divifées aux huit fétérées, donnent à chacune 28 liv. 7 fous 6 den.

329. Le produit net des vignes, n°. 325, eft de 278 liv. ; on y prend, n°. 327, pour les prairies, 59 liv. 12 fous. Il refte 218 l. 8 f. qui, divifées aux huit fétérées, donnent à chacune 27 liv. 6 fous.

330. Le produit net des hautins, n°. 326, eft de 602 livres 16 fous ; on y prend, n°. 327, pour les prairies, 119 liv. 4 fous. Il refte 483 liv. 12 fous, qui, divifées aux feize fétérées, donnent à chacune 30 liv. 4 fous 6 den.

Réfultat du Régalement.

331. Pour preuve de l'opération , il faut récapituler les trois produits : celui des
prairies montent à . . 227 o o
   Celui des vignes, à . . 218 8 o
   Celui des hautins , à . . 483 12 o

   Total égal , n°. 322 . 929 o o

332. Ainfi , d'après l'opération , la fétérée de
meilleure qualité de pré , donne
de revenu net , n°. 328 . . 28 7 6
   La fétérée de meilleure qualité
de vigne , n°. 329 . . 27 6 o
   Et la fétérée de meilleure qualité
de hautins , n° 330. . . 30 4 6

333. Divifez 227 liv. , produit net des prairies ,
aux vingt-quatre fétérées de vigne & de hautins,
cette fomme rendra 9 liv. 9 fous 4 den. à chacune ;
ainfi, les fétérées de vigne ont rendu chacune 36 liv.
15 fous 4 den. ; — & celles des hautins, 39 liv. 13 fous
10 den. == Mais elles n'ont rendu cet excédant qu'au
moyen du produit des prairies qu'elles ont abforbé :
en le leur rendant, les prairies , les vignes & les
hautins ont chacun leur produit vrai.

Injuftice de l'évaluation, fonds par fonds.

334. On pourra objecter que l'on peut évaluer les
fruits fonds par fonds , en déduifant fur le produit
brut, la dépenfe des travaux , du fumier & des
autres avances annuelles : cela paroît d'abord vrai,
rigoureufement parlant ; mais en réfléchiffant, on
doit fentir que l'on tomberoit dans l'arbitraire, parce
que l'on n'auroit point de regle fixe. Obligé d'évaluer

chaque fonds, l'opération feroit immenfe, on peut dire impoffible ; & l'affemblée nationale l'a prévu, n°. 292. — L'évaluation feroit injufte , n°. 284 ; tous les fonds de même qualité & de même produit, ne feroient pas évalués de même , n°. 295 ; le fonds de celui qui l'auroit moins foigné , feroit moins évalué; & c'eft cependant la faute de celui qui cultive mal, s'il récolte moins. — Le fonds de celui qui l'auroit bien foigné, mieux qu'en corps de domaine, feroit trop évalue. On prendroit un revenu fur fes dépenfes extraordinaires, fur fon induftrie, qui lui a fait courir des rifques,& dont fouvent il n'a pas retiré ce qu'il en efpéroit. Auffi l'affemblée nationale, dans fon inftruction fur le décret du 23 novembre 1790, s'exprime-t-elle ainfi : ═ « Dans des terres d'égale valeur,
» l'on n'obtient une récolte plus abondante de l'une
» que des autres, qu'en y faifant plus de dépenfes,
» ou qu'en y donnant des foins plus actifs & plus
» heureux ; & certainement il eft de la juftice &
». de l'intérêt de la nation, de ne pas fur-taxer les
» avances hafardées, & les peines de l'homme la-
» borieux , qui a l'avantage d'augmenter la vraie
» richeffe de fon pays, & qui n'y parvient fouvent
» qu'après des effais & des travaux difpendieux,
» dont les rembourfements ne font cependant pas
» des revenus pour lui : mais, quand d'abondantes
» récoltes, ainfi obtenues, font profitables à fa for-
» tune, elles le font doublement à celles de fa
» patrie, & par l'accroiffement de la maffe des
» fubfiftances, & par les utiles exemples qu'il y
» donne ». (Voyez le n°. fuivant.)

335. Il faut, dans les évaluations, partir du principe conftant, adopté par l'affemblée nationale , n°s. 285 & fuiv., que les fonds doivent être eftimés en corps de domaine ; que c'eft l'unique maniere d'obtenir une regle fûre pour l'évaluation de toutes les terres cultivables ; que s'il peut réfulter une

différence d'eftimer en détail, ou en corps, il faut éviter cet inconvénient, en préférant l'évaluation en corps ; parce que la généralité des poffeffions eft cultivée en corps de domaine, & que tel fonds qui en dépend, pouvant être aliéné, doit paffer à l'acquéreur avec fon évaluation ; que tel fonds ifolé qui eft acquis par le propriéiaire d'un domaine, doit y entrer de même avec l'évaluation qu'il avoit ; que fi le principe de l'évaluation de ces deux fonds de même qualité n'a pas été le même, il y aura injuftice dans l'évaluation de l'un ou de l'autre, & néceffité de recourir à une nouvelle. = Des fonds eftimés en corps de domaine, ont un revenu net certain, prélevement fait de toutes les charges & avances dont ils ont dû & doivent fupporter la déduction, en quelques mains qu'ils foient & puiffent paffer, & de quelque maniere qu'ils foient ou puiffent être cultivés.

Evaluation détaillée d'un domaine compofé de terres nues & de prairies de la meilleure qualité. (Voyez nᵒ 309.)

336. Nous avons fait l'opération fur un domaine qui avoit des vignes & des terres labourables plantées en hautins ; & dans cette hypothefe, le revenu de chaque fonds étoit à peu près le même. = Mais il eft des pays où la fouche ne croît pas, où l'on ne récolte que des grains : & s'il en eft où la fétérée de terre rende un revenu égal à celui des prairies, il en eft où elle rend beaucoup moins. Il faut donc faire une nouvelle opération pour l'évaluation d'un domaine de ce genre.

337. Nous fuppofons toujours un domaine de trente-deux fétérées, dont huit en prairies & vingt-quatre en terres nues ; le tout de la meilleure qualité du pays ; & nous continuons d'opérer dans le coteau graveleux.

338. Les terres nues rendent plus que les terres plantées. D'une part, la plantation occupe une partie du fol ; d'autre part, fon ombre nuit & ne permet pas au fol de recevoir le foleil dans tous les fens. Les terres nues font libres , reçoivent le foleil dans tous les fens, produifent davan'age , & donnant plus de paille , procurent plus d'engrais.

339. Au lieu de feize féterees plantées de hautins qu'avoit le premier domaine , celui-ci en a vingt-quatre qui font nues ; & vingt-quatre féterées , de quelque maniere qu'on les cultive , donnant plus de grains , donnent plus de paille , & conféquemment plus d'engrais.

340. Les terres de ce domaine alternent comme celles du premier. Ainfi, 24 fétérées ne font cenfées compter que pour douze.$=$ La fétérée , fuivant le calcul, n°. 314, rendoit quatre pour un ; &, femence levée, dix-huit quartaux de froment ; mais vu que la terre eft nue, & qu'il y a augmentation de paille & d'engrais, de deux chofes , l'une : — ou des 24 fétérées de terre on en cultivera les deux tiers par an, & ces 16 fétérées auront au moins autant d'engrais qu'en avoient huit fétérées de hautins du premier domaine ; — ou des vingt - quatre fétérées, on n'en cultivera que douze ; & elles feront beaucoup plus fumées.

341. Comptons fur douze fétérées. Au lieu de quatre pour un, elles doivent rendre fix ; à ce dernier taux, prélevement fait de fix quartaux de femence , le produit brut fera de trente quartaux ; & , pour les douze fétérées, 360. $=$ Il faut en lever la moitié pour le fermier partiaire ; refte pour le propriétaire 180; qui à 3 livres , rendent 540 livres. — Il faut ajouter le microît, n°s. 315, 316, montant 61 livres 4 fous : c'eft en tout 601 livres 4 fous.

342. Il faut fur cette fomme diminuer les charges ; il ne faut plus compter celles concernant les inftruments & vafes vinaires , portées à 20 livres ; ainfi, il refte pour le furplus, n°. 321, la fomme de 40 livres ;

& pour prendre les taupes, 3 livres : en tout, 43 liv. ;
& cette fomme diminuée fur le produit, n°. 341, il
refte pour revenu net du domaine, 558 livres 4 fous.

Régalement du Revenu.

343. Pour trouver le revenu de chaque fonds, il
faut féparer celui des terres, d'avec celui des prairies, comme n°s. 324 & fuivants. = Les terres ont
rendu 540 livres, n°. 341 ; mais elles doivent fupporter 30 livres pour les trois quarts des charges générales, n°. 342 : leur revenu fe trouve ainfi réduit à
510 livres.

344. Le revenu des huit fétérées de pré eft réputé
de 240 livres, n°. 327 ; elles trouvent dans le produit
du microît 61 livres 4 fous ; mais il leur manque encore 178 livres 16 fous, qui font à reprendre fur les
terres.

345. Les 240 livres, revenu des prairies, doivent
fupporter pour charges, comme n°. 328, la fomme
de 13 livres ; elles fe trouvent ainfi réduites à 227
livres, qui, divifées aux huit fétérées, donnent à
chacune 28 livres 7 fous 6 deniers.

346. Le produit net des terres, n° 343, eft de 510
livres ; on y prend, n°. 344, pour les prairies 178 liv.
16 fous ; il refte 331 livres 4 fous, qui, divifées à 24
fétérées, donnent à chacune 13 livres 16 fous.

Réfultat du Régalement.

347. Pour preuve de l'opération, il faut récapituler les deux
produits ; celui des prairies monte.   227 l. o f. o d.
Celui des terres   331   4   o

TOTAL ÉGAL, n°. 342 .   558   4   o

348. Ainſi, d'après l'évaluation des deux domaines, la fétérée de meilleure qualité de pré
donne de revenu net. (Voyez
n°. 332). . . . . 281. 7ſ. 6d.
La fétérée de meilleure quali-
té de vigne 27 6 0
La fétérée de meilleure qualité de hautins· 30 4 6
Et la fétérée de meilleure qualité de terre nue, n°. 346. . . 13 16 0

349. La différence du revenu d'une terre plantée
de hautins, d'avec celui d'une terre nue, ne doit pas
étonner. Dans la premiere évaluation, le revenu des
ſeize fétérées de hautins, qui étoit de 744 livres 16
ſous, n°. 326, s'eſt trouvé réduit, n°. 330, à 483 liv.
12 ſous; & le produit en blé, qui étoit de 216 liv.,
comprifes dans les 744 livres 16 ſous, n°. 326, s'eſt
trouvé proportionnellement réduit à 155 liv. 19 ſous 3
den., qui, divifées à feize fétérées, ne donnent à chacune que 9 livres 14 ſous 11 deniers. = Et fi cette ſomme
fait plus des deux tiers de 13 livres 16 ſous, produit
du n°. précédent, c'eſt que le produit du blé, n°. 326,
n'a participé aux charges que concurremment avec
celui du vin, qui étoit plus fort.

Réduction du principe des Evaluations.

350. D'après les opérations qui précédent, &
d'après le principe que les fruits doivent être eſtimés
en corps de domaine, on peut regarder comme certain, — 1°. que pour connoître le vrai revenu de
chaque qualité de terre d'un pays, il faut d'abord
s'aſſurer du revenu des terres de la meilleure qualité;
— 2°. que pour trouver le revenu des meilleures terres, il faut en former un domaine de 32 fétérées, dont
8 ſoient en prairies; — 3°. qu'il faut calculer féparément le produit des terres, des vignes, des hautins

dont le domaine eſt compoſé, ſi tant eſt qu'il y ait des vignes & des hautins dans le pays ; — 4°. qu'il faut déduire ſur chaque nature de fonds, ſes charges particulieres & ſa part des charges générales du domaine ; — 5°. qu'il faut enſuite évaluer le produit commun des prairies, & ſur ce produit, déduire également leurs charges particulieres & leur part des charges générales ; — 6°. que comme le produit des prairies s'eſt conſommé dans la grange & dans les fonds, il faut reprendre ſur celui des fonds à concurrence du revenu des prairies, ſi les beſtiaux n'ont produit aucun microît ; & à concurrence ſeulement du reſtant, s'ils en ont produit un ; repriſe qui doit être faite par égalité ſur chaque fonds quelle que ſoit ſa nature ; — 7°. que ces opérations faites, il faut diviſer aux prairies ce qui reſte de leur produit net ; aux vignes, ce qui reſte du leur ; aux terres & hautins, de même ; & le quotient donnera le revenu net de chaque nature de ſétérées : mais voyez le n°. ſuivant. Avec une eſtimation ainſi faite, on ſe forme des tarifs pour eſtimer les fonds d'une qualité inférieure. (Voyez nos. 386 & ſuivants).

Réfléxion ſur l'évaluation des Prairies.

351. Il ſemble que, dans les opérations précédentes, on n'a pas indiqué comment devoit être eſtimé le produit des prairies ; mais il n'eſt aucun pays où ce produit ne ſoit beaucoup plus facile à connoître que celui des autres fonds ; parce que, d'une part, les prairies, généralement parlant, n'exigent aucun engrais ; & que, de l'autre, les travaux qui les concernent, ſe réduiſent preſque à faucher, faner & voiturer le foin & le regain dans la grange. = Il eſt des pays où les prairies s'arroſent, où par conſéquent leur produit eſt plus conſidérable : cette circonſtance ne change rien au principe ; ſeulement alors, au lieu de huit ſétérées de prairie, il n'en faudra que 6, ou

154

7 : avec la proportion déjà donnée , il n'eſt point de cultivateur qui ne trouve celle-ci. = En ſomme , il faut
les prairies ſuffiſantes pour les beſtiaux néceſſaires ;
il faut eſtimer le produit de ces prairies & le reprendre ſur les fonds dans leſquels il ſe conſomme. =
Quelques perſonnes prétendent que les prairies produiſent généralement plus que les autres natures de
fonds ; ce ſeroit une erreur d'en faire une régle générale ; toutes celles qui ſont néceſſaires pour la nourriture des beſtiaux ne doivent valoir gueres plus que
les meilleurs fonds , puiſqu'elles ne ſervent qu'à les
cultiver & les faire produire ; & puiſqu'il faut nécef-
ſairement reprendre , ſur le produit des terres cultivées , la valeur de celui des prairies , ce ſeroit une
grande erreur de forcer le prix des prairies , puiſque
ce ſeroit réduire preſque à rien celui des autres fonds.
L'exemple donné d'un domaine compoſé de terres
nues , nos. 336, 345, 346, prouve cette vérité ; la ſétérée de prairie y produit 28 liv. 7 ſous 6 den., tandis
que la ſétérée de terre n'y produit que 13 liv. 16 ſ. :
que les prairies ſoient eſtimées plus haut, il ne reſtera
rien pour les terres. (Voyez no. 377).

352. Il eſt des terres qui ne ſe repoſent pas ; il
en eſt qui ſe repoſent plus ou moins d'années. Ces
différences ne changent rien au principe ; elles ne
demandent que de l'attention. — Si la terre ne ſe
repoſe pas , ſon produit commun en corps de domaine
eſt annuel. — Si elle ſe repoſe , ſuppoſez une année,
la récolte d'une année ſe diviſe en deux ; ſi elle ſe
repoſe deux ans , la récolte ſe diviſe en trois ; & ainſi
de ſuite, quel nombre d'années qu'elle ſe repoſe. =
Il eſt des terres qui ne rendent qu'un , deux , trois,
quatre pour un ; d'autres donnent davantage ; c'eſt
ce qu'aucun cultivateur n'ignore dans ſon pays : il faut
calculer d'après le produit commun.

353. Si les propriétés reſtoient dans les mêmes
mains , ſi les domaines reſtoient tels qu'ils ſont ; mais ils
s'aliénent, ſe diviſent : il faut donc pour que les

mutations n'apportent aucun changement dans la perception, évaluer le revenu des propriétés d'après les régles les plus sûres, & faire, s'il est possible, des évaluations invariables.

Evaluation d'un Domaine pour lequel on achete les Engrais. (Voyez n°. 309).

354. Le produit que le cultivateur induſtrieux ſe procure avec ſes dépenſes par-delà le produit naturel, ce produit accidentel n'eſt pas, d'après la déciſion de l'aſſemblée nationale, n°. 334, ſujet à la contribution fonciere. L'y ſoumettre, ce ſeroit demander compte à la propriété, non pas de ce qu'elle peut naturellement produire, cultivée comme toute propriété doit l'être, mais de l'induſtrie haſardeuſe de celui qui la cultive. Et comme ce produit eſt vraiment accidentel, on peut dire ſurnaturel, il n'y auroit plus de rapport entre les propriétés, il n'y auroit plus de moyen pour les eſtimer par comparaiſon, n°. 292. == Mais, lorſqu'une maniere de cultiver, quoique coûteuſe, n'eſt pas un eſſai particulier, lorſqu'elle s'étend en pluſieurs lieux, ou ſur un grand nombre de propriétés d'un territoire, elle devient, par ſa généralité locale, culture habituelle ; elle entre dans la claſſe de celle où le renouvellement des engrais, par exemple, n°. 287, eſt une dépenſe imputable ſur le produit brut.

355. Les environs de Grenoble, à quelques lieues à la ronde, dans les territoires principalement que l'Iſere avoiſine, ſont cultivés & entretenus par le moyen d'engrais achetés. La quantité qu'on en met une année, détermine un nombre de récoltes ſucceſſives, & ſuivant les lieux, cette quantité varie. On perçoit d'après telle, ou telle quantité, trois, quatre, cinq ou ſix récoltes ; les premieres en chanvre, les autres en blé froment. == Il importe d'eſſayer l'évaluation d'un domaine ainſi cultivé, d'après la régle que l'on s'eſt faite pour les

156

deux précédents, n°s. 302, 306, & d'autant plus
que les uns exagerent ce produit, & les autres le
ravalent. Apprécié en corps de domaine, conformément aux principes, fur des fuppofitions de produit
& de dépenfes, comme on a fait pour les deux précédentes, il fera facile à des commiffaires inftruits
des vrais produits & dépenfes, d'atteindre la jufte
évaluation de ce produit. = Mais la culture du chanvre exige beaucoup plus de travaux que celle du
blé. Il faut voiturer le fumier dans les fonds, fouvent
même dans des entrepôts où on le met en maffe pour
fermenter & mûrir, & de là, dans les fonds. Il faut beaucoup de labours & de travaux pour préparer la terre
à recevoir la graine de chanvre. Il faut voiturer les
bottes du champ, au routoir; du routoir, dans la grange; de la grange, chez les teilleufes; de là, dans la
grange; enfin, de la grange, au poids de la ville, où
il eft pefé & livré à l'acheteur. = Il faut donc pour la culture de 24 fétérées de fonds qui ne fe repofent point, fix
bêtes à cornes, douze fétérées de prairies de la premiere qualité, des inftruments de labourage & de
tranfport plus nombreux, plus confidérables, plus
coûteux.

356. Les dépenfes qu'exige un tel domaine font
confidérables; elles confiftent au prix de l'achat des
engrais, avance communément de quinze mois pour
la premiere année, parce qu'il faut la faire de la
fin de l'automne au printemps, & que le chanvre
récolté, par exemple, en 1791, ne fe teillant pour
l'ordinaire que dans l'hiver, ne fe vend que vers le
milieu de 1792. — Si le produit de la premiere année ne paye pas les dépenfes, le cultivateur a encore
fait pour la feconde année, l'avance de ce qui lui refte
dû. — Il y a la graine pour femence, qui, fuivant les
vimaires, eft rare & chere. Le quartal, qui eft de 18 à
20 livres, a coûté en 1791 pour 1792, jufqu'à 14 &
15 liv. — Il faut un routoir. Si le propriétaire en a un,
il faut l'entretenir; s'il n'en a point, il faut en louer

un. Dans tous les cas, il faut des plateaux, qui, habituellement mouillés & fechés, pourriffent tôt. = Il y a l'intérêt des avances en fumier & femence ; — la dépenfe du teillage ; — la diminution du poids, qui emporte le cinq pour cent au profit de l'acheteur ; — l'intérêt des capitaux de beftiaux ; — leur équipement ; — l'entretien des bâtiments ; — celui des inftruments d'agriculture ; — ce qu'il en coûte pour faire prendre les rats & les taupes. '

357. La culture & la récolte du chanvre font fujettes à divers accidents : — fi le fumier eft trop fort, le chanvre croît groffier, les plantes font plus groffes & plus rares, il y a perte d'environ un fixieme ; — fi le fumier eft trop foible, ne pouvant fournir pour cinq récoltes, il faut en remettre, ce que les cultivateurs appellent *repiquer* ; c'eft une nouvelle avance qui diminue le produit. — Si le printemps eft pluvieux, l'enfemencement eft retardé, quelquefois même il ne fe peut pas faire ; & le produit d'une année eft perdu. — Si la féchereffe fuit l'enfemencement, la graine ne leve pas. Il faut refemer, mais fouvent on ne le peut plus. Si on le peut, c'eft double labour. Ainfi, on perd le produit d'une année, ou l'on perd la femence, les nouveaux labours, & la récolte eft encore moindre. — Des coups de vent couchent quelquefois les plantes, elles fe courbent, le filament fe rompt, la plante ne profpere pas ; & il y a plus ou moins de perte fur le produit. — Dans les terres baffes, voifines fur - tout des rivieres, la rouille eft commune, & arrête les progrès de la plante ; perte confidérable fur le produit.

358. On a dit, n°. 355, qu'il falloit pour le fervice d'un tel domaine, fix bêtes à cornes. Suppofons quatre bœufs & deux vaches ; ils coûteront au moins 1200 livres ; le microît, outre celui repréfentatif de l'intérêt du prix, n°s. 315 & 316, fera de 60 livres ; & pour un pot de lait, & une livre de beurre par femaine, à raifon de 3 fous l'un & 10 fous l'autre, 31 livres 4 fous. = En tout, 121 livres 4 fous.

Produit en Chanvre.

359. Suppofons un domaine fumé pour cinq récoltes, deux de chanvre & trois de froment. Suppofons qu'il faille femer trois quartaux de graine de chanvre par fétérée, & que le quartal produife deux quartaux & demi de chanvre; chaque fétérée produira fept quintaux & demi, & les 24 en produiront 180. — Suppofons que le quintal vaille 36 livres; ce fera par fétérée, 270 livres, & pour les vingt-quatre, la fomme de 6480 livres. = Mais, le poids qui donne le cinq pour cent, n°. 356, fait une diminution du vingtieme; parce que, à chaque cent livres, il faut en ajouter cinq, qui font prifes fur la maffe du produit. — Or, le vingtieme de 270 eft de 13 livres 10 fous; il ne refte donc plus que 256 livres 10 fous par fétérée ; & pour 24, c'eft 6156 livres. = La feconde année, même produit, & pour les deux enfemble 12312 livres.

Produit en Blé.

360. Suppofons que , la troifieme année , on feme quatre quartaux par fétérée , & que le quartal rende douze pour un, chaque fétérée produira 44 quartaux, la femence déduite, & les vingt-quatre en produiront 1066. — Suppofons le prix commun à 3 liv. 10 fous; ce fera pour une fétérée, 154 liv.; & pour 24, la fomme de 3696.

361. Suppofons que , la quatrieme année , on feme cinq quartaux , & que le quartal rende dix pour un, la fétérée produira, femence levée, 45 quartaux, & les vingt-quatre en produiront 1080. = Au même prix de 3 l. 10 f., la fétérée aura produit 157 l. 10 f., & 24 auront produit 3780.

362. Suppofons que, la cinquieme année, on feme fix quartaux , & que le quartal rende huit pour un,

la fétérée aura produit, femence levée, 42 quartaux, & les 24 en auront produit 1008. — Au même prix de 3 liv. 10 fous, la fétérée aura rendu 147 liv. & 24 auront rendu 3528 livres.

Récapitulation des Produits.

363. Les divers produits font, favoir :

	l.	f.	d.
Celui du chanvre de la premiere année, n°. 359	6156	o	o
Celui de la feconde année, *ibid.*	6156	o	o
Celui du blé de la troifieme année, n°. 360	3696	o	o
Celui de la quatrieme année, n°. 361.	3780	o	o
Celui de la cinquieme année, n°. 362.	3528	o	o
PRODUIT TOTAL	23316	o	o

Dépenfes communes.

364. Suppofons qu'il fallût annuellement 350 liv. d'engrais pour fumer une fetérée , & que le fumier qu'auroient fait les beftiaux du domaine, valût trois feptiemes du tout , il faudroit en acheter pour 200 liv. ; ce qui feroit pour vingt-quatre fétérées , 4800 livres.

365. Suppofons que le prix commun de la graine de chanvre foit de 6 liv.; ce fera pour chaque fétérée, 18 liv., à raifon de trois quartaux, n°. 359 ; & pour vingt-quatre, ce fera 432 liv. ; = autant pour la feconde année, 432 liv. ; — & pour deux ans, 864.

366. Suppofons qu'un routoir coûte annuellement 12 liv. ; il faut compter cinq années ; parce qu'on n'engraiffe pas vingt-quatre fétérées à la fois ; on les

diſtribue par quantité à-peu-près égale ; ce quí faít environ cinq ſétérées par an ; & chaque année , il faut un routoir. Cinq années coûtent donc 60 liv. qu'il faut diviſer en deux années , pour ſuivre les an‑ nées de chanvre , dont le produit net ſera enſuite diviſé, ainſi que celui du blé, à cinq années. Ainſi 30 l. par an, & 60 liv. pour deux.

367. Suppoſons qu'il en coûte pour faire teiller le chanvre , cent ſous par quintal ; chaque année en produit ſept quintaux & demi par ſétérée, & 180 pour vingt-quatre, n°. 359 : ainſi 180 quintaux , à 5 liv., coûtent 940 liv. ; c'eſt pour deux ans, 1880 liv.

Compte de la premiere année.

368. La dépenſe du fumier monte , n°. 364 , ... 4800 l. 0 ſ. 0 d.

Intérêts de cette ſomme , pour quinze mois, n°. 356. 340   0   0

La graine de chanvre coûte pour un an , n°. 365. 432   0   0

Intérêts pour un an 21   12   0

Il en coûte pour faire teiller, n°. 367. 940   0   0

Et pour le routoir , n°. 366 . . 30   0   0

   . TOTAL 6563   12   0

Il faut imputer le produit du chanvre de la premiere année, n°. 359. 6156   0   0

RESTE DES DÉPENSES. . . 407   12   0

Compte de la ſeconde année.

369. Il eſt dû pour reſte des dépenſes , n°. 368. 407   12   0

Intérêts

	l.	f.	d.
Ci-contre	407	12	od.
Intérêts pour un an	20	7	6
Graines de chanvre de la seconde année , n°. 365. . . .	432	0	0
Intérêts pour un an. . . .	21	12	0
Pour le teillage , n°. 367.. .	940	0	0
Pour le routoir, n°. 366. . .	30	0	0
	1851	11	6

370. Le produit du chanvre de la feconde année monte , n°. 359.	6156 .	0	0
Et la dépenfe , n°. 369. . .	1851	11	6
Reste du produit . . .	4304	8	6

Compte des trois dernieres années.

371. Produit reftant de la feconde année , n°. 370, ci. . .	4304	8	6
Produit du blé de la troifieme année , n°. 360.	3696	0	0
Celui de la quatrieme année , n°. 361.	3780	0	0
Celui de la cinquieme année , n°. 362.	3528	0	0
Produit total.	15308	8	6
Dont la moitié pour le propriétaire.	7654	4	3

Compte du Propriétaire.

372. Il lui revient pour la moitié du produit du chanvre & du blé, depenfes communes deduites, n°. 371. . . . . 7654 l. 4 f. 3 d.

Il faut ajouter le produit des beftiaux pour cinq ans, à raifon de 121 liv. 4 fous par an, n°. 358, non compris l'intérêt du prix du capital des beftiaux, qui eft une avance, n°. 286, & pour cinq ans 606 0 0

TOTAL . . . 8260 4 3

Cette fomme divifée à cinq ans donne à chacun 1652 0 10

Charges du Propriétaire.

373. L'entretien des bâtiments & des inftruments d'agriculture, eu égard à la nature des récoltes, au nombre des beftiaux, à la nature & au nombre des inftruments d'agriculture ou de tranfport, paroît devoir être porté annuellement à 72 livres, d'après les premieres proportions, n°. 321, & pour cinq ans. . . . . 360 l. 0 f. 0 d.

Il en coûte pour faire prendre les taupes & les rats, 9 livres par an, (voyez n°. 320) : le fermier en paye la moitié ; refte pour le maître, 4 liv. 10 f., & pour cinq ans. . . . . . . 22 l. 10 f. 0 d.

Ces deux fommes rendent 382 liv. 10 fous, dont le cinquieme eft . . . . 76 l. 10 f. 0 d.

Produit net du Domaine.

374. La part du propriétaire
fe monte, n°. 372 . . . . . . 1652 l. 0 f. 10 d.
Et la dépenfe, n°. 373 . . : 76   10   0

RESTE . . . 1575   10   10

Régalement par Sétérée.

375. Il faut à préfent régaler ce revenu net aux
vingt-quatre fétérées de terre & aux douze fétérées
de prairie compofant le domaine, comme on a fait
lors des deux évaluations précédentes, n°s. 323 &
fuiv., 343 & fuiv.

Produit des Terres.

376. Le produit en chanvre &
en blé fe monte, pour le propriétaire, n°s. 371, 372, à
7654 l., dont le cinquieme pour
un an eft de 1530   16   0
La dépenfe de l'entretien fe
monte pour un an, n°. 373, à
72 liv., dont les terres doivent
fupporter les deux tiers, montant. 48   0   0

RESTE . . . 1482   16   0

Produit net des Prairies:

377. Le revenu net des prairies naturelles ou arti-
ficielles néceffaires à un tel domaine, à quelle fomme

fera-t-il porté ? Il varie en proportion de leur rareté & de leur proximité des villes , & du plus ou moins d'équipages qui y roulent. Mais quelle différence de prix qui puiffe en réfulter, les beftiaux d'un domaine doivent être nourris; il faut pour cela des prairies , dont le produit ne fe vend pas, mais fe confomme dans le domaine , & s'abforbe dans les fonds. On ne peut donc hauffer le prix des prairies, fans diminuer celui des terres; puifque, à part le microît, qui fait partie du produit des prairies , tout le furplus doit être repris fur celui des terres. Le revenu des prairies devient donc le régulateur de celui des terres. = (Voy. n⁰. 351). Confidérant que les prairies du domaine fuppofé ont reçu du cultivateur de ce domaine , tous les travaux, le fumier même néceffaire , lorfqu'elles en ont befoin , & que fi elles font entourées de faules ou peupliers, on leur réferve ce produit , comme on verra, n°. 381 ; = nous portons leur revenu à 36 l. la fétérée ; ce qui fait pour douze .   432 l. of. od.

Elles trouvent dans le produit du microît des beftiaux , nᵒˢ. 358 & 372. . . . .   121 l. 4f. od.

Elles ont donc à reprendre fur les terres   310   16   0

Mais fur leur produit total , montant   432   0   0

Elles ont à fupporter un tiers de l'entretien , n°. .
373 , ... 24   0   0   }   28   10   0
Et pour la prife
des taupes, *ibid.* . 4   10   0

PRODUIT NET.   403   10   0

Et cette fomme divifée à douze fétérées, donne à chacune. . .   33   12   6

Produit net des Terres.

378. Les terres ont rendu net,
nº. 376, ... 1482 l. 16 f. od.
Mais il faut y prendre pour les
prairies, nº. 377. . . . . . . 310 16 0

PRODUIT NET. . . . 1172 0 0

Et cette fomme divifée à vingt-
quatre fétérées, donne à chacune 48 16 8

Récapitulation du Produit net.

379. Les prairies ont rendu
net, nº. 377, ... 403 10 0
Et les terres, nº. 378. . . . 1172 0 0

Somme égale, nº. 374. . . . . 1575 10 0

Autre Régalement.

380. Si l'on portoit le revenu
des prairies à 40 liv., ce feroit
pour les douze fétérées . . . 480 0 0
Elles n'ont en microît que. . 121 4 0

Il faudroit reprendre fur les
terres. 358 16 0

Sur le produit total de . . . 480 0 0
Il faudroit imputer pour charges 28 10 0

Le revenu net feroit de . . 461 10 0

Et cette fomme divifée à douze fétérées, donneroit à chacune .   **38 l. 9 f. 2 d.**

Quant aux terres dont le produit eft de.	1482	16	0
En ôtant pour les prairies. .	358	16	0

Le revenu net ne feroit que de **1124   0   0**

Et cette fomme divifée à vingt-quatre fétérées, ne donneroit à chacune que **46 16 3**

OBSERVATIONS fur divers points cafuels.

381. Dans les trois évaluations précédentes en corps de domaine, nᵒˢ. 302, 336 & 354, on n'a eu aucun égard aux arbres fruitiers, muriers, faules ou peupliers plantés autour des fonds. On a fuppofé des fonds qui n'en avoient point. — La raifon en eft que tous n'en ont pas ; que ceux qui en ont, n'en ont pas tous également, ni de même qualité ; de maniere que c'eût éte une injuftice de regler le produit commun de tous les fonds, fur le produit particulier de quelques-uns. = Lorfque des commiffaires procéderont à l'évaluation fur les tarifs qu'ils auront faits, nᵒˢ. 386 & fuiv., d'après les évaluations en corps domaine, nᵒˢ. 302, 336, 354, en appliquant à chaque fonds fon revenu, ils y ajouteront celui des arbres, en faifant les obfervations qui ont été faites, nᵒ. 225. = Mais ils noteront cette production particuliere, qui n'étant qu'accidentelle, diminue à mefure que les arbres périffent, & devient coûteufe par les plantations partielles, nᵒ. 225 ; & pour conferver à la terre fon produit naturel, ils n'ajouteront, pour le produit

des arbres, que ce qui en reſte, déduction faite du dommage qu'ils cauſent à ce produit naturel : de maniere que les arbres venant à manquer, le fonds ſe trouve évalué d'après ſon produit naturel.

382. Il peut arriver que le microît des beſtiaux ſoit réglé entre les propriétaires & le colon partiaire, d'une maniere différente que celle n°. 358. Chaque pays a des uſages différents ; mais ils y ſont connus ; & lorſqu'on le ſait, il eſt facile de calculer la valeur du microît. Au reſte, quelle que ſoit cette valeur, elle doit être portée au compte du revenu des prairies, lorſque l'on répartit à chaque nature de fonds ſon revenu, ſes charges particulieres & ſa part des charges générales.

383. Il eſt encore des pays où le colon partiaire donne annuellement au propriétaire une certaine quantité d'œufs & de poulets, &c. c'eſt encore un produit à ajouter à celui du propriétaire, après le partage ; & ce produit paroît devoir appartenir aux terres & non pas aux prairies, parce que la volaille ſe nourrit de la pouſſiere des récoltes, & quelquefois dans les fonds enſemencés : mais en faiſant cette évaluation, il faut déduire l'intérêt des capitaux de volaille que le propriétaire a fournis. = A l'égard des voitures, ſi l'uſage eſt que le colon partiaire en fourniſſe, il faut diſtinguer celles qui ne ſont que relatives au tranſport de la part du maître dans ſon domicile, de celles qui ſont réellement lucratives. — Celles-là ne ſeroient pas promiſes, qu'aucun fermier ne les refuſeroit, à moins que ce ne fût à un éloignement conſidérable, joint à ce que le propriétaire défraye de toutes dépenſes. A l'égard des autres, dès qu'elles épargnent une dépenſe réelle au propriétaire, elles lui procurent un bénéfice réel. C'eſt encore l'uſage des lieux que l'on doit conſulter ; mais ſi on en évalue, elles doivent être portées au compte du revenu des prairies, & l'on reprend d'autant moins ſur les terres.

L 4

384. Les pays où les fonds font entretenus d'engrais achetés, font rares ; dans les communautés
même où cet ufage s'eft introduit , toutes les terres
de leur territoire ne font pas ainfi foignées. — De là
il fuit que l'évaluation doit être faite fur deux bafes
différentes. = Les fonds pour lefquels on achete les
engrais doivent être évalues d'après l'opération que
l'on vient de faire. — Et fi la qualité des fonds ainfi
foignés, n'eft pas exactement la même ; s'il en eft ,
par exemple , où le fumier ne dure pas auffi long-
temps , foit parce qu'il y a moins de fonds de terre ,
foit parce qu'ils font graveleux , foit parce qu'ils produifent habituellement moins , foit enfin , parce que
le fumier y eft plus cher , ou exige beaucoup plus
de frais de tranfport ; dans tous ces cas, leur revenu
net doit s'en évaluer par comparaifon , au moyen de
tarifs faits conformément à ce qui fera dit , n°s 386
& fuiv. — A l'égard des fonds qui ne font pas entretenus d'engrais achetés, rentrant dans la claffe générale, ils doivent être évalués d'après les deux évaluations , n°s. 302 & fuiv. n°s. 336 & fuiv. — Et l'o-
pération une fois faite fur des fonds de la meilleure
qualité , on évalue ceux d'une qualité inférieure ,
d'après des tarifs , comme on vient de dire.

385. Sous l'ancien régime , des communautés , en
certains pays , avoient divifé les fonds de leur territoire en plufieurs claffes ; & les fonds de chaque
claffe avoient la même évaluation : c'eft ainfi qu'a-
voient opéré la plupart des faifeurs de parcelaire ,
en divifant le territoire par mas ou fection , n°. 299.
Cette méthode eft fautive , vicieufe même : auffi
l'affemblée nationale , dans fon inftruction fur le
décret du 23 novembre 1790 , tit. II , art. XIX , a
rejetté cette méthode ; & fi elle l'a autorifée pour la
. premiere année , ce n'eft qu'à la charge de n'en pas
faire mention dans les déclarations, états de fection
& d'évaluation , ni dans les matrices de rôle ; en
ajoutant encore que les évaluations que les munici-

palités feroient cette année, n'auroient pour objet que la répartition intérieure, & ne ferviroient pas de bafe aux adminiftrations de dépatement & de diftrict, pour la diftribution de la contribution entre les munipalités, n°. 477. — La meilleure maniere eft donc d'évaluer d'abord en corps de domaine formé des fonds de la meilleure qualité, & de fuite par comparaifon ; & c'eft celle que l'affemblée nationale a adoptée, n°s. 285 & 292.

Tarifs d'évaluation, par comparaifon.

386. On a expliqué, n°s. 277 & fuivants, d'après quels principes il falloit évaluer les fruits des propriétés ; on a montré, n°s. 298 & fuivants, notamment n°. 350, qu'il falloit les évaluer en corps de domaine ; & que pour fe former une bafe fûre d'après laquelle on pût évaluer tous les fonds de quelque qualité qu'ils puffent être, il falloit évaluer les propriétés de différente nature de la premiere qualité. = Avec cette bafe, on peut aifément évaluer, par comparaifon, les fonds de toutes fortes de qualités & valeurs : il fuffit de faire, fur le premier prix de chaque nature, un tarif par diminution graduelle de 20 fous ou de 10 fous ; ces rompus, divifant exactement la livre ne laiffent aucun embarras.

387. La fétérée, l'arpent, ou toute autre mefure de terre de la meilleure qualité, peut être évaluée à des fommes différentes. Qu'elle le foit à 100 liv., ou au-deffus comme au-deffous, peu importe ; en diminuant toujours de vingt fous, le tarif eft facile à faire.

388. Suppofons que la fétérée de pré de la meilleure qualité, eft évaluée 30 l. ; on fera 32 dégrés de comparaifon. ; — le premier fera de 30 liv. ; — le fecond de 29 l. ; — le troifieme de 28 liv., — ainfi de fuite ; — le trentieme fera de vingt fous ; — le trente-unieme de dix fous, pour les terrains de très-peu

de produit; — & le trente-deuxieme, qui fera d'un fou, ou trois deniers par arpent, fera — pour les marais anciennement deſſéchés, n°. 132, — & pour la conſervation de la propriété des terrains qui ne produiſent rien, n°. 206.

389. Suppoſons une ſétérée de vigne de la meilleure qualité, eſtimée 28 livres, on fera trente degrés de comparaiſon; — le premier de 28 l.; — le deuxieme, de 27 l.; — le troiſieme de 26 l., — ainſi de ſuite; — le vingt-neuvieme fera de dix fous, — & le trentieme d'un fou, ou trois deniers, aura la deſtination expliquée, n°. 388.

390. Suppoſons une ſétérée de hautins de la meilleure qualité, évaluée 27 liv.; on fera 29 dégrés, de la même maniere que n°s. 387 & 388.

391. Suppoſons une ſétérée de terre nue de la premiere qualité, évaluée 10 liv., on fera vingt-un dégres de comparaiſon; — le premier fera de 10 l.; — le deuxieme de 9 liv. 10 fous; — le troiſieme de 9 l.; — le quatrieme de 8 l. 10 fous; — le cinquieme de 8 l., — ainſi de ſuite; — le vingtieme fera de dix fous; — & le vingt-unieme d'un fou, ou trois d. aura la deſtination expliquée, n°. 388.

392. Avec ces tarifs, un pour chaque nature de fonds cultivables, on pourra facilement évaluer tous les fonds de la même nature, de quelque qualité qu'ils ſoient. Des commiſſaires agriculteurs, pour peu qu'ils veuillent donner d'attention & réfléchir, ne ſe tromperont pas. = Suppoſons un pré, une vigne, ou une terre de la meilleure qualité, eſtimé 30 l. ils voient un autre fonds de même nature; ils le conſiderent, & comparent le ſol avec celui de la premiere qualité, qui leur eſt d'autant plus préſent, qu'ils ont vu nombre de fonds ſemblables; ils examinent s'il eſt de la même qualité, de la même bonté; s'il eſt plus ou moins pierreux; s'il y a fond de terre; s'il eſt plus ou moins éloigné du rocher, ou d'une riviere, ou d'un torrent; s'il eſt plus ou moins ram-

pant ; plus ou moins élevé au-deffus du niveau des eaux courantes ; plus ou moins expofé à la féchereffe, aux coups de vents, aux brouillards, à la rouille, au cours des eaux pluviales ; (voyez nᵒˢ. 57, 65, 229): en un mot, s'il doit produire autant ou moins que le fol de la premiere qualité ; fi la différence eft de cent fous, dix livres, quinze livres, vingt-livres ; en un mot, quel doit être fon vrai produit par comparaifon avec celui qui rend 30 livres.

393. Suppofons que cet examen fait, les commiffaires foient difcordants, ils ne le feront pas de beaucoup, s'ils font connoiffeurs. Suppofons donc que les uns l'évaluent 10 liv., les autres 11 liv., les autres 12 liv.; ils prendront 11 liv., terme moyen ; — car, outre que 11 eft entre 10 & 12, les trois nombres 10, 11, & 12, additionnés, rendent 33, dont le tiers eft 11. — Que fi quatre prix font mis en avant, par exemple, 26, 27, 28 & 29, ils prendront 27 l. 10 f., terme moyen ; car outre que 27 & ½ font entre 27 & 28, les quatre nombres 26, 27, 28 & 29, additionnés, donnent 110, dont le quart eft de 27 ½ : = de cette maniere, un rompu de 10 fous vide la difficulté ; & voilà l'avantage des tarifs, dont les parties aliquotes fe divifent exactement.

Évaluation des Propriétés, autres que les Prairies & Terres cultivables.

394. Au moyen des opérations faites depuis le nᵒ. 273, on peut évaluer toutes les propriétés cultivables ; il fuffit d'appliquer au principe, les ufages de chaque pays. = À l'égard des autres propriétés, on a expliqué tout ce qui les concerne, de nᵒ. 200 à nᵒ. 273 : on va les rappeler de fuite, ainfi que leur nᵒ. ; ce fera une forte de tab'e pour les trouver plus facilement. On fera pour les objets qui l'exigeront, les additions néceffaires ; & comme il eft quef-

172

tion d'arpent, on en donnera l'explication, n°s. 412 ; & fuiv.

395. MARAIS, TERRES VAINES ET VAGUES. = Sans produit, n°. 206 ; = avec un produit quelconque, n°. 207.

396. Marais defféchés, n°. 213.

397. Terres vaines & vagues, défrichées & mifes en culture, n°. 215.

398. TERRAINS EN FRICHE plantés en vigne, mûriers ou autres arbres fruitiers, n°. 217 ; = femés, ou plantés en bois, n°. 218. = Pour l'eftimation de chaque fonds planté d'arbres, voyez n°. 381.

399. TERRAINS EN VALEUR plantés en vigne, mûriers, ou autres arbres fruitiers, n°. 220 ; = en bois, n°. 227.

400. DÉFRICHEMENT ANCIEN, n°. 232.

401. MAISONS louées, n°. 236 ; = hors la ville ; habitées par les propriétaires, n°. 237 ; = en partie habitées, en partie louées, n°. 239 ; = inhabitées pendant toute une année, n°. 240 ; = bâtiments fervant aux exploitations rurales, n°. 241.

402. Mines & Carrieres, n°. 242.

403. FABRIQUES, MANUFACTURES, FORGES, MOULINS, & autres ufines, n°s. 243, 263.

404. BOIS en coupe réglée, n°. 244 ; = taillis, n°. 245 ; = au-deffous de l'âge de trente ans, *idem*; = âgé de plus de trente ans, — atteignant l'âge de trente ans, n°s. 246, 247, 248 ; = futayes aménagées en coupe réglée fur une communauté, — fur plufieurs, — fur plufieurs diftriéts, — fur plufieurs départements, n°s. 249 & 250 ; = non aménagées en coupe réglée, n°. 251. = L'inftruétion fur l'art. XIX, du tit. II, du décret du 23 novembre 1790, dit que pour évaluer le revenu des bois, il faut les eftimer au prix qu'ils valent fur pied, & en déduire les frais de garde & de repeuplement ; — c'eft-à-dire, que les frais de coupe reftent à la charge de l'acquéreur ; = mais des propriétaires en font faire

la coupe , foit qu'ils veuillent les confommer ou les vendre : il faut donc connoître ces frais. = Il eft des bois en plaine , des bois au pied des rochers , des bois dans les coteaux difficiles. — En plaine , il n'y a guere que les frais de coupe , qu'il eft facile de déterminer , fuivant les lieux ; — au pied des rochers , il en croît la moitié moins que dans le coteau ; l'accès en eft dangéreux , & il faut traîner les plantes au lieu où la voiture peut les charger. On ne trouve à les faire couper & amener au lieu des chargements , qu'à moitié ; de maniere que fi la coupe rend deux toifes , le propriétaire n'en retire qu'une. — Dans les coteaux, il n'y a pas de danger; il en croît un tiers plus , & il faut moins de peine pour l'amener au lieu du chargement; il fe coupe au tiers; de maniere que fur trois toifes , le propriétaire en a deux : = la différence eft ainfi de moitié.

405. TERRAINS ENCLOS, n°. 252.

406. PARCS , ALLÉES & autres terres d'agrément, n°. 253.

407. PÉAGES ET BACS fur les rivieres , n°ˢ. 254, 255.

408. CANAUX de navigation, n°. 256 ; = fur plufieurs communautés , n°. 257 ; = fur plufieurs diftricts , n°. 260 ; = fur plufieurs départements , n°. 261.

409. TOURBIERES , n°. 268.

CHAPITRE VIII.

RÉDUCTION de la Sétérée Delphinale & de l'Arpent de Roi.

410. LE décret du 23 novembre 1790 , notamment dans le titre III , a donné l'arpent pour mefure

générale ; ═ mais dans l'inſtruction ſur ce décret, une note miſe au pied du modele de la déclaration que les propriétaires doivent faire, ainſi qu'on l'a expliqué, n°. 63, porte : « La déclaration de la
» contenance de chaque propriété, ſera faite en ſe
» ſervant des meſures locales, quels que ſoient leur
» étendue & leur nom ; tels qu'arpents, journaux,
» acres, mines, &c. &c. &c. L'on ne ſera obligé de
» ſe ſervir de l'*arpent*, meſure d'ordonnance, que
» pour les terrains qui devront jouir des exceptions
» détaillées au titre III du décret ».

411. Il y a donc néceſſité de ſe ſervir, en certains cas, de l'arpent ; & par conſéquent, de connoître cette meſure, ainſi que la différence qu'il y a entr'elle & les autres. Si, par exemple, on eſt dans le cas de cotiſer, à trois den. l'arpent, des marais, terres vaines & vagues, n° 206 ; ou à un ſou, des marais anciennement défrichés, n°. 232, il faut connoître ce que c'eſt qu'un arpent.

Ce que c'eſt que l'Arpent, meſure d'ordonnance.

412. L'on entend par arpent, *meſure d'ordonnance*, ſouvent auſſi appelé *arpent de roi*, la meſure preſcrite par l'ordonnance des eaux & forêts, (ordonnance du mois d'août 1669, tit. XXVII, art. XIV). Cet arpent eſt diviſé en 100 perches de 22 pieds chacune ; ainſi, chaque perche contient, en ſuperficie, 484 pieds carrés ; & l'arpent contient 48,400 pieds carrés, ou 1344 toiſes carrées & quatre neuviemes ; la toiſe de 6 pieds, & le pied de 12 pouces. Inſtruction ſur le décret du 23 novembre 1790, tit. III.

Toiſe courante.

413. La toiſe ſe conſidere en longueur & en ſuperficie. ═ En longueur ou courante, elle a 6 pieds ; le pied 12 pouces, le pouce 12 lignes, la ligne 12

points, &c. ; c'eſt-à-dire , que la toiſe a 6 pieds, — ou 72 pouces , — ou 864 lignes ; = le pied a 12 pouces, ou 144 lignes ; = le pouce a douze lignes , ou 144 points.

Toiſe carrée.

414. La toiſe en ſuperficie a quatre côtés, chacun de 6 pieds ; ce qui la rend carrée. Multipliant donc un côté par l'autre, on trouve que la toiſe carrée a 36 pieds carrés, — le pied carré, 144 pouces carrés ; — le pouce carré, 144 lignes carrées ; — ainſi de ſuite pour les points, les ſecondes, les tierces, &c. = Ainſi, la toiſe carrée contient 36 pieds carrés, — valant 5184 pouces carrés, ou 746,096 lignes carrées ; = le pied de toiſe carré en contient 6 carrés, — valant 864 pouces, ou 124,416 lignes carrées; = le pouce de toiſe carré en contient 72 carrés, — valant 10,368 lignes carrées ; = la ligne de toiſe carrée en contient 864 carrées.

415. Lorſque l'on calcule des ſuperficies, on calcule communément par la toiſe courante, nᵒ. 413 ; mais opérant ſur des carrés, elle produit toujours des carrés, comme nᵒ. 414.

Formation de l'Arpent de roi.

416. L'arpent eſt compoſé de 100 perches. = La perche a de longueur 22 pieds, qui valent 3 toiſes 4 pieds ; — ainſi, multipliez 22 pieds par 22 pieds, & vous aurez pour la perche carrée 484 pieds carrés, valant 13 toiſ. 2 pieds 8 pouc. carrés ; — ou bien multipliez 3 toiſ. 4 pieds par 3 toiſ. 4 pieds, & vous aurez également 13 toiſ. 2 pieds 8 pouces carrés. = L'arpent a 100 perches, c'eſt-à-dire , 10 perches multipliées par 10 perches ; — ainſi, multipliez d'abord, pour avoir la longueur des côtés, 22 pieds par 10, & vous aurez pour chaque côté 220 pieds ,

valant 36 toif. 4 pieds ; — ou bien multipliez 3 toif. 4 pieds par 10, & vous aurez également 36 toif. 4 pieds ; = de fuite, pour avoir la fuperficie, multipliez 10 perches par 10 perches, c'eft-à-dire, 220 pieds par 220 pieds, & vous aurez 48,400 pieds carrés, valant 1344 toif. 2 pieds 8 pouces carrés pour l'arpent; ou — bien multipliez 36 toifes 4 pieds par 36 toif. 4 pieds, & vous aurez egalement 1344 toif. 2 pieds 8 pouces.

Formation de la Sétérée Delphinale.

417. La fétérée Delphinale, ainfi nommée, parce qu'elle eft d'ufage en Dauphiné, contient 900 toifes carrées ; — elle fe forme de 30 toif. carrées, multipliées par 30, — ou de 180 pieds carrés, multipliés par 180 pieds : c'eft la longueur de chacun de fes quatre côtés. = Elle fe divife en deux émines, chacune de 450 toif. ou 16200 pieds carrés. = L'émine fe divife en 2 quartelées, chacune de 225 toif., ou 8100 pieds carrés. = La quartelée fe divife en 4 civerées, chacune de 56 toif., ou 2016 pieds carrés ; — la quartelée fe divife encore en 6 modures, foit pugnerées, chacune de 37 toif. 3 pieds, ou 1350 pieds carrés. = La fétérée, quant aux vignes, fe divife encore en 12 portions nommées *fofferées*, (ce qu'un homme eft cenfé piocher dans un jour), chacune de 75 toifes carrées, ou 2700 pieds carrés. = Ainfi, la fétérée fe divife en 2 émines, — ou 4 quartelées, — ou 12 fofferées, — ou 16 civerées, — ou 24 pugnerées ou modures.

418. Il eft des pays où l'on compte par journal; & cette mefure, dans les cantons de la ci-devant province de Dauphiné, dans lefquels elle eft ufitée, eft de 600 toifes. Cette dénomination répond à l'expreffion *journée*; c'eft-à-dre, ce que l'on peut labourer dans un jour. Quant aux parties aliquotes, on n'en

connoît

connoît d'autres qu'un demi, un tiers, un quart de journal, &c.

Différence des Toises Royale & Delphinale.

419. L'arpent se mesure avec la toise royale ; la sétérée, le journal avec la toise delphinale. = Ces deux toises ont les mêmes parties aliquotes en pieds, pouces, lignes, points, &c. (voyez n°. 413) ; mais elles n'ont pas la même longueur. — La toise royale est réputée plus courte que la toise delphinale, de 3 pouces 9 lignes : mais on n'observe cette rigoureuse précision que lorsqu'il s'agit de toiser des ouvrages d'art. Lorsqu'il s'agit de mesurer des superficies, on calcule sur quatre pouces de moins ; la différence n'est que de $\frac{4}{864}$, puisque la toise, simple mesure, a 864 lignes, n°. 413.

420. Ainsi, la toise étant composée de 72 pouces, la toise royale a effectivement 72 pouces ; & les 72 pouces de la toise delphinale, valent 76 pouces royaux ; ce qui présente les deux fractions $\frac{72}{72}$, représentant la toise royale, & $\frac{76}{72}$ représentant la toise delphinale. = D'où il suit qu'il faut ajouter 4 pouces à la toise royale, pour l'égaler à la delphinale. = Maintenant, pour avoir la vraie différence, réduisez les deux fractions à leur plus simple expression, en divisant leurs numérateurs & leurs dénominateurs par 4 ; & vous aurez $\frac{18}{18}$ & $\frac{19}{18}$. = D'où il suit que la différence est d'un 18e. ; — & que le rapport de la toise royale à la toise delphinale, est de 18 à 19 ; — c'est-à-dire, que si à une quantité de toises delphinales on ajoute un 18e. de cette quantité, on a une quantité de toises royales équivalente ; — de même si d'une quantité de toises royales on ôte un 19e., on a dans le résidu une quantité de toises delphinales équivalente.

421. Voilà le rapport des deux toises en longueur ; il faut encore leur rapport en carré ou superficie.

Pour l'obtenir, il faut carrer les deux nombres 18 & 19, en multipliant chacun par lui-même. — 18 multiplié par 18, donne 324 ; & 19 multiplié par 19, donne 361. = Le rapport de la toife carrée royale à la toife carrée delphinale, eft donc de 324 à 361. = Et pour apprécier cette différence, divifez d'abord 324 par 37, vous aurez 9 & $\frac{18}{37}$; — ce qui donne près d'un 9e. de différence. = Divifez enfuite 361 de même par 37, & vous aurez 9 & $\frac{18}{37}$; — ce qui donne près d'un 10e de différence.

Différence entre le rapport des longueurs & celui des fuperficies.

422. Il ne faut pas confondre le rapport en longueur, n°. 420, avec le rapport en fuperficie, n°. 421 ; & celui-là fe tromperoit grandement, qui, pour obtenir des rapports proportionnels en fuperficie, opéreroit par les deux nombres 18 & 19, au lieu d'opérer par les deux nombres carrés 324 & 361. = L'on ne peut comparer enfemble que des mefures de même qualité, des longueurs avec des longueurs, des carrés avec des carrés.

423. En opérant par les nombres 18 & 19, qui donnent le rapport de la longueur de la toife royale à la toife delphinale, on ne peut obtenir que des réfultats de longueur; & ces réfultats feront toujours, favoir : — lorfque l'on voudra convertir des toifes delphinales en toifes royales d'un 18e. de la quantité des toifes delphinales, ajouté à cette même quantité; — & lorfque l'on voudra convertir des toifes royales en delphinales d'un 19e., retranché de la quantité des toifes royales, (voyez n°. 420 à la fin). = En conféquence, fi vous avez 324 toifes delphinales, ajoutez-y un 18e. de ce nombre, & vous aurez 342 toifes royales ; — de même, fi vous avez 361 toif. royales, ôtez-en un 19e., qui eft 19 & 342, qui refteront, feront des toifes delphinales.

424. En opérant, au contraire, par les nombres 324 & 361, qui donnent le rapport du carré ou de la fuperficie de la toife royale à la toife delphinale, on n'obtient que des réfultats de fuperficie ; & ces réfultats font dans une proportion différente de ceux des termes 18 & 19. — Ceux-ci font en longueur d'un 18e. de plus, ou d'un 19e. de moins, n°s. 420 & 423 ; tandis que ceux-là font en fuperficie d'un 8e. & $\frac{16}{37}$ de plus ; ou d'un 9e. & $\frac{18}{37}$ de moins, n°. 421 ; & il n'y a aucune analogie entre le produit des longueurs & le produit des carrés.

425. De là il fuit que celui qui opére fur la fuperficie par 18 & 19, ajoute aux quantités delphinales un 18e., & diminue fur les quantités royales un 19e. au-delà du vrai produit des fuperficies. $=$ Pour s'en convaincre, il fuffit, après avoir opéré par 324 & 361, d'opérer par 18 & 19, & de comparer les produits ; — & cette preuve fe trouve faite par la comparaifon de l'opération, n°. 426, avec celle, n°. 428 ; & de celle, n°. 427, avec celle, n°. 429 : elles font chacune de la même quantité, & leurs produits font bien différents.

Regle de Trois pour la longueur.

426. Venant à l'application, il faut confidérer, quant à la longueur, que fi la toife royale eft à la toife delphinale, comme 18 eft à 19, n°. 420, la quantité de toifes royales que l'on voudra convertir en toifes delphinales, fera dans le même rapport avec la quantité que l'on cherche. $=$ Or, dès que la toife royale eft plus courte que la delphinale, dès que 19 toifes royales ne valent que 18 toifes delphinales, on peut, par la regle de trois, favoir combien, par exemple, 900 toifes delphinales comprennent de toifes royales, en pofant ainfi la regle 18, 19 :: 900. X. ; — c'eft-à-dire, fi 18 toifes delphinales donnent 19 toifes royales, combien 900 toifes

180

delphinales donnent-elles de toifes royales ? Le rapport de 900, au terme que l'on cherche, eft à raifon
du rapport de 18 à 19. = Ainfi, multipliez, 900 troifieme
terme, par 19, fecond terme, vous aurez 17100 ; —
divifez enfuite 17100 par 18, vous aurez 950. =
C'eft - à - dire que 900 toifes delphinales valent
950 toifes royales, différence qui eft d'un dix-
huitieme. (Voyez n°. 420). = Cette opération fe
prouve par la fuivante.

427. De même, fi vous voulez favoir combien,
pour une quantité donnée de toifes royales, il faut
de toifes delphinales, vous confidérerez que 19 toifes royales ne valent que 18 toifes delphinales; &.
fuppofant 950 toifes royales, faifant le contraire de
la regle précédente, vous difpoferez ainfi les termes
de celle à faire, 19, 18 :: 900. X. — C'eft-à-dire,
fi 19 toifes royales ne valent que dix-huit toifes delphinales, combien 950 toifes royales donnent - elles
de toifes delphinales ? Le rapport de 950 au terme
que l'on cherche, eft en raifon du rapport de 19 à
18. = Ainfi, vous multiplierez 18 par 900, & vous
aurez 17100. — Vous diviferez enfuite 17100 par
19, & vous aurez 900. = C'eft-à-dire, que 950 toifes royales ne valent que 900 toifes delphinales,
différence qui eft d'un dix-neuvieme.(Voyez n°. 420).
= Cette opération fe prouve par la précédente.

Regle de Trois pour la fuperficie.

428. Quant à l'opération pour les fuperficies, elle
fe fait par la regle de trois comme pour les longueurs;
c'eft même principe; mais au lieu des termes 18 &
19, qui font fimples, il faut fe fervir des termes 324
& 361, qui font le carré de ceux - là. = Ainfi, &
parce que le carré de la toife delphinale contient
plus de fuperficie que celui de la toife royale; fi vous
voulez favoir combien il faut de toifes royales carrées pour faire une fétérée delphinale, qui eft de 900

toiſes, vous poſerez ainſi les termes 324, 361 : : 900.
× — C'eſt - à - dire, ſi 324 royales delphinales
valent 361 toiſes royales, combien 900 toiſes delphinales valent-elles de toiſes royales ? Ainſi, vous multiplierez 900 par 361, & vous aurez 324900. —
Vous diviſerez de ſuite 324900 par 324, & vous aurez 1002 t. 4 p. 8 p., royales. ═ C'eſt-à-dire, qu'il
faut cette quantité de toiſes royales pour faire 900
toiſes delphinales, valant une ſétérée. ═ Cette opération ſe prouve par la ſuivante.

429. De même, ſi vous voulez ſavoir combien il
faut de toiſes carrées delphinales pour faire 1002
toiſes 4 pieds 8 pouces, royales ; vous ferez la regle
de trois contraire à la précédente, & vous en poſerez
ainſi les termes 361, 324 : : 1002 t. 4 pieds 8 pouces. ×. — C'eſt-à-dire, ſi 361 toiſes royales ne valent que 324 toiſes delphinales, combien 1002 toiſes
4 pieds 8 pouces, royales, valent-elles de toiſes delphinales ? ═ Vous multiplierez 1002 t. 4 p. 8 pouces
par 324, & vous aurez 324900. — Vous diviſerez de
ſuite 324900 par 361, & vous aurez 900. ═ C'eſt-à-
dire, qu'il faut 900 toiſes delphinales pour faire 1002
toiſes 4 pieds 8 pouces, royales. ═ Cette opération ſe
prouve par la précédente.

Réduction de l'Arpent.

430. Voulez-vous ſavoir à préſent combien il faut
de toiſes delphinales carrées pour faire l'arpent de
roi, nos. 412, 416. Il faut diſpoſer les termes comme
au nᵉ. précédent, les voici : 361, 324 : : 1344 t. 2
p. 8. p. ×. — C'eſt-à-dire, ſi 361 toiſes royales ne
valent que 324 toiſes delphinales, combien 1344 t.
2 p. 8 p. royales, valeur de 1 arpent, valent-elles de
toiſes delphinales ? ═ Vous multiplierez 1344 t. 2
p. 8 p. par 324, & vous aurez 435600. — Vous
diviſerez de ſuite 435600 par 361, & vous aurez 1206
t. 3 p. 10 p. 8 l. $\frac{16}{123}$. ═ C'eſt - à - dire que cette

quantité de toifes delphinales vaut la quantité de toifes royales dont l'arpent de roi eft compofé.

431. D'après les principes & les opérations ci-deffus, on peut réduire toutes les mefures quelconques. Il fuffit d'obferver que lorfque l'on veut comparer deux mefures différentes, il faut chercher & trouver une partie aliquote de même efpece, qui devienne commune aux deux mefures. = Pour réduire les deux toifes royales & delphinales, on a trouvé que celle-ci avoit quatre pouces de plus que l'autre; c'eft-à-dire que les 72 pouces dont elle eft compofée, valoit 76 pouces de la toife royale. De cette maniere, le pouce royal eft devenu la partie aliquote commune aux deux mefures. = Il faut faire ainfi, en comparant d'autres mefures; & fi les combinaifons à faire pour les rapports, au lieu de donner des pouces, donnent des lignes, il faut prendre la ligne pour partie aliquote commune; en un mot, telle fraction qui conviendra. Ces rapports trouvés, les regles dont on a fait ufage ci - deffus font applicables aux réductions.

432. Il eft des arpenteurs qui, pour réduire les fuperficies formées de toifes royales & delphinales, ajoutent un neuvieme aux delphinales, & retranchent un dixieme des royales; de maniere qu'à 900 toifes delphinales ils en ajoutent 100, pour avoir 1000 toifes royales; & de 1000 toifes royales, ils en retranchent 100, pour les réduire à 900 toifes delphinales. = Ces opérations font évidemment fauffes, puifque 900 toifes delphinales carrées donnent 1002 toifes 4 pieds 8 pouces, royales, n° 428; — que, par conféquent, 1002 toifes 4 pieds 8 pouces, royales ne valent que 900 toifes delphinales, n° 429.

433. Pour faciliter la réduction de l'arpent, de la fétérée & du journal, on joint ici le tarif des réductions qui paroiffent les plus ufuelles.

434. · · · **TARIF**
DE RÉDUCTION.

Superficie. *Superficie.*
Mefure Delphinale. [Toife carrée.] Mefure Royale.

t.	p.	p.	l.	p.	2″	3″	4″		t.	p.	p.	l.	p.	2″	3″	4″
1	0	0	0	0	0	0	0	=	1	0	8	2	8	0	0	0
0	3	0	0	0	0	0	0		0	3	4	1	4	0	0	0
0	1	0	0	0	0	0	0		0	1	1	4	5	4	0	0
0	0	3	0	0	0	0	0		0	0	3	4	1	4	0	0
0	0	1	0	0	0	0	0		0	0	1	1	4	5	4	0
0	0	0	3	0	0	0	0		0	0	0	3	4	1	4	0
0	0	0	1	0	0	0	0		0	0	0	1	1	4	5	4
0	5	4	7	5	4	2	8		1	0	0	0	0	0	0	0
0	2	8	3	8	8	1	4		0	3	0	0	0	0	0	0
0	0	10	9	2	10	8	5		0	1	0	0	0	0	0	0
0	0	2	8	3	8	8	1		0	0	3	0	0	0	0	0
0	0	0	10	9	2	10	8		0	0	1	0	0	0	0	0
0	0	0	2	8	3	8	8		0	0	0	3	0	0	0	0
0	0	0	0	10	9	2	10		0	0	0	1	0	0	0	0

t.	p.	p. l.	p.	2″	3″	Mefure	t.	p.	p.	l.	points.
56						Modure.	62	4	0	6	
37	3					Civerée.	41	3	9 2 8 0 0		
75						Fofferée.	83	1	6	5	4
225						Quartelée.	250	4	2		
600						Journal.	668	3	1	4	
900						Sétérée.	1002	4	8		
120	0	4 9	5	3	5 $\frac{31}{361}$	Perche.	13	2	8		
1206	3	10	8 $\frac{16}{361}$			Arpent.	1344	2	8		

CHAPITRE IX.

Observation sur l'importance d'une Evaluation juste, & sur la maniere de comparer l'Evaluation du revenu avec celle des anciens Cadastres.

435. La contribution fonciere a pour base le revenu net, n°. 21 & suiv. La quotité du revenu net a été fixée, pour 1791, au sixieme, n°. 37; ce qui fait avec les cinq sous pour livre, le cinquieme & le cent-vingtieme, n°. 38. Celui qui justifie qu'il a été cotisé au-delà, a droit à une réduction, n°. 37. C'est aux communautés que l'assemblée nationale a laissé le soin de faire l'évaluation du revenu, chacune dans son territoire; & chaque communauté peut demander au directoire de son département, n°. 509, l'évaluation de son revenu. = Ainsi, avec une évaluation juste, une communauté n'a plus à craindre de supporter ni l'excès de cotisation des communautés voisines qui auroient obtenu réduction; ni les frais qu'entraîne la vérification de la réduction, qui se fait avec les communautés voisines de celle qui la demande. = Chaque communauté a donc le plus grand intérêt de faire d'abord une évaluation juste; & si elle s'apperçoit qu'elle ne l'est pas, de la rectifier.

436. Pour arriver à une évaluation juste, il faut se bien garder d'opérer arbitrairement; considérant que l'on évalue pour asseoir la base de sa propre contribution, avec l'espoir d'une réduction, si elle excede le taux déterminé, il faut craindre de rester au-dessous du vrai, pour avoir trop consulté son intérêt. Ainsi, bannissant les suggestions de l'intérêt & de la prévention, il faut opérer d'après des regles sures qui conduisent à la vérité, que la justice, enfin, de vérificateurs éclairés ne puisse pas désavouer. Il faut, en évaluant, se bien pénétrer de l'idée qu'une évaluation juste, qui détermine la vraie contribution prescrite par la loi, met à l'abri de toute surcharge.

437. Si, malgré la bonne volonté de faire une évaluation juste, on peut se tromper, il est un moyen de vérifier son erreur. Le nouveau régime exige une évaluation précise & vraie ; sous l'ancien régime, on évaluoit aussi d'une maniere qui, dans sa fiction, avoit la vérité pour principe. Les parcelaires déterminoient un signe qui désignoit les valeurs de chaque propriété. Ce signe n'étoit pas le même par-tout, mais par-tout il avoit le même effet. Seize sous, vingt sous, vingt-quatre sous, ou toute autre quotité désignoit une sétérée de la premiere qualité, soit valeur ; & des fractions de cet entier désignoient les qualités, soit valeurs inférieures. Ces signes s'appelloient *estime*.

438. Les fractions de la livre font des livres ; ainsi, l'estime totale d'une communauté ne représentoit qu'une masse de sétérées de premiere qualité. Supposons que cette estime fût de 600 livres, à raison de 20 sous pour la premiere qualité, elle représentoit 600 sétérées de la premiere valeur. Supposons qu'elle fût de 600 livres 10 sous, elle en représentoit 600 sétérées & demie. Supposons-la de 600 livres 15 sous, elle en représentoit 600 & ¾. C'est que les fractions qui représentoient des propriétés de moindre valeur étant réunies, le total formoit des livres, & chaque livre une sétérée de la premiere qualité. Y eût-il dans le territoire un tiers ou la moitié plus de sétérées que n'en représentoit l'estime totale, elles ne valoient toutes ensemble que le nombre de sétérées de premiere qualité que cette estime représentoit.

439. Ainsi, pour savoir combien de sétérées de premiere qualité comprend l'estime d'une communauté, il suffit de savoir combien de sous représentoient une sétérée. S'il falloit 20 sous, il faut diviser le total par 20 ; s'il en falloit 24, par 24 ; s'il en falloit 16, par 16. = A 20 sous, 600 livres font 600 sétérees ; — à 24 sous, 500 ; — à 16 sous, 750.

440. Les impositions d'une communauté étoient réparties sur les fonds de son territoire, au marc la

livre de fon eftime; de maniere que les fétérées de la première qualité fupportoient la plus forte cote; les autres fupportoient moins, en proportion de la fraction qui repréfentoit leur valeur. = Mais, puifque l'eftime totale repréfente des fétérées de première qualité, n°. 438; de même la fomme impofée répartie au total de l'eftime, repréfentera la cote de chacune de ces fétérées. = Si, par exemple, une communauté, dont l'eftime étoit de 600 livres, à raifon de vingt fous par fétérée de première qualité, étoit impofée 6000 livres, cette fomme de 6000 liv. divifée par 600 livres, donnoit 10 livres; c'eft-à-dire que la fétérée de première qualité étoit impofée 10 liv.

441. Ces explications données, on conçoit qu'il eft poffible, facile même de comparer le refultat de l'évaluation qu'aura faite une communauté, avec celle que préfentoit fon ancien parcelaire, & par conféquent de favoir fi la nouvelle eft plus forte ou plus foible que l'ancienne. = Et fi elle fe trouvoit plus foible, il feroit bien à craindre que la nouvelle évaluation ne fût pas jufte.

442. Pour faire cette comparaifon, il faut s'affurer de l'impofition que la communauté fupporta, par exemple, en 1789; y ajouter ce que les fonds exempts auroient fupporté, s'ils euffent été impofés proportionnellement; y ajouter encore ce que les fonds exempts & non exempts fupportoient en commun; enfin, les vingtiemes que tous payoient. Cette fomme groffe formée, il faut la divifer par celle du nombre de fétérées de première qualité, formant l'eftime totale, pour connoître l'impofition de chacune; regarder cette impofition comme formant le cinquieme & le cent-vingtieme du revenu net de cette fétérée; ajouter à cette fraction du revenu ce qui manque pour en avoir le total; & ce total trouvé, en le multipliant par le nombre de fétérées que donne l'eftime, on aura la fomme à laquelle devroit fe porter le revenu total de la communauté, fi la fomme à laquelle a été porté celui de la fétérée, étoit vraie.

443. Cette opération faite, il faut opérer auſſi ſur l'évaluation que l'on a faite; en diviſer le total par la ſomme à laquelle on aura évalué la ſétérée de meilleure qualité; c'eſt-à-dire que ſi on l'a évaluée, par exemple, à 30 liv., il faudra diviſer la ſomme groſſe par 30 liv. $=$ Si cette ſomme groſſe donnoit moins de ſétérées de premiere qualité que celle de l'eſtime ancienne, il ſeroit preſque certain que l'évaluation ne ſeroit pas juſte; puiſqu'il faudroit, pour qu'elle le fût, que la valeur actuelle du territoire fût moindre que celle qu'il avoit à l'époque du cadaſtre, antérieur peut-être d'un ſiecle.

444. Ces opérations conduiront encore à faire connoître ſi la contribution fonciere ſurpaſſe le taux déterminé par la loi; car s'il étoit vérifié qu'en 1789, les impoſitions étoient déjà à ce taux, ou à-peu-près, il ſeroit bien vérifié que la contribution fonciere l'excéderoit, puiſqu'elle eſt plus forte d'environ deux ſeptiemes.

445. Des tableaux peuvent rendre la propoſition plus ſenſible & les opérations plus faciles. On va en faire trois, & l'on commence par la communauté de Noya-rey, diſtrict de Grenoble, ſeptieme canton. $=$ Ses feux ſont, ſavoir :

Feux taillables	3 f.	$\frac{1}{4}$	$\frac{1}{96}$
Feux nobles	0 $\frac{1}{2}$	$\frac{1}{8}$	$\frac{1}{32}$
TOTAL	3	$\frac{3}{4}$	$\frac{1}{16}$

Et ſon eſtime eſt, ſavoir :

Eſtime taillable	273 l.	3 ſ.	6 d.
Eſtime noble	47	5	4
	320	8	10

446. Ses impoſitions de 1789 furent, ſavoir :

	l.	f.	d.
Principal de la taille. . . .	1264	14	0
Accessoires sur les taillables, déduction faite de quatre den. pour livre pour le collecteur .	977	13	11
Pour les taillables	2242	7	11
Si l'estime noble eût été impofée proportionnément, elle auroit supporté	388	0	1
Accessoires de la taille sur les trois ordres , déduction faite de 4 den. pour liv.	173	5	3
Corvées sur les trois ordres, les 4 den. déduits	241	9	3
Vingtieme total, les 4 deniers déduits	953	4	4
	3998	6	10

447. Les impofitions dont on vient de faire le bordereau , ont été calculées fur la totalité des eftimes de la communauté, tant nobles que taillables. Elles fe trouvent ainfi affimilées à la contribution fonciere, qui porte fur tous les fonds fans diftinction, & qui comprend tous les impôts que les propriétés foncieres fupportoient fous l'ancien régime. C'eft comme fi les fonds ci-devant nobles euffent été impofés, en 1789, en la même proportion que les fonds ci-devant taillables.

448. L'eftime de la communauté eft de 16 fous pour la fétérée de premiere qualité. Il faut donc divifer 320 livres 8 fous 10 deniers, total décette eftime, n°. 445, par 16, pour avoir le nombre des fétérées de premiere qualité, n°. 438; ou, ce qui eft la même chofe, ajouter aux 320 liv. 8 fous 10 den. , le quart de cette fomme, montant 80 liv. 2 fous 2 den.; on aura ainfi 400 fétérées deux tiers. = Divifant enfuite 3998 liv. 6 fous 10 den. , montant des impofitions, n°. 446, par 400 fétérées deux tiers , on trouvera que chaque fétérée fupportoit 9 liv. 19 fous 8 den.; & multipliant ces 9 liv. 19 fous 8 den. par 400 & $\frac{2}{3}$, on

obtiendra 3999 liv. 19 fous 4 den., fomme qui donne un fort de rôle de 32 fous 6 den. = Enfin, confidérant 9 liv. 19 fous 8 den. comme un cinquieme & & un cent-vingtieme du revenu d'une fétérée, & y ajoutant ce qui manque pour faire le revenu entier, on trouvera que ce revenu devoit fe monter à 47 liv. 18 fous 5 den. = Multipliant cette fomme par 400 & ⅔, nombre des fétérées, on trouvera que le revenu de la communauté devoit fe monter à 19168 liv. 6 fous 8 deniers.

449. Il n'eft peut-être pas hors de propos de dire que pour trouver le total de la fomme, dont une autre fomme donnée comprend le cinquieme & le cent-vingtieme, il fuffit de multiplier la fomme donnée par 4, & d'ajouter au produit qu'elle rendra un cinquieme de ce produit. = Ainfi, 9 liv. 19 fous 8 den. multipliées par 4, donnent 39 liv. 18 fous 8 den; & un cinquieme de cette fomme vaût 7 liv. 19 fous 9 den.: additionnant les deux fommes, on a 47 liv. 18 fous 5 deniers.

450. L'eftime totale de la communauté de Noya-rey repréfente 400 fétérées deux tiers, à 16 fous; à quelque fomme qu'elle évalue aujourd'hui le revenu net de la fétérée de premiere qualité de fon territoire, le total de fon évaluation doit également repréfenter 400 fétérées & ⅔ du nouveau taux; — & s'il y avoit dans fon territoire, des propriétés qui n'euffent pas été parcellées, le total de fon évaluation devroit excéder.

451. La contribution fonciere de cette communauté eft de 5671 liv. pour 1791 ; fes impofitions ne fe montoient en 1789, n°. 446, que 3998 liv. 6 fous 10 den.: la contribution fonciere furpaffe donc de 1672 liv. 13 fous 2 den. = 5671 liv., divifées à 400 fétérées ⅔, donnent à chacune 14 liv. 3 f. 3 d., qui, multipliées par 400 & ⅔, donnent un fort de rôle de 3 liv. 8 fous 6 den. = Confidérant enfuite 14 liv. 3 fous 3 den. comme un cinquieme & un

120e du revenu net, la fétérée feroit cenfée rendre
6⁷ liv. 19 fous 7 den. = Et fi la fétérée rendoit
cette fomme, le revenu total de la communauté rendroit 27236 liv. 19 fous 10 den.

452. Autre tableau pour la communauté de Saint-
Ferjus, diftrict de Grenoble, 35e. canton. = Ses
feux font, favoir :

Feux taillables.	4	$\frac{1}{3}$	$\frac{1}{96}$
Feux nobles.	4	$\frac{2}{3}$	$\frac{1}{24}$
Total.	9	$\frac{5}{96}$	

Et fon eftime eft, fuivant fon rôle de 1790,
favoir :

	l.	f.	d.
Eftime taillable.	468	7	11
Eftime noble.	426	15	3
	895	3	2

453. Ses impofitions de 1789 furent, favoir :

Principal de la taille. . . .	1684	15	0
Acceffoires, les 4 den. déduits.	1238	7	2
Pour les taillables. . . .	2923	2	2
Si l'eftime noble eût été impofée proportionnellement, elle auroit fupporté.	2663	5	8
Acceffoires de la taille fur les trois ordres, les 4 den. pour liv. déduits.	401	9	3
Corvées fur les trois ordres, les 4 den. déduits.	560	0	2
	6547	17	3

D'autre part. . . . . – . . 6547 l. 17 f. 3 d.

Vingtieme total , les 4 den.
déduits , ci. 2398   8   7

. 8946   5   10

454. L'eftime de la communauté eft de 24 fous par fétérée de premiere qualité. Ainfi, divifant 895 liv. 3 fous 2 den. , total de cette eftime, par 24 fous ; ou , ce qui eft la même chofe, diminuant fur cette fomme le fixieme , montant 149 liv. 3 f. 10 d. $\frac{1}{3}$, on aura 745 fétérées $\frac{23}{24}$. On trouvera que chaque fétérée fupportoit 11 liv. 19 fous 11 den. ; & multipliant ces 11 liv. 19 fous. 11 den. par 745 $\frac{23}{24}$; on aura 8960 liv. 7 fous 1 den. ; ce qui donnera un fort de rôle de 14 liv. 1 fou 3 den. $=$ Confidérant enfuite 11 liv. 19 fous 11 den. comme un cinquieme & un cent vingtieme du revenu d'une fétérée , on trouvera par la regle , nº. 449 , que le revenu net d'une fétérée devroit être de 57 liv. 11 f. 7 d. — Et multipliant cette fomme par 745 $\frac{23}{24}$, nombre des fétérées , on trouvera que le revenu de la communauté devroit fe monter à 42,949 liv. 5 fous 3 den.

455. La contribution fonciere de cette communauté eft de 13107 liv. 19 fous 6 den. pour 1791. Ses impofitions ne furent en 1789, nº. 453, que de 8946 liv. 5 fous 10 den. La contribution fonciere furpaffe donc de 4161 liv. 13 fous 2 den. $=$ 13107 liv. 19 f. 6 den. ; divifées à 745 fétérées $\frac{23}{24}$, donnent à chacune 17 liv. 11 fous 6 den., qui multipliées par 745 $\frac{23}{24}$, donnent un fort de rôle de 3 liv. 5 fous. $=$ Confidérant enfuite 17 liv. 11 fous 6 den. comme un cinquieme & un cent vingrieme du revenu net, la

fétérée feroit cenfée rendre 84 liv. 7 fous 2 den. ; &
fi la fétérée rend cette fomme, le revenu total de la
communauté rendroit 62930 liv. 18 fous 3 den.

456. Autre tableau pour la communauté de Biviers, diftrict de Grenoble, trente-cinquieme canton.
= Ses feux font, favoir :

Feux taillables.	3 f.		$\frac{2}{3}$	
Feux nobles	1	$\frac{1}{3}$	$\frac{1}{2}$	$\frac{1}{96}$
	5 f.		$\frac{11}{96}$	

Et fon eftime eft, favoir : .			
Eftime taillable.	422 l.	0 f.	0 d.
Eftime noble.	355	13	4
	777	13	4

457. Son impofition de 1789 fut, favoir :

Principal de la taille. . . .	1422	14	0
Acceffoires de la taille, déduction faite de 4 den. pour liv. . .	991	7	0
Pour les taillables. . . .	2414	0	0
Si l'eftime noble eût été impofée proportionnément, elle auroit fupporté.	2044	13	8
Acceffoires de la taille fur les trois ordres, les 4 den. déduits. .	227	15	11
Corvées fur les trois ordres, les 4 den. déduits.	325	17	2
Vingtieme total, les 4 den. déduits.	1461	6	11
	6473	14	8

458.

458. L'eſtime de cette communauté eſt formée de 22 ſous par ſétérée de premiere qualité : ainſi diviſant 777 liv. 13 ſous 4 den. par 22 ſous ; ou , ce qui eſt la même choſe, retranchant le onzieme de cette ſomme , il reſtera 706 liv. 19 ſous 4 den. $\frac{8}{11}$, ſomme qui , comptant la fraction pour 20 ſols , donne 707 ſétérées. = Diviſant enſuite 6473 liv. 14 ſous 8 den. par 707 , on trouvera que chaque ſétérée ſupportoit 9 liv. 3 ſous 2 den. ; & multipliant ces 9 liv. 3 ſous 2 den. par 707 , on aura 6474 liv. 18 ſous, donnant un fort de rôle de 23 ſous. 4 d. = Conſidérant enſuite 9 liv. 3 ſous 2 den. comme un cinquieme & un cent vingtieme du revenu dune ſétérée , on trouvera par la regle , nº. 449 , que la ſétérée devroit rendre 43 liv. 19 ſous 2 den. $\frac{2}{7}$: = & multipliant cette ſomme par 707, nombre de ſétérées , on trouvera que le revenu de la communauté devoit ſe monter à 31079 liv. 14 ſous 4 den.

459. La contribution fonciere de cette communauté eſt de 7436 liv. 5 ſous 3 den. , pour 1791 ; ſes impoſitions ne furent en 1789, nº. 457 , que de 6473 liv. 14 ſous 8 den. : la contribution fonciere ſurpaſſe donc de 962 liv. 10 ſous 7 den. = 7436 liv. 5 ſous 3 den. , diviſés à 707 ſétérées , donnent à chacune 10 liv. 10 ſous 6 den. , qui, multipliés par 707, donnent un fort de rôle de 5 liv. 5 ſous 3 den. = Conſidérant enſuite 10 liv. 10 ſous 6 den. comme le cinquieme & le cent vingtieme du revenu d'une ſétérée , la ſétérée ſeroit cenſée rendre 50 liv. 10 ſous 5 den. ; = & ſi la ſétérée rend cette ſomme , le revenu total de la communauté devroit rendre 35721 liv. 3 ſous 6 den.

460. Avec les opérations qui précédent , toutes les communautés peuvent comparer , comme on l'a dit nº. 442 , l'évaluation qu'elles auront faite avec l'eſtime de leur parcelaire : pour cela , l'évaluation faite , elles doivent en diviſer la ſomme groſſe , par celle à laquelle elles auront évalué le revenu net de

194

la fétérée de premiere qualité. Suppofons qu'elles
l'aient évaluée 40 liv., elles diviferont la fomme
groffe de l'évaluation par 40; & comparant ce réfultat avec celui de la totalité de leur ancienne eftime,
elles verront auffitôt fi leur évaluation repréfente
autant de fétérées de premiere qualité que l'eftime.

461. Il eft comme impoffible que le réfultat foit
égal, parce que, quand même le cadaftre auroit
compris toutes les propriétés du territoire d'une
communauté, la valeur actuelle de chacune ne fera
pas la même que lors du cadaftre. Il eft, en effet,
connu que dans prefque toutes les communautés,
les uns payoient plus, les autres moins qu'ils ne
devoient. = Mais il feroit difficile que le revenu
total ne repréfentât pas un plus grand nombre de fétérées de premiere qualité que l'ancienne eftime, —
vu que dans ce fiecle la culture a amélioré beaucoup de terres ! & la plufpart des parcélaires re-
montent au delà du fiecle.

462. *Nota.* L'évaluation générale qui doit être
faite, apportera des changements à plufieurs cotifations. Cela doit être par-tout où les uns payoient
moins & d'autres plus qu'ils ne devoient ; & ces
changements feront l'effet d'un principe évidemment jufte. Ce ne fera donc pas une raifon pour
ceux qui payeront davantage, d'en conclure qu'ils
auront été furchargés.

463. Indépendamment de l'augmentation du revenu que peuvent avoir procuré une meilleure culture
& des améliorations, le revenu de plufieurs communautés doit fe trouver augmenté de celui des
propriétés qui n'étoient pas cadaftrées ; & fur ce
point il eft conftant qu'il y en a eu d'omifes dans
plufieurs parcelaires.

464. Ainfi donc, la comparaifon de la fomme
d'évaluation du revenu avec la fomme d'eftime ancienne, doit conduire à deux obfervations. = *La*

premiere, d'examiner fi la fomme du revenu donne un refultat de fétérées de premiere qualité, femblable à celui de l'ancienne eftime : — fi le réfultat eft plus foible, il eft grandement à craindre que l'évaluation ne foit pas jufte. = *La feconde*, d'examiner fi le revenu qui doit être augmenté de celui des propriétés qui n'étoient pas cadaftrées, donne un excédant proportionnel de revenu : — fi le réfultat ne donne pas un excédant, il eft toujours plus à craindre que l'évaluation ne foit pas jufte. = Si donc ces différences s'annonçoient par le réfultat de la comparaifon, les communautés ne doivent pas héfiter de vérifier de nouveau leur évaluation, afin de favoir d'où procede la différence, & d'y remédier.

465. Les communautés ont un intérêt réel à faire les opérations, à prendre les précautions que l'on vient d'indiquer; elles doivent en recueillir deux avantages. = Le premier, de ne pas faire des évaluationr iujuftes, (voyez n°. 435) ; = le deuxieme, de pouvoir plus facilement & plus fûrement former leus demande en réduction, lorfqu'elles font au cas, *ibid*. — Si elles peuvent en effet prouver qu'en 1789 leurs impofitions excédoient le cinquieme & le cent vingtieme de leur revenu, elles auront, à plus forte raifon, prouvé que la contribution fonciere de 1791 excede ce taux.

466. Les opérations annoncées font d'autant plus néceffaires aux communautés, que le nouveau mode d'impofition va, par fa juftice, faire reffortir l'injuftice de l'ancienne maniere de la répartir. La valeur des feux n'étoit pas la même par-tout ; la valeur de l'eftime ne répondoit pas toujours à celle des feux. La comparaifon des feux & de l'eftime des trois communautés fur lefquelles on vient d'opérer, conduit au développement de cette vérité.

467. NOYAREY. Cette communauté a , favoir ;
n°. 445.

Taillables.	3 f. $\frac{1}{4}$	$\frac{1}{96}$	
Nobles.	0 $\frac{1}{2}$	$\frac{1}{3}$	$\frac{1}{32}$
Excédant en taillables. .	2 f. $\frac{58}{96}$		

Et fi 3 feux $\frac{89}{96}$ font une eftime de 320 liv. 8 fous 10 den. , — les feux taillables ne devroient fupporter que 269 liv. 2 fous 1 den. $\frac{214}{376}$; — tandis que les feux nobles devroient fupporter 51 liv. 6 fous 8 den. $\frac{142}{376}$.

468. SAINT-FERJUS. Cette communauté a , favoir ; n°. 452.

Nobles.	4 f.	$\frac{2}{3}$	$\frac{3}{33}$
Taillables.	4	$\frac{1}{3}$	$\frac{1}{96}$
Excédant en nobles. . .	0	$\frac{1}{3}$	$\frac{3}{96}$

Cependant l'eftime taillable eft de , ...	468 l.	7 f.	11 d.
L'eftime noble, de . . .	426	19	3
Excédant en taillable. .	41	12	8

Et fi 9 feux $\frac{5}{96}$ font une eftime totale de 895 liv. 3 fous 2 den. , — les feux nobles devroient en fupporter 465 liv. 12 fous 1 den. $\frac{215}{889}$; — tandis que les feux taillables devroient en fupporte 429 liv. 11 fous 0 den. $\frac{654}{889}$. = Et ce qu'il y a de remarquable , c'eft qu'en comparant l'eftime que donne le parcelaire , avec celle que devroient donner les feux , les feux taillables fupportent , à très-peu de chofe près , celle que devroient fupporter les nobles.

469. BIVIERS. Cette communauté a , favoir ;
n°. 456.

Taillables.	3 f.	$\frac{2}{3}$		
Nobles.	I	$\frac{1}{3}$	$\frac{1}{8}$	$\frac{1}{96}$
Excédant en taillables. .	2	$\frac{19}{96}$		

Cependant l'eftime taillable eft de 422 l. o f. o d.
L'eftime noble , de . . . 355 13 4

Excédant en taillable. . . . 66 6 8

Et fi 5 feux $\frac{12}{96}$ font une eftime de 777 liv. 13 fous
4 den. , — les feux taillables devroient fupporter
555 liv. 15 fous o den. $\frac{100}{493}$, — tandis que les feux
nobles ne devroient fupporter que 222 liv. 8 fous
3 den. $\frac{393}{493}$.

470. Les trois opérations précédentes prouvent
donc , comme on l'avoit annoncé , que la divifion par
feu ne répond pas à la divifion par eftime. — A
Noyarey & à Saint-Ferjus, il y a plus d'eftime taillable que de feux taillables. — A Biviers , il y a plus
d'eftime noble que de feux nobles. = La différence
à Noyarey eft petite , & ne doit pas étonner , parce
qu'il feroit difficile que la divifion par feu répondît
exactement à la divifion par eftime ; mais, à Saint-
Ferjus & à Biviers, la différence eft trop confidérable pour ne pas en conclure qu'il s'eft fait des
erreurs , & dans l'évaluation des feux , & dans celle
des eftimes. = Elles font venues ces erreurs , de ce
que , pour déterminer , entr'autres , les feux , on évaluoit arbitrairement ; & cependant , c'eft d'après les
feux que les impofitions ont été conftamment réparties
fur les communautés.

471. Une autre différence fe manifefte encore bien

fenfiblement dans la répartition des vingtiemes. =
Si Noyarey, compofé de 3 feux $\frac{88}{96}$, fupportoit 953 liv.
4 fous 4 den. de vingtieme, Saint-Ferjus, compofé
de 9 feux $\frac{5}{13}$, n'en devoit fupporter que 2203 liv.
6 fous 2 den. ; & cette communauté en fupportoit
2398 liv. 8 fous 7 den. = Biviers, compofé de cinq
feux $\frac{11}{96}$, n'en devoit fupporter que 1223 liv. 4 fous
8 den. ; & cette communauté en fupportoit 1461 liv.
4 fous 11 den.

472. Le nouveau mode de répartition fera difparoître toutes ces différences, qui étoient autant d'injuftices réelles ; mais il faut pour cela que les évaluations foient juftes. = Les uns payeront plus,
les autres moins qu'ils ne payoient ; mais c'eft que
les uns payoient plus, les autres moins qu'ils ne
devoient ; chacun payant en proportion de fon revenu,
perfonne n'aura raifon de fe plaindre, s'il n'eft cotifé
qu'à raifon de fon vrai revenu net. Mais, on le ré-
pete, il faut que les évaluations foient juftes, & les
communautés ne fauroient fe donner trop de foin
pour arriver à les faire telles. Elles s'en convaincront,
en étudiant avec attention les difpofitions de la loi,
concernant les demandes en réduction. Elles fuivent:

CHAPITRE X.

*CONCERNANT les demandes en réduction des
cotifations excédantes le taux déterminé par
la loi. (Voyez n° 616.)*

*OBSERVATION préliminaire, qui annonce
l'objet de la loi, & l'avantage que l'on
récueillera en s'y conformant.*

473. LE principal de la contribution pour 1791,
eft de 240 millions, n°. 28 — Et celui qui juftifie

qu'il a été cotifé, à raifon du principal, au-delà du fixieme de fon revenu net, a droit à une réduction, nº. 37. = 240 millions font donc le fixieme du revenu préfumé du total des propriétés de l'empire; & 1440 millons, le total de ce revenu préfumé : — car fix fois 240 font 1440. (Voyez nº. 38.)

474. Outre le principal de la contribution, il peut être perçu cinq fous par livre; — un fou pour les décharges & modérations, nº 29 ; — 4 fou pour les dépenfes des départements & diftricts, nº. 30. = Ces cinq fous pour livre rendent 60 millions, qui joints aux 240, font 300 ; & ces 300 millions font le cinquieme & le cent vingtieme des 1440 , nº. 38. = Il fembleroit fuivre de là que celui qui demande réduction, doit juftifier qu'il a été cotifé au-delà du cinquieme & du cent vingtieme de fon revenu net.

475. Mais fi les cinq fous pour livre peuvent être impofés en entier, ils peuvent ne l'être qu'en partie, nº. 30. — Le diftrict de Grenoble ne fupporte, pour 1791, que 4 fous 10 den. un quart, nº. 33. = Il faut donc, lorfqu'on demande réduction, ne s'attacher qu'à vérifier fi la cotifation, quant au principal, excede le fixieme du revenu, parce que les fous pour livre font des acceffoires certains. = Suppofons un contribuable cotifé 100 liv. à raifon du principal, il l'a été auffi pour les fous additionnels, qui ne font qu'acceffoires. — Suppofons que fa cotifation foit réduite à 80 liv., il ne fupportera en fus que les fous additionnels de 80 liv. ; — & c'eft ce qu'a voulu la loi, lorfqu'elle a donné pour bafe à la réduction l'excès du 6e. du revenu net, quant au principal de la contribution.

476. Le fixieme du revenu net eft donc la bafe de la contribution & de la réduction ; — & c'eft aux communautés que le légiflateur a laiffé le foin de faire chacune l'évaluation générale de fon revenu, nº. 77. = Elles doivent donc avoir la plus fcrupuleufe attention de faire des évaluations juftes : —

fi elles en font de fauffes , elles trompent la confiance qui leur a été donnée ; — elles s'expofent, non feulement à ne point obtenir de réduction, mais encore à fupporter des frais confidérables qui aggravent leur charge.

477. L'inftruction de l'affemblée nationale , fur le décret du 23 novembre 1790 , tit. II , art. XVIII , s'exprime ainfi : « Les évaluations que feront cette » année les municipalités, n'auront pour objet que » la répartition intérieure entre les contribuables » de leur territoire , & ne ferviront point de bafe » aux adminiftrations de département & de diftrict, » pour la diftribution entre les municipalités : ces » dernieres devront répartir la fomme qui leur fera » affignée , & feront tenues au payement de la » portion contributive fixée, fauf à former, •s'il y » a lieu, des réclamations qui feront appréciées par » les affemblées adminiftratives, fans égard pour » les évaluations trop modiques qui auroient pu être » faites par quelques municipalités ».

478. En méditant ce texte, on y découvre des principes dont il importe à tous les citoyens que les effets qu'ils doivent produire, fe réalifent. = Le revenu net eft la bafe du principal de la contribution ; il faut donc que la quotité du revenu fur laquelle doit porter la contribution, foit déterminée. — Elle l'eft pour 1791 au fixieme ; & chaque fois que le principal de la contribution changera , cette quotité fera auffi changée. = Le revenu net étant la bafe de la contribution pour tout le royaume, il faut, pour arriver à l'égalité proportionnelle , que cette bafe devienne conftante ; & pour qu'elle le devienne, il faut que le revenu de chaque communauté foit auffi conftamment déterminé. = Quand le revenu de toutes les municipalités d'un diftrict fera certain , le contingent que ce diftrict devra fupporter de la contribution, deviendra certain auffi, & par conféquent celui que devra fupporter chaque

communauté : === de même , quand le revenu de chaque diftrict d'un département fera certain , le contingent de contribution du département & de fes diftricts , le fera également. === C'eft ainfi que , de proche en proche, la bafe deviendra générale : il faudra du temps pour y arriver ; mais il dépend des communautés de le hâter, en faifant des évaluations juftes. === Chaque communauté a d'autant plus d'intérêt à une évaluation jufte, que lorfqu'une communauté demandera réduction , fa demande fera vérifiée avec les communautés voifines ; le plan de fon territoire fera levé, l'évaluation générale de fon revenu fera faite. Si elle étoit fondée, elle obtiendra réduction ; fi elle ne l'étoit pas , elle fera déboutée, & fupportera encore tous les frais. === Chaque communauté doit donc faire de férieufes réflexions fur la conduite qu'elle a à tenir ; elle fe doit bien garder de fe faire illufion , & fur la maniere d'eftimer, & fur la nature des dépenfes qui doivent être portées en déduction du produit brut, pour arriver au produit net.

479. Le contribuable qui veut demander réduction, fe pourvoit, dans les trois mois , du jour que le rôle eft mis en recouvrement ; — les communautés, dans les deux mois, du jour de la réception du mandement ; — les diftricts ont l'année entiere.

480. Aux regles prefcrites pour former, fuivre, vérifier & juger les demandes en réduction, l'affemblée nationale a réuni celles d'une entreprife bien vafte , & qui fera bien utile pour le royaume, fi elle eft une fois achevée : — c'eft celle d'un cadaftre général, nᵒ. 556, & d'un parcelaire pour chaque communauté, nᵒ. 557 : — c'eft dans cet objet que le plan de chaque communauté réclamante, & l'évaluation générale de fon revenu, font ordonnés. === De la forme particuliere dans laquelle feront faits ces plans & ces évaluations , réfultera une carte exacte & uniforme du territoire du royaume, — une évaluation

certaine de tout fon revenu, — un cadaftre général, — & un parcelaire pour chaque communauté.

481. Et pour prémunir les communautés contre les fuites des demandes en réduction des communautés voifines, la furcharge des frais & le rejet de l'excès des cotifations réduites, chaque communauté eft autorifée à demander la levée du plan de fon territoire & l'évaluation générale de fon revenu, même avant qu'il foit formé aucune demande en réduction, n°. 509. Ce moyen que leur offre la loi, doit toujours mieux les convaincre que leur repos, leur tranquillité, leur intérêt dépendent uniquement d'une évaluation jufte. Ces préalables connus, il faut paffer aux détails.

482. Les adminiftrateurs de département & de diftrict, ainfi que les municipalités, ne pourront, fous aucun prétexte, & ce, *fous peine de forfaiture*, fe difpenfer de répartir la portion contributive qui leur aura été affignée dans la contribution fonciere : favoir, aux départements, par un décret de l'affemblée nationale (l'affemblée conftituante), ou des affemblées nationales légiflatives ; — aux diftricts, par la commiffion de l'adminiftration de département ; — & aux municipalités, par le mandement de l'adminiftration de diftrict. Décret des 4 & 21 août 1791, art. Ier.

483. Aucun *département*, aucun *diftrict*, aucune *municipalité*, ni aucuns *contribuables*, ne pourront, *fous* aucun prétexte, *même* de réclamation contre la répartition, fe difpenfer de payer la portion contributive qui leur aura été affignée ; = fauf à faire .valoir leurs réclamations felon les régles ci-après prefcrites. Décret des 4 & 21 août 1791, art. II. = Les municipalités doivent bien pefer cette dipofition ; elles peuvent réclamer fi leur contribution excede le taux déterminé par la loi, n°. 473. Mais comme la contribution a pour bafe le revenu net, elles ne peuvent réclamer qu'en juftifiant que l'éva-

luation de leur revenu eft jufte, (voyez n°. 478) ; & elles ne peuvent, ni aucun contribuable, refufer, fous ce prétexte même, de payer le contingent qui leur aura été affigné. Affurés d'une réduction, s'ils juftifient qu'ils font fondés, ils doivent d'abord exécuter la loi, & cependant fe pourvoir. Les communautés n'ont rien à payer d'avance, parce que ce font les particuliers qui payent ; & le particulier qui réclame, n'eft tenu de payer que la portion de fa cotifation, échue au jour de fa demande, n°. 493.

Demandes en décharge ou réduction, par les propriétaires ou poffeffeurs. Quatre cas. A qui doivent-ils fe pourvoir ?

484. Toutes les demandes *des particuliers*, relatives aux contributions directes, doivent être adreffées au directoire du diftrict, en vertu du mandement duquel la répartition a été faite. Décret des 4 & 21 août 1791, art. II. = Si l'une des deux parties condamnées réclame, c'eft au directoire du département qu'il faut s'adreffer. Art. XVII, n°. 504.

Premier cas. Décharge & mutation de cote par erreur de nom.

485. Toutes les fois qu'une propriété aura été cotifée fous un autre nom que celui du véritable poffeffeur, la municipalité eft autorifée à accorder la décharge, & à ordonner la mutation de cote. Décret des 4 & 21 août 1791, art. III. = Sous l'ancien régime, chaque nouveau poffeffeur devoit fe charger au parcelaire, à la place de celui auquel il avoit fuccédé par acquifition ou autrement ; jufqu'alors on cotifoit celui fous le nom duquel le fonds étoit parcelé ; il étoit tenu de payer en vertu du rôle déclaré exécutoire, & il avoit contre le vrai poffeffeur l'action

... reſtitution devant le tribunal de l'élection ; la communauté n'avoit aucun pouvoir.

486. Sinon, (c'eſt-à-dire, ſi le cotiſé ne s'eſt pas adreſſé à la municipalité, ou ſi la municipalité a cru avoir des raiſons pour ne pas faire droit), la réclamation doit être adreſſée au directoire de diſtrict. Décret des 4 & 21 août 1791, art. III.

487. Le réclamant n'eſt pas obligé, pour être admis à réclamer, de juſtifier d'avoir payé d'à compte. Décret des 4 & 21 août 1791, art. III. = S'il ne poſſede pas, il ne doit rien ; s'il poſſede, il ſera tenu de payer. (Voyez nᵒ. 490.)

488. D'après la vérification des faits, le directoire de diſtrict doit délivrer une ordonnance de mutation, par laquelle il ſera dit que la cote mal-à-propos portée dans le rôle, ſous le nom du réclamant, ſera acquittée par le véritable propriétaire. Décret des 4 & 21 août 1791, art. III. = Cette ordonnance doit naturellement être remiſe au receveur de la communauté, pour l'autoriſer à recouvrer la cotiſation envers le nouveau débiteur; & le réclamant doit, en la lui remettant, en prendre décharge pour ſa ſureté.

Second cas. *Décharge pour cotiſation dans deux Communautés.*

489. Lorſque, par erreur, une propriété aura été cotiſée dans deux communautés, la réclamation contre ce double emploi ſera faite au directoire de diſtrict, dans la même forme. Décret des 4 & 21 août 1791, art. IV.

490. Le réclamant n'eſt pas obligé de juſtifier d'un payement d'à compte dans les deux communautés, mais dans une ſeulement. Décret des 4 & 21 août 1791, art. IV. = Remarquez la différence de ce cas à celui nᵒ. 487. Ici le contribuable eſt certainement débiteur, & la loi veut qu'il ne puiſſe pas refuſer de payer, même ſous prétexte de réclamation, nᵒ. 483.

= Il aura foin de payer à compte , à concurrence de ce qui fera échu, n°. 493, & de le payer fur le rôle de la communauté dans laquelle il poffede.

491. D'après la vérification des faits, le directoire de diftrict ordonnera , au profit du réclamant, la décharge de la cote portée au rôle de la communauté dans laquelle les biens ne font pas fitués. Décret des 4 & 21 août 1791, art. IV. = Le réclamant doit prendre la même précaution que n°. 488.

Troifieme cas. Réduction par furcharge.

492. Tout propriétaire, ou poffeffeur qui voudra former une demande en réduction, s'adreffera au directoire du diftrict dans l'arrondiffement duquel feront les biens qu'il prétendra être furtaxés. Décret des 4 & 21 août 1791 , art. V. = La demande en réduction peut avoir deux caufes; — 1°. l'excès du taux déterminé par la loi au fixieme du principal, n°. 473. ; — 2°. une évaluation excédante le vrai revenu du réclamant.

493. Cette demande en réduction ne peut être admife , fi elle n'eft formée dans les trois mois qui fuivront la publication du rôle de la contribution fonciere dans la communauté ; — & fi le réclamant ne juftifie avoir payé les termes de fa cotifation échus au jour où la demande fera formée. Décret des 4 & 21 août 1791, art. VI. = Voyez pour la publication du rôle, n°. 121. = La difpofition concernant le délai pour réclamer, mérite attention ; il ne faut pas le laiffer paffer, car il eft fatal. — Cependant il faut faire attention que la fin de non-recevoir n'eft que pour l'année. Si le principe de la furcharge étoit durable, on peut faire, la feconde année, ce qu'on a manqué de faire la premiere. (Voyez n°s. 511, 543 & fuiv.) = La difpofition concernant le payement eft une conféquence du principe expliqué n°. 483 ; la réclamation n'eft pas une raifon légitime pour re-

fufer de payer : voilà pourquoi il faut avoir payé les termes échus au jour de la demande.

494. Tout contribuable qui réclamera une réduction, eft tenu de joindre à fa demande ; — 1°. un extrait de la matrice de rôle de fa communauté, contenant par *fection* & *n*°. le détail de tous les biens-fonds à lui appartenant fur le territoire de la communauté , & l'évaluation de leur revenu net portée dans ladite matrice de rôle ; — 2°. une déclaration du revenu auquel il évaluera lui-même chaque article de fes biens-fonds. Décret des 4 & 21 août 1791 , art. VII. = Le revenu net eft la bafe de la contribution ; & chaque municipalité doit évaluer celui des divers fonds de fon territoire, n°. 476. Il faut donc prouver que la municipalité a trop évalué , & pour cela, préfenter une autre évaluation. = Mais cette évaluation doit être détaillée , & quant aux fruits & quant aux charges ; fans cela, il feroit impoffible de la juger. (Voyez nᵒˢ. 310, 334 , 335).

495. Le directoire du diftrict doit faire enregif-trer, par extrait, au fecrétariat, fur un regiftre d'ordre , tous les mémoires en réduction qui lui feront adreffés , *après* avoir fait conftater fi toutes les formalités pref-crites par les articles V, VI & VII, ont été obfervées par le réclamant ; & renvoyer enfuite, dans la hui-taine, chaque mémoire à la municipalité des lieux. Décret des 4 & 21 août 1791 , art. VIII. = D'après cette difpofition , la demande n'eft pas *admife* ; fi les formalités rappelées, n°. 493, n'ont pas été obfer-vées ; & elle doit être *renvoyée*, fi celles rappelées, n°. 494, ne l'ont pas été. = La note des réclamations doit être confervée , parce que de la décifion favorable , ou contraire, doit réfulter une évaluation certaine. = L'évaluation de la municipalité eft attaquée ; ainfi, c'eft à elle à délibérer fur la demande du réclamant.

496. A la réception du mémoire, le confeil géné-ral de la commune doit être convoqué, & il eft tenu de délibérer (fur le régiftre, voyez le n°. fuiv.) , dans

la huitaine au plus tard , fi la demande lui paroît *fondée* ou non, en exprimant fur chaque article , *dans le cas* de l'affirmative , à quelle fomme la réduction lui paroîtra devoir être réglée. Décret des 4 & 21 août 1791 , art. IX. = Le confeil doit s'expliquer avec juftice ; s'il y a lieu à réduction, il doit en convenir , & la déterminer d'après fes connoiffances. Mais, puifque la municipalité répond, ainfi qu'on le verra nᵒˢ. 543 & fuiv., de fon évaluation , elle doit , — lorfqu'elle y travaille pour la totalité de fon territoire , la faire dans la plus exacte juftice, & quant à l'évaluation en foi , & quant à la répartition de cette évaluation fur toutes les propriétés, eu égard à leur qualité & à leur état ; — & lorfqu'elle l'a faite, en conferver les bafes, les détails , enfin l'opération entiere , pour pouvoir y recourir lorfque le cas s'en préfente. (Voyez nº. 77).

497. Le procureur de la commune doit renvoyer, dans la huitaine fuivante , le mémoire & les pieces y jointes, avec une expédition de la délibération, au directoire du diftrict. Décret des 4 & 21 août 1791 , art. X.

498. Lorfque le confeil de la commune aura reconnu que la réclamation eft jufte, le directoire du diftrict prononcera la réduction demandée. Décret des 4 & 21 août 1791 , art. XI. (Voyez le n°. fuiv.)

499. Lorfque le confeil général de la commune aura délibéré que la réclamation n'eft fondée qu'en partie, la délibération doit être communiquée au réclamant ; celui-ci eft tenu de délarer s'il *adhere* ou *non* à la délibération ; — & *dans* le cas d'adhéfion, le directoire du diftrict doit prononcer la réduction qui aura été délibérée par le confeil général. Décret des 4 & 21 août 1791 , art. XII. (Voyez le nº. précédent).

500. Dans le cas de refus de la part du réclamant, *ou* lorfque le confeil général de la commune aura délibéré que la réclamation n'eft pas fondée , le directoire du diftrict nommera deux experts , dont

208

l'un inftruit dans l'arpentage, pour procéder à une nouvelle évaluation des biens, & au mefurage s'il eft néceffaire. Décret des 4 & 21 août 1791, art. XIII. = Remarquez que ni le réclamant, ni la municipalité ne nomment les experts; c'eft le directoire du diftrict. C'eft que tout ce qui eft relatif à la contribution & à la bafe de fa répartition, intéreffe principalement l'état; & que les corps adminiftratifs auxquels cette partie des revenus de l'état eft confiée, ne font que les exécuteurs de la loi, & font comme tels cenfés impartiaux. = Remarquez auffi que la réclamation peut avoir deux objets, & l'erreur dans les taux de l'évaluation, & l'erreur dans le mefurage de la propriété impofée. — Remarquez enfin que l'expert arpenteur n'eft que pour le mefurage, & non pas pour lever les plans, dans les cas où ils devront être ordonnés. (Voyez nos. 508, 519, 534). C'eft un ingénieur, qui doit lever les plans, nos. 520, 557.

501. Les experts doivent prendre au fecrétariat du diftrict, le mémoire & les pieces du réclamant & la délibération du confeil général de la commune. — Le directoire du diftrict doit fixer trois jours à l'avance, celui de leur defcente fur les lieux; — & il doit en être donné avis à la municipalité & au réclamant. Décret des 4 & 21 août 1791, art. XIV. = Le réclamant & la municipalité ont la faculté réciproque d'inftruire les experts qu'aucun d'eux n'a nommés. (Voyez le no. fuiv.)

502. La municipalité nommera deux commiffaires, pour être préfents aux opérations des experts; & le réclamant y affiftera par lui, ou par un fondé de pouvoir. = Les commiffaires & le réclamant indiqueront les biens, ou fourniront les autres renfeignements qui feront demandés; les commiffaires repréfenteront même la matrice de rôle de la communauté, fi les experts le demandent, no. précédent. Décret du 21 août 1791, art. XV.

503. Le directoire du diftrict prononcera, dans la quinzaine,

quinzaine après le dépôt des procès-verbaux ; — & il enverra sa décision à la municipalité, qui sera tenue de la faire *publier* le dimanche suivant. Décret des 4 & 21 août 1791, art. XVI. (Voyez nos. 121 , 524 , 533). = Remarquez cette publication ; elle montre que la réclamation intéresse tous les contribuables, & que la décision fait loi pour tous. (Voyez nos. 506 , 525, 539, 543 & suiv.) = Elle sert aussi à fixer le délai dans lequel on doit porter sa réclamation au directoire de département. (Voyez no. 505).

504. La décision du directoire de district sera exécutée *provisoirement*; — & si la partie réclamante, ou le conseil général de la commune se croit fondé à se pourvoir devant le directoire de département , il y sera procédé à la discussion & à l'examen de la réclamation, de la même maniere que devant le directoire de district. Décret des 4 & 21 août 1791, art. XVII. = Il suit de là, qu'un nouveau rapport d'experts pourroit être fait. = Quant aux dépens supportables par celui qui a succombé , voyez no. 546.

505. Aucune demande en *réclamation* ne sera reçue au département, si elle est formée avant le délai de quinzaine après la publication de la décision du directoire de district ; = ou si elle n'est pas formée, dans la quinzaine suivante. Décret des 4 & 21 août , art. XVIII. = Cette disposition mérite attention , car dans l'un & l'autre cas le délai est fatal. = Remarquez que , comme la réclamation se traite par mémoire, nulle signification n'a lieu; au point que c'est la publication faite par la municipalité, de la décision du directoire de district, qui tient lieu de notification de cette décision, & fait courir les délais prescrits pour en réclamer. = Remarquez aussi qu'il faut certainement s'instruire de la date de cette publication. L'article XVI, no. 503, dispose bien que la décision sera publiée le dimanche suivant, mais il peut arriver que la municipalité , ou ne la reçoive pas avant le dimanche, ou ne la fasse publier qu'un autre

dimanche. = La loi preſcrit de bien courts délais ; mais la contribution étant annuelle, la déciſion doit être portee dans l'année : enfin, le réclamant doit être attentif à faire conſtater par le directoire auquel il ſe préſente, la date de ſa réclamation. = Quant aux dépens ſupportables par celui qui a ſuccombé, voyez n°. 546.

506. Toutes les fois que, d'après la réclamation d'un propriétaire, il aura été procédé par experts à une évaluation, aucun des articles ainſi réglés ne pourra être cotiſe qu'en conformité de cette évaluation, pendant les dix années ſuivantes, — à moins qu'il ne ſoit fait de nouvelles conſtructions ; — ou, qu'avant ce temps, il ne ſoit procédé à la levée du plan du territoire de la communauté, & à une évaluation générale de ſon revenu. Décret des 4 & 21 août 1791, art. XIX. (Voyez nos. 525 & 539). = La déciſion ne porte que pour la propriété en l'état qu'elle eſt ; ſi ſon revenu vient à changer par de nouvelles conſtructions, une nouvelle évaluation peut être faite par la municipalité. — Il devroit en être de même ſi le fonds eſſuyoit une dégradation par une riviere , un torrent ou un autre accident, par la deſtruction auſſi des plantations, s'il y en avoit. = (Voyez n°. 226).

Quatrieme cas. Demande en réduction par pluſieurs contribuables réunis.

507. Il eſt libre à pluſieurs contribuables de ſe réunir & de former leur demande en commun. — Cette demande doit être formée, inſtruite & décidée conformément aux diſpoſitions ci - deſſus preſcrites. Décret des 4 & 21 août 1791, art. XX. = C'eſt toujours au directoire de diſtrict qu'il faut d'abord s'adreſſer.

508. Lorſque les demandes en réduction ſeront formées par un ou pluſieurs contribuables, dont les cotiſations réunies excéderont le tiers du montant du rôle de la contribution fonciere de la communauté,

& qu'il fera néceffaire d'ordonner une vérification d'experts & une nouvelle évaluation, le directoire du département, fur l'avis du directoire du diftrict, ordonnera la levée du plan du territoire de la communauté, & nommera deux experts pour faire une évaluation générale. Décret des 4 & 21 août 1791, art. XXI. = Pour la forme dans laquelle doivent être faits les plans, voyez n°. 556. = Si la réclamation d'un ou plufieurs contribuables ne porte que fur une foible portion de la contribution, la réduction ne faifant pas un changement fenfible fur la fomme groffe de 'a contribution, & par conféquent fur l'univerfalité des contribuables, ce n'eft pas le cas d'ordonner des procédures longues & difpendieufes; chacun d'ailleurs a la liberté de réclamer, à fon tour, dans une année ou dans une autre; mais lorfque les cotifations do;t la réduction eft demandée, excédent le tiers de la contribution générale, la demande porte, par le fait, contre l'univerfalité des contribuables ; c'eft le cas alors de refaire l'opération en entier; & pour la rendre invariable, il faut un plan & une évaluation générale, qui ne laiffent plus matiere à difficultés; & la bafe de la contribution de cette communauté devient fûre: c'eft à ce but auffi que tendent toutes les difpofitions de la loi. = Dans le cas prévu par l'article, ce n'eft plus le directoire de diftrict qui décide, il inftruit; & fur fon avis, le directoire de département prononce. (Voyez n°s. 510, 531).

509. Les directoires de département, fur l'avis de de ceux de diftrict, pourront ordonner la levée du plan du territoire & l'évaluation du revenu d'une communauté, lorfque cette demande aura été faite par le confeil général de la commune, même avant qu'il foit formé aucune demande en réduction. Décret des 4 & 21 août 1791, art. XXII. = Cette difpofition paroît avoir deux fins; —la premiere, d'accélérer le cadaftre général, qui doit confifter dans le plan du territoire du royaume, formé de celui de chaque com-

munauté , n°. 556 ; — la feconde, de prémunir les communautés contre l'effet des demandes en réduction des communautés voifines. Lorfqu'une telle demande eft formée, & la réduction accordée, l'excès de la cotifation fe reverfe fur les communautés du diftrict, n°. 543. Mais, lorfqu'une communauté aura, elle - même, demandé fon évaluation, elle n'aura plus ni conteftation à foutenir, ni frais, ni excès de cotifation à fupporter ; en travaillant pour former la bafe que l'affemblée nationale a ordonnée, elle aura travaillé pour elle-même. = Il eft donc à defirer que les communautés prennent ce parti, au lieu de former des demandes en réduction. = Il eft bon de prévenir qu'un décret du 21 août 1791, portoit cet article unique, qui fut enfuite inféré dans le décret général des 4 & 21, art. XXII. = Les frais de l'opération prefcrite font fupportés par tous les revenus fonciers de la communauté qui l'a demandé, n°s. 548, 550. = Pour la maniere de fe pourvoir, voyez n°. 616.

Demandes en réduction par les communautés.
(Voyez n°. 616).

510. Elles doivent être adreffées recta au directoire de département. Décret des 4 & 21 août 1791, art. XXIII & fuiv.

511. Les demandes en réduction que formeront les communautés , ne feront admifes qu'autant qu'elles feront adreffées au directoire du département , dans les deux mois du jour où elles auront reçu le mandement, & qu'elles juftifieront avoir mis les rôles en recouvrement. Décret des 4 & 21 août 1791, article XXIII. = Deux conditions de rigueur, & dont l'exécution rend non-recevable ; — 1°. le pourvoir dans les deux mois du jour où le mandement a été reçu; — 2°. juftifier que les rôles ont été mis en recouvrement. = La deuxieme a pour principe la difpofition

des art. Ier & II , (voyez nᵒˢ 482 , 483). = Remarquez , quant à la premiere , que le délai ne court contre les particuliers contribuables , nᵒ. 493 , que du jour de la publication du rôle ; c'eſt qu'ils ne ſauroient être en demeure avant de ſavoir qu'ils doivent , & ce qu'ils doivent ; — tandis qu'à l'égard des communautés , le délai court du jour qu'elles ont reçu le mandement ; c'eſt qu'elles ne peuvent pas ignorer le titre qu'elles ont en leur pouvoir. — Obſervez enfin , quant à la fin de non-recevoir , qu'elle n'eſt & ne peut être que pour l'année ; ſi le principe de la réduction eſt durable, on peut faire, la ſeconde année, ce qu'on a manqué de faire la premiere.(Voyez n ˢ. 493 , 543 & ſuiv).

512. Les demandes en réduction ne pourront être faites que par délibération du conſeil général de la commune. — La délibération ſera adreſſée avec les pieces au ſoutien , au directoire de département. = Le directoire, après vérification, la fera enregiſtrer à ſon ſecrétariat, ſur le regiſtre d'ordre, — & il la renverra, dans la huitaine, au directoire du diſtrict. Décret des 4 & 21 août 1791 , art. **XXIV.** = Sans doute , le directoire du département doit faire une ordonnance de renvoi ſur la demande , afin que la date qui doit la faire admettre, ſoit conſtatée , nᵒ. 511. = Dans pluſieurs affaires , les parties ſe pourvoient d'abord au directoire du diſtrict , & lorſqu'il a fait ſon arrêté, au département. Cela ne ſauroit ſe pratiquer ici , parce qu'il faut, avant de rien ſtatuer, examiner ſi la demande eſt admiſſible ; & c'eſt au directoire du département, que ce pouvoir eſt excluſivement confié. La diſpoſition de l'article eſt d'ailleurs préciſe.

513. Le directoire du diſtrict communiquera, dans la huitaine , le mémoire & la délibération , aux communautés du diſtrict non réclamantes, dont le territoire ſera contigu à celui de la communauté qui aura reclamé ; — & dans le cas où toutes les commu-

214

nautés contigues feroient réclamantes , le directoire
en indiquera deux autres des plus voifines. Décret
des 4 & 21 août 1791 , art. XXV. = Lorfqu'un
particulier reclame , il annonce qu'il eft plus cotifé
que les autres ; mais fa réclamation ne peut intéref-
fer que fa communauté. — Une communauté qui
réclame , fe plaint d'être plus impofée que les communautés voifines ; ainfi fa réclamation les intéreffe.
= Ainfi , de proche en proche, la contribution fera
également répartie fur toutes les communautés ; le
rejet fur elles des cotifations réduites, les amenera
néceffairement à demander une évaluation générale
de leur revenu. (Voyez n°s. 509 & 543).

514. Auffitôt que l'envoi du directoire de diftrict
fera reçu , le confeil général de chaque commune
fera convoqué ; — & il fera tenu de deliberer, dans
la quinzaine , fi la réclamation lui paroît *fondée* ou
non , & à quelle fomme la réduction demandée lui
paroitra devoir être reglée. Décret des 4 & 21 août
1791 , art XXV. = Comment les communautés voifines fe détermineront-elles à porter cet avis, fi elles
n'ont pas fait elles-mêmes une évaluation jufte ? —
Et fi la communauté réclamante en a fait une qui
lui faffe obtenir réduction , les voifines ne pourront
éviter le rejet fur elles de la cotifation réduite ,
qu'en réclamant à leur tour. — Mais le délai de
réclamer fe trouvera paffé pour elles , & elles fupporteront irrémiffiblement le furtaux de l'année. =
Il faudra toujours qu'elles en reviennent à demander
l'évaluation de leur revenu , n°. 509.

515. Les communautés pourront, avant de donner
leur avis , nommer des commiffaires pour vifiter le
territoire de la communauté réclamante, & prendre
connoiffance de la matrice de rôle, dont la repréfentation ne pourra leur être refufée. Décret des 4
& 21 août 1791 , art. XXVI. = Vifiter le territoire
de la communauté réclamante, prendre connoiffance
de fa matrice de rôle , tout cela conduit à l'examen

des fonds, de leurs qualités, de leur état, de leur produit, & par conféquent, à la connoiffance du véritable revenu total de la communauté. C'eft ainfi que, de proche en proche, le revenu de toutes fera une fois connu, ou du moins proportionnellement égalifé. = Mais pour tirer parti de ces vérifications, il faut être affuré foi - même d'avoir fait une évaluation jufte ; & fi on l'a faite, pourquoi ne pas demander *reĉta* une évaluation générale, vu fur-tout que cette opération devient indifpenfable pour arriver au cadaftre général ? Il ne faut pas attendre, pour la faire, de s'être épuifé en faux frais & en furcharge.

516. Les délibérations & avis des communautés contigues à la communauté réclamante, feront adreffées au directoire de diftriĉt, qui, fur le tout, donnera fon avis motivé, & l'adreffera au directoire de département. Décret des 4 & 21 août 1791, art. XXVII.

517. Le directoire du département prononcera fur la réduĉtion, d'après l'avis du directoire du diftriĉt. Décret des 4 & 21 août 1791, art. XXVIII. = La difpofition finale de cet article eft reftriĉtive, fuivant les cas. (Voyez les n°s fuiv.)

518. Si le directoire du diftriĉt eft d'avis que la réclamation n'eft fondée qu'en partie, fon arrêté fera communiqué à la communauté réclamante. — Cette communauté fera tenue de déclarer fi elle *adhere* ou *non* à l'arrêté; & dans le cas d'adhéfion, le directoire du département prononcera la réduĉtion propofée par le directoire du diftriĉt. Décret des 4 & 21 août 1791, art. XXIX.

519. Dans le cas où la communauté refuferoit de faire la déclaration prefcrite par l'article précédent, *ou* lorfque le directoire du diftriĉt aura délibéré que la réclamation n'eft pas fondée, le directoire du département ordonnera d'abord la levée du plan de la communauté, & nommera enfuite deux experts pour procéder à l'évaluation de fon revenu. Décret des 4

& 21 août 1791, art. XXX. = Pour la maniere de lever les plans, voyez n°. 556. = Cette difpofition a pour objet de faire entierement ceffer la conteftation, en déterminant irrévocablement la cotifation de la communauté par fon vrai revenu. (Voyez n°. 509). De là il fuit que les réclamations peuvent, doivent même infenfiblement con luire à l'évaluation du revenu de toutes les communautés ; que, par conféquent les communautés feront prudemment de la demander avant aucune réclamation. L'évaluation une fois faite, elles ne peuvent être impofées qu'à concurrence, n°. 525.

520. Toutes les fois que, par les corps adminiftratifs, la levée d'un plan fera ordonnée, elle fera faite fous la furveillance de l'ingénieur des ponts & chauffées du département, fuivant les regles qui feront prefcrites. Décret des 4 & 21 août 1791, art. XXXI. = Ces regles ont été prefcrites par décret du 16 feptembre 1791. (Voyez n°. 557).

521. Les officiers municipaux nommeront des commiffaires, pour donner à celui qui fera chargé de la levée du plan, tous les renfeignements & fecours néceffaires. = L'original du plan fera dépofé aux archives du département ; — & il en fera dépofé deux copies, *l'une* aux archives du diftrict ; *l'autre* à celles de la municipalité. Décret des 4 & 21 août 1791, art. XXXII. = Ces plans ferviront, d'après les regles prefcrites pour les faire, à former les parcelaires. (Voyez n°. 557).

522. Les experts prendront, fous leur récépiffé, au fecrétariat du département, le plan du terriroire de la communauté, & fon mémoire en réclamation, avec les pieces y jointes; — le directoire du département fixera huit jours à l'avance, celui de la defcente fur les lieux; — & il en informera le directoire du diftrict, pour qu'il en foit donné avis à la communauté *réclamante*, & à *celles* qui l'avoifinent. Décret des 4 & 21 août 1791, art. XXXIII.

523. Le directoire de diftrict & la communauté réclamante nommeront chacun *deux* commiffaires, & les communautés contigues ou voifines, chacune *un*, pour donner aux experts les indications & les autres renfeignements qui feront demandés; — les deux commiffaires de la commune réclamante répréfenteront même la matrice du rôle de leur communauté, fi elle eft demandée. Décret des 4 & 21 août 1791, art. XXXIV.

524. Le directoire du département prononcera, auffitôt après la remife du procès-verbal, — & adreffera fa décifion au directoire du diftrict, pour la tranfmettre à la municipalite, — laquelle fera tenue de la faire publier le dimanche fuivant. Décret des 4 & 21 août 1791, art. XXXV. ⸗ Voyez, pour la publication, n°s. 503, 505, 533; & pour fon effet envers les autres communautés du diftrict, les n°s 525 & fuiv. ⸗ Quant aux dépens fupportables par celles des communautés qui auront fuccombé. (Voyez n°s. 550 & fuiv.)

525. Toutes les fois qu'il aura été procédé à la levée du plan d'une communauté, & à l'évaluation de fon revenu, elle ne pourra être cotifée qu'en conformité de cette évaluation, pendant les quinze années fuivantes, — à moins qu'avant cette époque il ne foit procédé à la levée du plan du diftrict, & à l'évaluation générale de tous les revenus de fon territoire. Décret des 4 & 21 août 1791, art. XXXVI. ⸗ (Voyez n°s. 506 & 539).

Demandes en réduction par les Diftricts.

526. Ces demandes doivent être adreffées *recta* au directoire de département. Décret des 4 & 21 août 1791, art. XXXVII & fuivants, pour y être ftatué par le confeil du département, art. XLI.

527. Les demandes en réduction de la part des diftricts, feront formées dans l'année, & par délibé-

ration du confeil du diftrict.= Cette délibération, avec les pieces au foutien, fera adreffée au directoire du département. Décret des 4 & 21 août 1791, art. XXXVII. = Dès que le droit de réclamer n'eft donné qu'au confeil du diftrict, le directoire ne pourroit pas réclamer, fi le confeil ne l'avoit pas délibéré. = Si le délai accordé au diftrict eft d'une année, tandis qu'il n'eft pour les communautés que de deux mois, voyez n°. 511, c'eft que ce font les réductions obtenues par les communautés qui, généralement parlant, doivent le mouvoir. = L'année comprend naturellement l'année de la contribution; c'eft-à-dire, du premier janvier au dernier décembre; s'il n'a pas réclamé la premiere année, il peut réclamer la feconde, &c. &c.

528. Le confeil du diftrict juftifiera que fes rôles ont été mis en recouvrement aux époques fixées par la loi; — fans quoi fa réclamation ne fera par admife. Décret des 4 & 21 août 1791, art. XXXVIII. = Les rôles des communautés d'un diftrict doivent être faits, déclarés exécutoires, & renvoyés aux municipalités par fon directoire, n°s. 96, 120, 121. C'eft à chaque communauté à mettre fon rôle en recouvrement, en le remettant à fon percepteur, fous fa reconnoiffance, *ibid.* Le diftrict doit donc prendre fes précautions pour pouvoir juftifier que tous les rôles ont été mis en recouvrement; & s'il arrivoit que quelques communautés ne fatisfiffent pas aux préalables que la loi leur prefcrit, il doit les y contraindre, fans perte de temps. Alors, fans doute, leur inexactitude ne pourroit pas nuire aux autres communautés compofant le diftrict. = La difpofition de la loi eft affez précife fur la fin de non - recevoir, pour qu'on doive exiger que les municipalités l'exécutent ponctuellement pour ce qui les concerne,

529. La délibération portant réclamation fera enregiftrée au fecrétariat du département; — fon directoire communiquera la demande aux directoires des

autres diftricts, pour donner leur avis fur la réclamation. Décret des 4 & 21 août 1791, art. XXXIX.

530. Les directoires de diftrict pourront, avant de donner leur avis, nommer des commiffaires pour vifiter le territoire du diftrict réclamant, — & prendre connoiffance des matrices de rôles des communautés de ce diftrict, — lefquelles ne pourront en refufer la communication. Décret des 4 & 21 août 1791, art. X L I = Prendre connoiffance d'une piece, c'eft l'examiner dans fon dépôt, fans la déplacer; — les matrices de rôle des communautés étant par duplicata dans les diftricts, (voyez n°. 92). Il paroît que, fi les directoires de diftricts appelés à la réclamation, vouloient opérer fur ces matrices, dans le lieu de l'établiffement du diftrict réclamant, ils pourroient y prendre connoiffance des matrices de rôles. C'eft lorfqu'ils vifitent le territoire, qu'ils doivent les vérifier dans les communautés qu'ils parcourent.

531. Les délibérations & avis des directoires de diftrict, feront adreffés au directoire de département, pour être ftatué fur le tout par le confeil du département. Décret des 4 & 21 août 1791, art. X L I. — C'eft le directoire qui inftruit, c'eft le confeil qui prononce. (Voyez n°. 508).

532. Lorfque le confeil de département aura reconnu que la réclamation eft jufte, il enverra fa decifion aux directoires de tous les diftricts qui lui font fubordonnés. Décret des 4 & 21 août 1791, art. XLII.

533. Lorfque le confeil du département aura délibéré que la réclamation n'eft fondée qu'en partie, il fera connoitre fon arrêté au directoire du diftrict réclamant. — Ce directoire fera tenu de déclarer s'il *adhere* ou *non* à l'arrêté ; — & dans le cas d'adhéfion, l'arrêté fera publié & aura fon exécution. Décret des 4 & 21 août 1791, art. X L I I I. = Remarquez que les décifions s'exécutent en vertu de

220

publication & non pas de notification, nᵒˢ. 5o3, 5o5;
524.

534. Dans le cas où le directoire du diſtrict réclamant refuſeroit de faire la déclaration preſcrite par
l'article précédent, *ou* lorſque le conſeil du département aura delibéré que la réclamation n'eſt pas
fondée, le conſeil du département, *dans une ſéance
publique*, fera tirer au ſort *une* communauté par *chaque*
canton du diſtrict réclamant, & ordonnera la levée
du plan de chacune de ces communautés, conformément aux regles preſcrites. Décret des 4 & 21
août 1791, art. X L I V. = Pour la forme de lever
les plans, voyez n°. 556. = Remarquez que la
décifion du conſeil du département n'eſt définitive
que lorſqu'il a délibéré que la réclamation n'eſt fondée qu'en partie, & que le directoire du diſtrict
adhere à cette décifion, n°. 533 ; hors ce cas,
n'étant pas dit que le directoire puiſſe adhérer, il ne
le peut pas; & il faut une inſtruction ultérieure. =
Le directoire du diſtrict n'eſt pas, en effet, le repré-
ſentant des communautés; c'eſt le conſeil du diſtrict,
n°. 527 ; il ne fait qu'exécuter l'arrêté du conſeil : il
ne peut donc pas conſentir leur condamnation plé-
niere. De même, le conſeil général de la commune
repréſente la commune, & peut conſentir comme
conteſter.

535. Le directoire du diſtrict réclamant, & les
officiers municipaux des communautés dont les plans
devront être levés, nommeront des commiſſaires pour
donner à celui qui fera chargé de la levée des plans,
tous les renſeignements & ſecours néceſſaires. — Les
originaux des plans feront dépoſés aux archives du
département ; & il en fera dépoſé deux copies, *l'une*
aux archives du diſtrict, & *l'autre* à celles de chaque municipalité. Décret des 4 & 21 août 1791, art.
X L V. = Le nombre des commiſſaires n'eſt pas
fixé; c'eſt que le diſtrict & les communautés de ſon
territoire n'ayant que le même intérêt, doivent ſe

concilier. = Quant aux plans, vu les précédentes difpofitions, n°s. 5o8, 521, il y aura au diftrict une copie de tous ceux qui auront été levés, foit fur réclamation de particuliers, de communautés, foit fur la fienne; & chaque communauté aura toujours un double du fien.

536. Auffitôt après la levée des plans, le directoire du département nommera deux experts, pour procéder à l'évaluation du revenu des communautés dont les plans auront été levés. — Il leur fera remettre les plans, la demande en réclamation & pieces y jointes. — Il fixera, quinze jours à l'avance, celui de la defcente fur les lieux, & en donnera avis au directoire du diftrict réclamant, & à ceux des deux diftricts les plus voifins, — qui nommeront chacun un commiffaire pour être préfents aux opérations des experts, & faire les requifitions qu'ils croiront utiles. Décret des 4 & 21 août 1791, art. X L V I. = Lorfqu'il s'agit de la réclamation d'un particulier, c'eft le directoire du diftrict, qui nomme les experts. (Voy. n°. 5oo.) — Et lorfqu'il s'agit de la réclamation d'une communauté ou d'un diftrict, c'eft le directoire du département, qui les nomme. (Voyez n°s 5o8, 519.) = Cet article eft le feul qui admette des réquifitions. (Voyez n°s. 5o2, 523).

537. Le revenu net du diftrict fera calculé, d'après l'évaluation faite de celui des communautés vérifiées, dans la proportion de leur cote part, avec le contingent général du diftrict. Décret des 4 & 21 août 1791, art. X L V I I. = Lorfqu'il s'agit d'évaluer le revenu d'une communauté, on opère fur la communauté entiere. (Voyez n°. 519). — Lorfqu'il s'agit d'évaluer celui d'un diftrict, on n'évalue que celui d'une communauté par canton. (Voyez n°. 534).

538. Le confeil du département prononcera, lors de fa *premiere* feffion, *après* le dépôt des procés - verbaux; — & il fera connoître fa décifion à tous les diftricts qui lui font fubordonnés. Décret des 4 & 21

août 1791 , art. XLVIII. = Quant aux frais fupportables par les condamnés , voyez n°s. 553, 554.

539. Toutes les fois qu'il aura été procédé, fur la réclamation du diftrict, à la levée du plan d'une communauté par chaque canton , & à l'évaluation de leur revenu par experts , le diftrict ne pourra être cotifé qu'en conformité de cette évaluation, pendant les *vingt* années fuivantes , à moins qu'avant cette époque, il ne foit procédé à une pareille évaluation pour les autres diftricts. Décret des 4 & 21 août 1791 , art. XLIX. = C'eft que lorfque l'évaluation a été faite dans tous les diftricts, il faut prendre la proportion entre les revenus de chacun ; & c'eft ainfi que, de réclamation en réclamation, on arrivera avec le temps à une évaluation générale du revenu du royaume; vraie bafe pour la répartition de la contribution par égalité proportionnelle. (Voyez n°s. 506, 525).

Difpofition générale fur l'inftruction des demandes en réduction , & fur l'exécution des jugemens.

540. Dans tous les cas où il aura été nommé des experts , les parties intéreffées à la réclamation, feront tenues d'adreffer leurs moyens de récufation, au directoire de diftrict ou de département, avant le jour fixé pour la defcente des experts. Décret des 4 & 21 août 1790 , art. L. = Si le directoire du diftrict a nommé les experts, il faut lui adreffer les moyens de récufation ; — & au directoire de département , fi c'eft lui qui les a nommés. = Aucun article de la loi ne dit comment il fera pourvu fur la récufation.

541. Les procès - verbaux d'experts doivent être rédigés fuivant le modele joint à la loi. (Voy. n°. 542.) — Les experts les drefferont fur les lieux. — Les commiffaires & les réclamants doivent être interpelés de les figner ; & s'ils s'y refufent, il doit être fait men-

tion de leur refus. — Ces procès-verbaux ne font foumis ni au timbre, ni à l'enregiftrement ; — l'original doit en être dépofé au fecrétariat du corps adminiftratif qui aura ordonné le procès-verbal. — Il doit y être numéroté & enregiftré, — & il en doit être remis des copies aux diftricts & aux municipalités, pour ce qui les concerne. Décret des 4 & 21 août 1791, art. LI.

542. CONTRIBUTION FONCIERE.

<table>
<tr><td>

DÉPARTEMENT
d

DISTRICT
d

MUNICIPALITÉ
d

</td><td>

*A*Ujourd'hui

mil fept cent

Nous, Commiffaires-Experts fouffignés, en vertu de l'arrêté de MM. les Adminiftrateurs du directoire du diftrict de

après nous être préfentés au fecrétariat, & y avoir pris les pieces & renfeignements néceffaires, certifions nous être tranfportés dans la Municipalité de

à l'effet d'y vérifier les faits expofés dans le mémoire préfenté le

par   *demeurant*

à   *qui expofe que fa cotifation au rôle de la contribution fonciere de la Communauté de*

qui a été portée, en principal, à la fomme de   *excede le fixieme du revenu des propriétés qu'il poffede dans ladite Communauté ; lequel revenu il*

</td></tr>
</table>

a évalué dans la déclaration qu'il a fournie à l'appui de sa demande, ainsi qu'il suit.

EXTRAIT De la matrice du rôle de la Communauté de			Déclaration du Propriétaire.	Evaluation des Experts.
NOMS DES SECTIONS, & nᵒˢ des feuilles.	NATURE des Propriétés.	EVALUATION faite par la Municipalité.		

Après nous être transportés dans toutes les sections où sont situés les biens ci-dessus, accompagnés de N Commissaire, N   réclamant, avons reconnu que la premiere évaluation, faite par la Municipalité, du revenu desdits biens,

*est *   de celle à laquelle ils doivent être portés, d'après nos connoissances particulieres, & les renseignements que nous nous sommes procurés ; & que l'évaluation desdits biens peut être fixée à la somme totale de   conformément au détail ci-dessus.*

FAIT & arrété le

*N   expert. N   commis-saire de la Municipalité. N   réclamant. ***

* *Nota.* Il faudra mettre si l'évaluation est au-dessus ou au-dessous.

** *Nota.* Ce modele ne concerne que la réclamation d'un particulier.

543. Les réductions accordées doivent être , *pour l'année courante* , imputées sur le fonds des non-valeurs , & rejetées, lors de la confection du rôle de l'année suivante , sur les autres contribuables , communautés ou districts, suivant les cas exprimés aux art. Ier., II & III du tit. IV de la loi du 1er décembre 1790. (Décret du 23 novembre précédent). Décret des 4 & 21 août 1791 , art. LII. == Les art. de la loi, rappelés, disposent : — L'art. Ier , que , si la réduction de la cote d'un contribuable est prononcée , la somme excédante sera portée , la premiere année , sur le fonds des non-valeurs , & répartie les années suivantes *sur tous* les contribuables de la communauté. — L'art. II, que si la cotisation d'une communauté est réduite , l'excédant sera de même porté , la premiere année , sur le fonds des non-valeurs , & réparti , les années suivantes , sur *toutes* les municipalités du district. — Et l'art. III , qu'à l'égard des districts , les sommes excédantes des contingents réduits, seront aussi portées , la premiere année , sur les fonds des non-valeurs , & réparties , les années suivantes , sur *tous* les districts du departement. == Cette regle est une conséquence du principe suivant lequel le principal de la contribution doit entrer en totalité dans le trésor public , voyez nos 28 & 29 ; & ce qui ne rentrera pas une année , rentrera la suivante.

544. Dans le cas cependant où le montant des réductions prononcées excéderoit le *sixieme* du montant *du rôle* de la communauté , ces réductions ne feront pas imputées sur le fonds des non-valeurs ; mais le montant en sera réparti sur le rôle de l'année même , en exceptant les réclamants , au profit desquels les réductions auront été prononcées. Décret des 4 & 21 août 1791 , art. LIII. == Cet article ne regarde que les réclamations des particuliers. C'est, concernant les communautés , une exception à l'art. précédent. Les réductions , au-dessous d'un

fixieme , font reprifes , pour l'année , fur les fonds de non-valeur ; & par ce moyen , les autres contribuables n'en fouffrent pas. — Si , au contraire , elles excedent , le montant doit en être repris par impofition fur la communauté pendant l'année même ; mais les contribuables qui les ont obtenues , n'en fupportent rien. = Cela conduit les communautés à la réclamation en corps, pour arriver à une évaluation de leur revenu total, après laquelle elles ne peuvent plus être cotifées que conformément à la réduction prononcée , voyez n° 473. — Elles doivent d'autant plus réclamer , qu'il ne s'agit pas du fixieme du principal de l'impofition , comme il a été dit *ibid*, mais du fixieme du montant *total* du rôle de la communauté.

545. Les frais de levée de plan , de mefurage & d'expertife , doivent être réglés au pied des procès-verbaux, par les corps adminiftratifs qui les auront ordonnés. Décret des 4 & 21 août 1791 , art. LIV.

546. Dans le cas de réclamation d'un contribuable, contre l'évaluation faite par la municipalité de fa communauté , les frais feront fupportés par le réclamant , foit que fa demande en réclamation ait été rejetée , foit qu'il ait refufé la réduction offerte par le confeil général , fi elle eft jugée fuffifante. — Et ils feront fupportés par la communauté , fi elle a mal-à-propos contefté la demande , ou n'a confenti qu'une réduction inférieure à celle qui fera fixée. Décret des 4 & 21 août 1791 , art. LV. = Comment le condamné pourra-t-il être contraint au payement ? voyez nos 551 , 552. = Cette loi avertit les municipalités , qu'elles doivent faire une évaluation jufte , fans affection ni haine pour perfonne ; & pour y arriver , fe former des bafes fûres, voyez nos 273 & fuiv. = Elle avertit également les particuliers, de ne pas s'élever , fans de juftes motifs, contre l'évaluation de leur municipalité. = En gé-

néral, les communautés ne feront jamais dans le cas d'obtenir des réductions, fi elles n'ont pas été juftes dans l'évaluation du revenu total : toutes les difpofitions de la loi leur montrent qu'elles ne pourront en obtenir que fur le fondement d'une cotifation excédant leur revenu, & non pas fur le fondement qu'elles font plus impofées que les autres communautés.

547. Il en fera de même, lorfque plufieurs contribuables fe feront réunis pour former leur demande en réclamation, & lorfqu'elle n'aura point donné lieu à la levée d'un plan général de la communauté. Décret des 4 & 21 août 1791, art. LVI ; voy. le nº précédent.

548. Dans le cas où la demande en réclamation d'un ou plufieurs contribuables, dont les cotifations réunies excéderont le tiers du montant du rôle de la contribution fonciere de la communauté, nº 508, fera rejetée, après avoir donné lieu à la levée du plan général de la communauté, les frais feront fupportés par tous les revenus de la communauté, en évaluant, pour cette répartition, au double de leur revenu, les biens des contribuables réclamants. Décret des 4 & 21 août 1791, art. LVII. ═ Cette difpofition a pour principe que, dans un temps ou dans un autre, chaque communauté doit faire faire, à fes frais, le plan de fon territoire, & l'évaluation générale de fon revenu ; afin d'obtenir, fur le plan du royaume, le cadaftre général ; & fur le plan des communautés, leur parcelaire. Voy. nºs 556, 557.

549. Dans le cas, au contraire, où la réclamation des contribuables fera admife, les frais feront fupportés par tous les revenus de la communauté, en évaluant, pour cette répartition, les biens des contribuables réclamants, à la moitié feulement de leur revenu. Décret des 4 & 21 août 1791, art. LVIII. ═ Les frais fupportables par les contribuables réunis qui ont fuccombé, font réglés à une cotifation double,

non pas de celle à laquelle ils étoient taxés, mais de leur revenu, n° 548 ; & ceux fupportables par la communauté qui a fuccombé, font, par réciprocité, de ne cotifer les réclamants qu'à la moitié de la cotifation de leur revenu ; moitié qui, par conféquent, fe réverfe fur les autres contribuables.

550. Dans le cas où une communauté aura demandé la levée du plan de fon territoire, les frais feront fupportés par tous les revenus fonciers de la communauté, au marc la livre. Décret des 4 & 21 août 1791, art. LIX. Voy. n° 509.

551. Les frais auxquels aura été condamné le contribuable, feront, à défaut de payement dans le mois, portés par émargement à fa cote, avec les taxations du receveur, en proportion ; & les revenus du contribuable feront affectés au payement de la fomme émargée, comme pour la contribution même. Décret des 4 & 21 août 1791, art. LX. Voy. n° 546.

552. Le montant des frais auxquels fera condamnée une communauté, fera émargé fur le rôle de fa contribution fonciere, les cotes des réclamants exceptées ; mais ces émargements ne pourront, chaque année, excéder la moitié du principal de la contribution. Décret des 4 & 21 août 1791, art. LXI. Voy. n° 546.

553. Si, d'après la vérification ordonnée par le confeil de département, fur la réclamation d'un confeil de diftrict, la demande eft rejetée, les frais feront fupportés par le diftrict, & répartis, l'année *fuivante*, fur toutes les communautés qui le compofent. Décret des 4 & 21 août 1791, art. LXII. = Cette difpofition prend fon principe dans celle de l'art. XXXVII, qui donne l'année aux diftricts pour former leur demande, n° 527, & dans la longueur des opérations qu'elle entraîne.

554. Si la réduction eft ordonnée au profit du diftrict, les frais feront répartis, l'année *fuivante*, fur les autres diftricts du département. Décret des 4 &

21 août 1791, art. LXIII. = Cette difpofition eft une conféquence de celle du n° précédent.

555. Si c'eft une adminiftration de département, qui fe croit fondée à réclamer, elle s'adreffera, par une pétition, à la légiflature. — Le rejet de la fomme excédante fe fera *de même*, la premiere année, fur le fonds des non-valeurs; & les fuivantes, par reverfement, fur tous les autres départements. Décret du 23 novembre 1790, tit. IV, art. IV. = *De même:* cette expreffion fe rapporte à la difpofition concernant les diftricts, n° 543.

Difpofitions pour un Cadaftre général, & pour des Parcelaires.

556. L'affemblée nationale, confidérant qu'il étoit néceffaire de prefcrire, pour les plans qui feront levés en vertu des art. XXI & XXX (& XLIV) du décret des 4 & 21 août 1791, (voy. n°s. 508, 519, 534,) des regles uniformes, de lier la levée de ces plans à des opérations plus étendues, & de les diriger toutes vers la confection du cadaftre général, qui aura pour bafe les grands triangles de la carte de l'académie des fciences, a fait, par un nouveau décret du 16 feptembre 1791, les difpofitions qui feront rappelées ci-après. = Les difpofitions du décret des 4 & 21 août 1791, faifoient penfer qu'un cadaftre général réfulteroit inévitablement des opérations qu'il prefcrivoit; & le décret du 16 feptembre ne permet pas d'en douter. — Il réfultera de là que l'on aura une carte exacte & uniforme du territoire de la France, & que fon revenu total fera invariablement connu. — Mais jufqu'à ce que la difpofition qui fera rappelée n° 564, ait été exécutée, il paroît impoffible de lever des plans tels que les prefcrit le décret du 16 feptembre 1791; de maniere que fi les diftricts ou les départements en ordonnent, ils ne feront que provifoires. — Cependant, il paroît que, pour faire droit .

fur les demandes en réduction, il peut fuffire d'ordonner l'évaluation générale des communautés réclamantes, fauf à procéder à la levée du plan, quand les préalables préfcrits par la loi auront été remplis.

557. Lorfqu'il fera procédé à la levée du plan du territoire d'une communauté, nos 508, 519, 534, en vertu de l'ordonnance du directoire du département, l'ingénieur chargé de l'opération, no 520, fera d'abord un plan de maffe, qui préfentera la circonfcription de la communauté & fa divifion en fections, & formera enfuite les plans de détail qui compoferont le parcelaire de la communauté. Décret du 16 feptembre 1791, art. Ier. === Faire un plan de maffe, c'eft faire un plan dans lequel eft exprimé l'enfemble des parties principales du territoire, auffibien que la grandeur de leurs dimenfions. === Former les plans de détail, c'eft détailler, dans les fections, chaque article de propriété ; & c'eft ce détail qui compofe le parcelaire.

558. L'ingénieur prendra toujours pour bafe une ligne droite, dont les deux points extrêmes feront reconnus par les officiers municipaux, qui en drefferont procès-verbal, & les feront marquer par des bornes, à la confervation defquelles ils veilleront, pour que cette bafe puiffe être retrouvée, lorfqu'il y en aura befoin. Décret du 16 feptembre 1791, art. II.

559. L'original du plan de la communauté fera dépofé aux archives du département, conformément à l'art. XXXII du décret des 4 & 21 août 1791 ; voy. no 521 ; & l'ingénieur aura foin d'y noter les points qu'il aura déterminés géométriquement. Décret du 16 feptembre 1791, art. III.

560. Les directoires de département feront procéder, en une ou plufieurs années, à la détermination géométrique de tous les clochers & autres points remarquables, fitués dans l'étendue de leurs départements. Décret du 16 feptembre 1791, art. IV. === Avant de pouvoir remplir la difpofition de cet article,

il faut que celle de l'article VI, n⁰ 562, ait été exécutée.

561. Le miniftre des contributions publiques choifira l'un des infpecteurs généraux, ou l'un des ingénieurs des ponts & chauffées, & le chargera de la direction générale de ces opérations. Décret du 16 feptembre 1791, art. V.

562. Le miniftre des contributions publiques fera recueillir, dans le bureau *de cette direction*, tous les points déterminés géométriquement, tant par les grands triangles de la carte de l'académie, que par les travaux, foit des officiers du corps du génie, foit des ingénieurs géographes du département de la guerre, foit des ingénieurs des ponts & chauffées, & fera envoyer aux directoires de département le tableau de ceux de ces points qui feront dans chacun de leurs arrondiffements refpectifs, pour fervir aux opérations prefcrites par l'article IV. Décret du 16 feptembre 1791, art. VI. (Voy. n° 560.)

563. Il fera envoyé à chaque directoire de département une toife étalonnée fur celle de l'académie; & cette toife fervira pour étalonner celle que l'on employera dans tous les travaux qui feront exécutés dans tout le département. Décret du 16 feptembre 1791, art. VII.

564. Le miniftre des contributions publiques préfentera inceffamment à l'affemblée nationale, une inftruction fur les moyens d'exécution des différentes opérations prefcrites ci-deffus, & dans laquelle on déterminera une échelle uniforme pour les plans de maffe, une autre pour les parcelaires, & une autre pour l'intérieur des villes ou villages, fi elle eft jugée néceffaire; & cette inftruction fera envoyée à tous les départements, qui feront chargés de publier une table comparative des mefures ufitées dans leurs départements, avec la toife de l'académie. Décret du 16 feptembre 1791, art. VIII.

CHAPITRE XI.

CONCERNANT les Dégrevements.

565. LORSQUE par la stérilité de l'année, la grêle, la gelée, l'inondation, ou autres vimaires, la récolte, les maisons & bâtiments d'un *contribuable*, ou d'une *communauté*, auront été détruits en totalité, ou en grande partie, le contribuable, ou la communauté, en donnera connoissance au directoire de district, qui nommera, sans délai, un ou plusieurs commissaires, membres du conseil du district, pour se transporter sur les lieux, vérifier les faits, & en rapporter procès-verbal, qui sera déposé aux archives du district. — Copie pour extrait en sera envoyée au directoire du département. Décret du 26 septembre 1791, art. XXXVII. === Le mot *vimaire*, vieux terme, dérivé du latin, signifie *force majeure*. === Remarquez que la disposition de la loi comprend tout ce qui supporte la contribution : la récolte, les maisons & bâtiments. === Remarquez aussi que les commissaires, chargés de la vérification des lieux & des faits, doivent être pris parmi les membres du conseil du district ; c'est que, en regle générale, le directoire doit toujours être séant. === Sous l'ancien régime, c'étoient les officiers municipaux qui dressoient procès-verbal des dommages.

566. Si les récoltes de la majeure partie des communautés d'un district ont essuyé des fléaux ou vimaires, le directoire du district en donnera avis à celui du département, qui nommera un ou plusieurs commissaires parmi les membres du conseil du département, pour se transporter sur les lieux, & dresser procès-verbal des pertes. Il en sera fait deux

expéditions : l'une fera dépofée aux archives du département ; l'autre, à celle du diftrict. Les extraits de ces procès-verbaux feront adreffés au corps légiflatif & au miniftre des contributions. Décret du 26 feptembre 1791, art. XXXVIII. == Dans le cas de cette loi, ce ne font plus des membres du confeil du diftrict qui doivent être nommés commiffaires pour la vérification des lieux ; ils doivent être nommés parmi les membres du confeil du département.

567. Les directoires de département feront, chaque année, dreffer l'état des pertes réfultantes des caufes ci-deffus mentionnées ; & le confeil du département diftribuera entre les diftricts, les fommes, ou partie des fommes, faifant le fonds deftiné aux décharges ou réductions, remifes & modérations, ou fecours, & qui eft à la difpofition du département. Décret du 26 feptembre 1791, art. XXXIX. Voyez n° 29.

568. Lorfque l'affemblée nationale légiflative aura accordé, fur les fonds de non-valeur dont la difpofition lui eft réfervée, une fomme en dégrevement, le confeil en fera la répartition entre les diftricts de fon territoire. Décret du 26 feptembre 1791, art. XL.

569. Les directoires de diftrict feront, entre les communautés, la répartition des fommes qui leur feront allouées. == Lorfqu'il n'y aura qu'une partie des contribuables d'une communauté qui auront effuyé des dommages, la répartition de la fomme qui aura été accordée, fera faite par le directoire du diftrict, fur l'avis de la municipalité. == Une portion des fecours à diftribuer, pourra être accordée aux fermiers, métayers ou colons. Décret du 26 feptembre 1791, art. XLI.

CHAPITRE XII.

CONCERNANT la retenue à faire fur toutes fortes de rentes ou intérêts.

570. LES propriétaires dont les fonds font grevés de rentes ci-devant feigneuriales ou foncieres, d'agrier, de champart ou d'autres preftations, *foit* en argent, *foit* en denrées, *foit* en quotité de fruits, doivent faire, en acquittant ces rentes ou preftations, une retenue proportionnelle à la contribution. Décret du 23 novembre 1790, tit. II, art. VI. == La quotité de cette retenue a été fixée au cinquieme du montant defdites rentes pour 1791, — & pour tout le temps pendant lequel la contribution fonciere reftera dans les proportions fixées pour ladite année. Décret du 7 juin 1701, art. Ier. Voy. n° 574. == La premiere loi établiffoit le principe & le droit, la feconde n'a fait que fixer la quotité ; & comme la retenue permife doit marcher de pair avec la contribution, dès le jour où elle a dû commencer, peu importe l'époque de la publication de ces loix ; la contribution étant due depuis le 1er janvier, la retenue l'eft depuis le même jour.

571. Les débiteurs d'intérêts & de rentes perpétuelles, conftituées avant la publication du décret du 23 novembre 1790, & qui étoient autorifés à faire la retenue des impofitions royales, doivent auffi faire la retenue à leurs créanciers, dans la proportion de la contribution fonciere, tit. II, art. VII de ce décret ; — & la quotité en a également été fixée au cinquieme, par l'art. Ier du décret du 7 juin 1791. Voyez n° 574.

572. Les débiteurs des rentes ou penfions viage-

res, conftituées avant la même époque, & fujettes aux mêmes conditions, (voyez le n°. précédent), doivent auffi faire la retenue, favoir : ⸗ Si le principal eft connu, à raifon du cinquieme du revenu que le capital produiroit au denier vingt ; — & fi le capital n'eft pas connu, au dixieme du montant de la rente ou penfion viagere. Décret du 23 novembre 1790, tit. II, art. VIII ; & décret du 7 juin 1791, art. II.

573. Le débiteur de ces rentes ou preftations doit faire la retenue, au moment où il les acquitera. ⸗ Elle fera faite en argent, fur celles en argent, & en nature, fur les rentes en denrées, & fur les preftations en quotité de fruits. Décret du 7 juin 1791, art. III. (Voyez n°. 570.)

574. Cette retenue n'a pas lieu fur les preftations ou rentes, rappellées aux numéros précédents, fi les baux à rente ont été faits fous la condition de la non-retenue des impofitions royales. Décret du 23 novembre 1790, tit. II, art. VI ; & décret du 7 juin 1791, art. I.er. ⸗ Mais cette difpofition ne doit s'entendre que des contrats où la ftipulation de la non-retenue étoit licite : or, elle ne l'étoit pas entr'autres pour l'intérêt du fimple prêt. Les débiteurs euffent-ils promis de ne pas faire la retenue, la loi regardoit la claufe comme non écrite, & les autorifoit à la faire. ⸗ Ainfi, rapprochant la préfente difpofition de celle n°. 571, il ne faut exclure de la retenue fur les rentes créées antérieurement à la nouvelle loi, que celles pour lefquelles les loix anciennes autorifoient à en ftipuler la franchife; pour les contrats formés après, il faut fe conformer à la difpofition de l'art. qui fuit.

575. Depuis la publication du décret du 23 novembre 1790, les ftipulations entre les contraclants fur la retenue de la contribution, ont été entierement libres. ⸗ Mais elle aura toujours lieu, à moins que le contrat ne porte la condition expreffe de non-retenue. Décret du 23 novembre 1790, tit. II, art. IX.

236

= Cette difpofition laiffe liberté entiere ; mais en la laiffant, elle donne à entendre ce qu'on doit faire.

576. On a vu, n°. 20, que les propriétaires de rentes ci - devant feigneuriales, foncieres, champ- parts, &c. ne contribuent pas directement pour ces fortes de biens ; ce font les débiteurs de ces droits, qui leur en font la retenue. (Voyez n°. 570). Les propriétaires n'étoient non plus impofés, quant à ce, fous l'ancien régime, qu'au rôle des vingtie- mes. = Cependant il étoit des lieux où vraifembla- blement ils étoient cotifés, puifque l'affemblée na- tionale a rendu le 29 feptembre 1791, le décret fui- vant, pour prévenir le double emploi, & de la contribution, & de la retenue. = « Les propriétai- » res de redevances annuelles *foumifes* à la retenue » du cinquieme, font autorifés à faire à leurs muni- » cipalités, déclaration de la contenance & du pro- » duit des héritages & biens-fonds qu'ils poffédent » dans le territoire de la commune ; à laquelle dé- » claration ils joindront la quittance du payement » de la moitié de la contribution fonciere defd. biens ; » & vérification faite par la municipalité, de l'exac- » titude defdites déclarations, fur l'avis du directoire » du diftrict, ils feront, par le directoire du depar- » tement, déchargés de payer l'à compte de moitié » de la portion de contribution directe, qui auroit » eu rapport à leur revenu en rentes ou redevances, » fur lefquelles la retenue du cinquieme leur a été » ou leur fera faite par les redevables ». = Sans doute qu'en 1790, les ci-devant privilégiés furent cotifés dans quelques communautés, pour raifon de cette forte de revenu. Lorfqu'enfuite la loi qui a ordonné la retenue, a été promulguée, & que l'à compte provifoire d'une moitié de l'impofition de 1790 a été ordonné en diminution de l'impofition de 1791, l'affemblée nationale à voulu faire ceffer le double emploi.

CHAPITRE XIII.

Comparaison de la Contribution Fonciere, avec les Impositions de 1789.

577. Une erreur dangéreuse a été répandue en France. La contribution fonciere, a-t-on dit, surpasse de la moitié les impositions qui se percevoient sous l'ancien régime.

578. Ce sont les ennemis de la constitution qui ont créé & propagé cette erreur ; & quelques citoyens des campagnes, naturellement confiants, quelquefois foibles par défaut d'instruction, en ont sucé le poison fatal.

579. Il faut détromper les patriotes par des faits & des preuves, & laisser aux méchants leurs remords.

580. Chacun sait que sous l'ancien régime, les impositions connues sous le nom de taille & d'accessoires, étoient supportées par les seuls taillables ; la noblesse ne contribuoit qu'aux vingtiemes, le clergé ne contribuoit pas, & la taille & les accessoires formoient environ les deux tiers du tout. Les taillables payoient donc eux seuls, les deux tiers des impositions foncieres, & leur contingent de l'autre tiers.

581. Que l'état eût besoin d'une augmentation d'impôts, cette augmentation étoit portée sur la taille ou ses accessoires : c'étoient donc les taillables seuls qui supportoient les augmentations ; la noblesse ne contribuoit qu'aux vingtiemes.

582. Personne n'a oublié l'état de crise où se trouva la France en 1788. La révolution en a été la suite,

238

& la révolution anéantissant tous les priviléges , a ramené les François à l'égalité primitive qu'ils tenoient de la nature. La contribution est également répartie fur tous les propriétaires.

583. Dans la ci-devant province de Dauphiné, où la taille , de perfonnelle qu'elle fut d'abord , étoit devenue réelle , les fonds ci devant nobles formoient à - peu - près le tiers de ceux qui étoient cadaftrés. (Voyez l'introduction, n°. 35.) Les deux tiers qui étoient taillables, fupportoient toutes les impofitions; & les chofes ont fubfifté en cet état jufqu'à l'établif- fement des vingtiemes; impôt qui s'étendit fur tcus les poffeffeurs, mais qui ne date que d'environ cin- quante ans. Avec la circonftance que trois vingtiemes & les deux fous pour livre ont été perçus de 1759 à 1764, & de 1783 à 1787, pendant huit ans & trois mois.

584. Le nouveau régime a réuni toutes les impo- fitions que les propriétaires fupportoient ; il n'y a plus qu'une contribution fonciere, & toutes les pro- priétés la fupportent également , d'après le revenu qu'elles produifent. Non-feulement les propriétés ca- daftrées la fupporteront ; celles qui ne l'étoient pas , la fupporteront également ; & il n'eft peut-être au- cune communauté , où il n'y eût des propriétés non cadaftrées , qui , par conféquent, ne contribuoient pas.

585. Quelques poffeffions de particuliers n'étoient pas cadaftrées ; la majeure partie des communaux ne l'étoient pas ; les montagnes que des particuliers cultivoient , au moyen d'un droit de tâche envers le propriétaire ; celles encore deftinées au pâturage de grands troupeaux de moutons, bœufs & vaches ; les forêts qui font comme innombrables, & produi- fent de grands revenus; les canaux de navigation, les péages, les bacs ; ces propriétés, & d'autres encore, n'étoient pas cadaftrées.

586. Les rentes ci-devant feigneuriales , & les

rentes foncieres n'étoient pas impofées à la taille ; les rentes feigneuriales payoient feulement les vingtiemes. Aujourd'hui les propriétaires des fonds affervis à ces rentes payent la contribution, fans déduction de ces charges; mais ils la retiennent fur ceux à qui elles appartiennent.

587. Cette déduction diminue d'autant la contribution des propriétaires fonciers ; & fi l'on confidere, d'une part, que dans la plufpart des ci-devant feigneuries du royaume, on fuivoit la maxime, *nulle terre fans feigneur*; d'où il fuivoit que toute propriété étoit affervie à une rente quelconque : d'autre part, qu'en Dauphiné, où les terres étoient très-chargées, la réduction n'étoit admife que de ce qui excédoit un quartal par fétérée, nᵒˢ 417, 434, & qu'encore on exceptoit de la réduction les rentes relevant du haut fief, ainfi que celles impofées fur des bâtiments : enfin, que dans plufieurs contrées du royaume, des propriétaires d'immeubles, chargés de rentes féodales, les albergeoient à d'autres, fous des rentes foncieres, connues fous le nom de *rentes mortes*. Si l'on fait toutes ces confidérations, on fentira que la généralité des propriétés, compenfation faite de celles qui étoient libres, avec celles qui devoient plus ou moins, peut être regardée comme chargée d'environ un quartal de froment par fétérée.

588. Ainfi, quelle que foit la contribution fonciere, elle n'eft pas plus forte que fous l'ancien régime, fi la fomme groffe ne préfente que, 1ᵒ. ce que les ci-devant taillables étoient en coutume de payer ; 2ᵒ. ce que les privilégiés auroient payé, s'ils euffent été impofés en la même proportion ; 3ᵒ. ce que doivent payer les propriétés non cadaftrées ; 4ᵒ. ce dont les propriétaires fe prévalent pour la retenue du cinquieme fur les rentes ci-devant feigneuriale & fonciere.

589. Ces explications données, il faut comparer les impofitions de 1789 avec la contribution fonciere

de 1791. On prend les impofitions de 1789, par préférence à celle de 1790, parce qu'en 1790, non-feulement les privilégiés fupporterent une part de ce que les ci-devant taillables avoient toujours fupporté feuls ; ceux-ci furent encore foulagés du montant de ce que les privilégiés auroient dù fupporter pour es fix derniers mois de 1789 ; fomme qui fut répartie en moins impofé fur les taillables. D'ailleurs on n'impofa pas en 1790 ce qui étoit annuellement impofé pour les travaux publics ; & de là il réfulta que les taillables ne payerent pas la moitié de ce qu'ils payoient précédemment. ⹂ Nous allons opérer fur la ci-devant province de Dauphiné, fucceffivement fur le département de l'Ifere.

590. *TABLEAU comparatif des Impofitions de 1789 , avec la Contribution fonciere de 1791 , pour la ci-devant province de Dauphiné.*

liv. f. d.

L'impofition principale fut de 1,268,261 2 1

L'impofition ac-   *liv. f. d.*
ceffoire fut de . . 1,120,932 13 4

Il faut en déduire
pour ducats Brian-
çonnois, dette par-
ticuliere de ce pays,   8416 15 0

Refte . . . 1,112,515 18 4

Il faut encore dé-
duire la portion im-
pofable fur les trois   896,726 2 3
ordres, pour la re-
porter ci-après. . . . 215,789 16 1

Sur les feuls Taillables. 2,165,587 4 4

3291 feux $\frac{17}{24}$ $\frac{5}{248}$ $\frac{3}{1152}$ taillables fupporterent cette fomme. Si 1494 feux

liv. f. d.

Ci-contre 2,165,587 4 4

²⁴⁄₂₄ ¹¹⁄₂₄₈ ¹⁄₁₁₅₂ nobles avoient contribué
pour une fomme proportionnelle, ils
auroient fupporté 983,211 17 4

Sur les Trois Ordres.

La fomme ci-deffus déduite fur
l'impofition acceffoire 215,789 16 1

– Impofition pour travaux publics ;
favoir : fur les taillables, 77,514 l.
Et fur les nobles, pour
les égalifer avec les taillables qui avoient déjà
fupporté feuls 125,574 l. 169,701 0 0
en 1788. . . . . . 92,185 l.

En remplacement de la corvée, 300,000 0 0
Frais de département dans les
élections 12,300 8 4
Vingtiemes 1,162,468 0 0

La ci-devant province de Dauphiné
profitoit, par le moyen d'un abonne-
ment qui ne pouvoit fubfifter fans
contrarier l'abolition de tous privileges, de 86,320 19 0

TOTAL. 5,095,379 5 1

La contribution fonciere des trois départements
formés de la ci-devant province de Dauphiné, eft,

S A V O I R :

Pour le département de l'Ifere, de 3,181,800 0 0

Q

De l'autre part. . . . . 3,181,800 l. o f. o d.

Pour celui des Hautes-Al-
pes, de 728,500   o   o
Pour celui de la Drôme,
de 1,684,900   o   o

Principal 5,595,200   o   o
Ajoutez 5 fous pour livre,
faifant le quart 1,398,800   o   o

Total 6,994,000   o   o

RÉCAPITULATION.

La contribution fonciere fe
monte à 6,994,000   o   o
Les impofitions de 1789
ne montoient qu'à 5,095,379   5   1

Excédant . . . : 1,898,620   14   11

Nota. Trois vingtiemes & deux fous pour livre furent perçus du 1ᵉʳ octobre 1759 au 1ᵉʳ janvier 1764. C'étoit, par an, une augmentation de 581,234 l.

Pendant les années 1783, 1784, 1785 & 1786, un troifieme vingtieme fut encore établi, mais fans fous pour livre : c'étoit une augmentation, par an, de . . . . 528,394 l. 10 f. 11 d.

591. *TABLEAU comparatif pour le Département de l'Ifere.*

3291 feux $\frac{17}{24}$ $\frac{1}{211}$ $\frac{1}{1172}$, totalité des feux taillables dans la ci-devant province de Dauphiné, ont fup-porté, en 1789, pour la taille & les acceffoires 2,165,587 liv. 4 f. 4 den. Ainfi 1737 feux $\frac{10}{24}$ $\frac{1}{71}$ tail-

lables, dépendants du départe-
ment de l'Ifere, en ont fupporté   1,143,031   14   6

Si 993 feux $\frac{12}{24}$ $\frac{3}{36}$ nobles, dépen-
dauts aufſi du département de
l'Ifere, avoient contribué pour une
fomme proportionnelle, ils auroient
fupporté   653,823   15   4

4786 feux $\frac{5}{24}$ $\frac{5}{288}$ $\frac{1}{1152}$, total des
feux de la province, ont fupporté
les fommes ci-après,

S A V O I R :

	l.	f.	d.
1° 215,789	16	1
2° 169,701	0	0
3° 300,000	0	0
4° 12,300	8	4
TOTAL . . . 697,791	4	5

Ainſi 2731 feux $\frac{1}{4}$ dont le département eſt compofé, ont fup-
porté   398,193   1   5

Les 20es du département fe
montoient, fuivant le répartement
que le directoire en a fait   709,449   5   3

Et fon bénéfice fur l'abonnemt.   48,607   14   9

TOTAL   2,953,105   11   3

La contribution fonciere du département de l'Ifere, fe monte, fuivant le répartement qui en a été fait,

S A V O I R :

	l. f. d.
Principal	3,181,800 0 0
Sou additionnel pour les fonds des non-valeurs. . . , ...	159,090 0 0
Sous additionnels pour les charges du département	417,611 5 0
Et pour celles du diftrict . .	198,081 10 0
TOTAL . . .	3,956,582 15 0

RÉCAPITULATION.

La contribution fonciere pour 1791, fe monte à	3,956,582 15 0
Les impofitions de 1789, ne fe montoient qu'à	2,953,105 11 3
Excédant	1,003,477 3 9

Nota. Le troifieme vingtieme fit, du 1er octobre 1759, au 1er janvier 1764, une augmentation par an de 354,724 12 7

Et pendant les années 1783, 1784, 1785 & 1786, le troifieme vingtieme fit une augmentation par an de 322,476 18 9

592. Les impofitions de 1789 ont été calculées dans les tableaux qui précédent, comme fi toutes les poffeffions cadaftrées euffent été indiftinctement

impofées. De cette maniere, tous les poffeffeurs font ramenés à l'égalité; les ci - devant taillables reftent impofés au taux qu'ils l'étoient; les ci-devant privilégiés font cenfés l'avoir été au même taux; & l'excédant ne peut plus confifter, en 1791, qu'en ce qui furpaffe réellement la fomme impofée ou cenfée impofée en 1789. Jufqu'ici donc les ci - devant taillables ne fauroient fe plaindre d'avoir été impofés comme ils l'étoient, ni les ci-devant privilégiés d'avoir été impofés comme ils auroient dû l'être. Il étoit temps qu'un privilege, qui duroit depuis quatre fiecles, fût aboli.

593. L'excédant que le département de l'Ifere fupporte, eft donc de 1,003,477 liv. 3 fous 9 deniers; c'eft-à-dire, du quart du total. == Mais, fur cet excédant, il faut déduire ce que les propriétés non-anciennement cadaftrées, en fupporteront, nos. 584, 585. Et ce n'eft qu'une évaluation jufte du territoire de chaque communauté, qui pourra donner la quotité de cette déduction. == Chaque débiteur de rentes ci-devant feigneuriales ou foncieres, devra également déduire le cinquieme qu'il retiendra aux propriétaires de ces rentes, nos. 586, 587.

594. Une autre déduction eft encore à faire par les contribuables, celle de la retenue qu'ils font autorifés à faire, n°. 571, du cinquieme fur les intérêts qu'ils doivent à leurs créanciers. == En général, ce font les fonciers qui doivent; tous autres emprunteurs ne font communément que des commerçants; & le prêt, ufité entr'eux, perd, en quelque forte, le nom de prêt, parce qu'il fe confond dans les négociations journalieres du commerce auxquelles il tient immédiatement. == La retenue du cinquieme fur les intérêts regarde donc principalement les propriétaires fonciers, & dès lors, cette retenue devient pour eux une déduction réelle fur leur contribution fonciere. == Suppofez l'acquéreur d'un domaine de 30000 liv. qui lui rend 1000 liv. net, & fur le prix duquel

il redoit 15000 liv.; il payera 208 liv. 6 fous 8 den. de contribution fonciere ; & fur 750 liv. d'intérêts qu'il doit, il fe retiendra 150 liv. : il ne fupporte réellement plus que 58 liv. 6 fous 8 den. de contribution fonciere.

595. Quelqu'un pourra objecter que la retenue fur les rentes & fur les intérêts ne vient en déduction qu'au profit de ceux qui en doivent, & que ceux qui n'en doivent point reftent furchargés. On leur répondra que ceux qui les doivent reftent, au contraire, furchargés des quatre cinquiemes de ces charges, déduction faite du cinquieme qu'ils retiennent; qu'ils préféreront toujours leur libération, lorfqu'ils pourront fe la procurer; & que le revenu net étant la feule bafe de contribution qui foit jufte, il feroit à defirer que celui de chaque citoyen pût être connu. Perfonne ne contribueroit qu'en proportion du fien ; & celui qui doit des rentes & des intérêts, fupporteroit une moindre contribution : mais, dans l'impoffibilité de trouver cette précifion, dont la connoiffance même pourroit devenir nuifible à beaucoup de fortunes, la loi a faifi tous les moyens qui pouvoient conduire à la contribution la plus égale & la plus jufte pour chacun.

596. Si les citoyens fentoient tous le prix de la liberté qu'ils ont conquife, s'ils étoient tous animés du fentiment & du zele que doit infpirer le vrai patriotifme, confidérant l'état de crife où fe trouve l'empire François, par la tentative des contre - révolutionnaires, par les dépenfes énormes qu'ils lui occafionnent; loin de murmurer, tous, à l'envi, s'emprefferoient d'acquitter la contribution décrétée, jufqu'à ce que le calme & la paix fuffent folidement rétablis ; tous feroient les derniers efforts pour arriver à ce moment tant defiré par les amis de l'humanité, & fi defirable pour l'égoïfte même. Mais quand la liberté demande des facrifices, l'égoïfte demande des jouiffances.

597. Payer la contribution décrétée eſt-ce donc un ſacrifice ? L'aſſemblée conſtituante n'en a-t-elle pas amplement dédommagé, à l'avance, par l'abolition d'une multitude de droits onéreux qui peſoient ſur la généralité des citoyens, & dont les plus conſidérables peſoient particulierement ſur les propriétés. Sans les énumérer tous, il ſuffit d'en examiner trois.

598. LES DROITS FÉODAUX. Tous les droits perſonnels ſont abolis, ſans indemnité ; & ces droits annuels couvroient la ſurface de pluſieurs terres. Il étoit des ci-devant ſeigneurs qui n'en avoient pas d'autres. Il étoit peu de terres où quelques - uns de ces droits ne fuſſent mêlés à des droits réels. Quel ſoulagement, quel bénéfice pour les habitants de ces territoires !

599. LA DIXME. Il ne faut pas de grands calculs pour en connoître la valeur. Dans une paroiſſe d'environ cinq feux, où la dixme ne ſe perçoit qu'au trente-unieme ſur les gros grains & le vin des vignes baſſes, elle rendoit 12 à 1500 liv. ; & cette communauté, ſoit paroiſſe, payoit environ 4000 liv. d'impoſitions en 1789. Elle payoit donc en dixme, à concurrence du tiers de ſes impoſitions ; & cependant elle payoit à l'une des plus baſſes quotités. ═ D'après ce fait, combinant les divers genres de produit de chaque territoire, & les diverſes quotités de la dixme, on peut dire qu'en général elle s'élevoit du tiers au quart des impoſitions ; c'eſt-à-dire, en ſe fixant au quart, que telle communauté qui étoit impoſée 4000 liv. payoit 1000 liv. de dixme : elle payoit donc une impoſition d'un cinquieme de plus, & d'autant plus forte, qu'elle livroit paille & grains, grappe ou marc & raiſin.

600. L'aſſemblée conſtituante, lorſque par l'art. V du décret du 4 août 1789, elle abolit la dixme, réſerva d'aviſer aux moyens de ſubvenir, d'une autre maniere, à la dépenſe du culte divin, à l'entretien des miniſtres des autels, au ſoulagement des pauvres,

Q 4

aux réparations & reconftructions des églifes & pref-
byteres , & à tous les établiffements , feminaires ,
écoles, colléges, hôpitaux, communautes & autres
à l'entretien defquels elle étoit actuellement affectée.
= Depuis ce décret, la nation a repris les biens
eccléfiaftiques ; elle s'eft chargée de toutes les dépenfes, de toutes les dettes du clergé, du traitement de
tous les eccléfiaftiques ; elle alienne ces biens pour
acquitter à concurrence les dettes de l'état. Il faut
donc qu'elle impofe pour fournir aux dépenfes du
culte divin, au traitement des eccléfiaftiques, &c.
Il faut donc regarder la contribution fonciere comme
remplaçant pour autant la dixme abolie. Et cependant, l'affemblée nationale a déterminé un *maximum*
à la contribution.

601. Quelques perfonnes objectent que les habitants des campagnes préfereroient de payer la dixme
en nature & de payer une contribution moindre ;
parce que, difent-ils, ils ne s'apperçoivent pas d'un
payement fait en nature, fur le champ même, lors
de la récolte. = Mais, ceux qui prêtent ce langage
aux habitants des campagnes, les font parler contre
leur fentiment & leur intérêt. Ils n'ignorent pas que
la dixme étoit une rétribution inégale, fans proportion ; vu que tel fonds qui produit peu, coûte fouvent
plus de travail ; tandis que celui qui produit plus, en
coûte fouvent moins ; voyez n° 27.— Ils n'ignorent pas
que la dixme ne fe percevoit, quant aux propriétés
foncieres, que fur certains fonds & certains fruits ;
que, dans les campagnes, les prairies, &c. dans les
villes & les campagnes, les maifons & les bâtiments
ne la fupportoient pas ; d'où il fuivoit que le poids de
la dixme n'étoit fupporté que par quelques poffeffeurs ;
que cette impofition étoit par-là même injufte. — Ils
n'ignorent pas que, dans certains pays, la dixme
fe percevoit fur les fruits induftriels ; ce qui étoit une
injuftice, puifque tous n'en ont pas. — Ils n'ignorent
pas que payer les fruits en nature fur le champ, c'eft

livrer le fruit & l'engrais. — Ils n'ignorent pas qu'une contribution de ce genre feroit infiniment plus confidérable pour le particulier, parce qu'il faudroit la proportionner aux dépenfes néceffaires pour la cueillir, la ferrer & la vendre, ou l'affermer. — Ils n'ignorent pas, car ils favent compter, qu'il vaut mieux payer 6 liv. comptant, que 12 liv. en fruits ; & que, dans les années de cherté, la perte eft encore plus confidérable. — Ils n'ignorent pas, enfin, que l'abolition de la dixme eft pour eux un bénéfice d'autant plus réel, que s'ils font valoir, ils fe prévalent des fruits qu'ils auroient été obligés de payer; & s'ils donnent à ferme, ils reprennent, en vertu de la loi, fur leurs fermiers, foit à prix d'argent, foit partiaires, la valeur de la dixme.

602. LE SEL. L'abolition de la gabelle a rendu le fel marchand. Lorfqu'il étoit en ferme générale, fous l'ancien régime, on le payoit plus ou moins cherement, fuivant les lieux. A Grenoble, il revenoit à fept fous la livre ; aujourd'hui, le bon n'y coûte que deux fous. En général, la diminution eft par - tout d'environ les trois quarts. Que chacun s'interroge & fe réponde de bonne foi ; perfonne ne pourra fe diffimuler le bénéfice journalier & réel qu'il fait. — Les habitants des campagnes, poffeffeurs de troupeaux, font fur-tout un bénéfice confidérable fur cette confommation de premiere néceffité.

603. Quelques perfonnes ont objecté qu'il n'étoit pas jufte, en aboliffant la gabelle, qui pefoit fur la généralité des individus, de s'en récupérer par une contribution fur les propriétés. = On pourroit leur répondre en leur demandant, fi l'impofition fur le fel, dont l'ufage eft de premiere néceffité, avoit pû être légitimement établie ; fi un empire, lorfqu'il a befoin d'impôts, ne doit pas les lever fur les revenus & fur les objets de luxe, plutôt que fur les objets qui font de premiere néceffité, pour le plus pauvre comme pour le plus riche. = Mais enfin, toutes les con-

tributions ont pour objet les befoins de l'état; & tous les citoyens doivent contribuer, à l'exception du pauvre, qui a befoin lui-même. Or, nous avons deux contributions directes; l'une fonciere, l'autre mobiliere; & tous la payent en proportion de leur revenu réel ou préfumé. Il n'y a d'exception, & encore pour la contribution mobiliere feulement, qu'en faveur de ceux qui ne pouvant pas payer la valeur de trois journées de travail, ne jouiffent pas de la qualité de citoyen actif, & par la même raifon, ne contribuent nullement. — Si donc l'impôt fur le fel eft entré pour quelque chofe dans les nouveaux impôts, il fe retrouve dans la contribution mobiliere comme dans la contribution fonciere. Les citoyens qui n'ont aucune propriété, y contribuent comme ceux qui en ont; & ce font les propriétaires, qui font la plus grande confommation de fel, parce qu'il eft néceffaire à leurs beftiaux, comme à eux. = Et comme les deux contributions fourniffent de même aux dépenfes que fupportoit la dïxme, ceux qui n'avoient aucune propriété produifant des fruits decimables, devroient donc fe plaindre auffi de ce qu'on n'a pas rejetté ces fortes de dépenfes uniquement fur ceux qui poffédoient de femblables propriétés! = Mais, ce n'eft pas ainfi qu'on doit raifonner fur les impôts. Il n'en faut point fur les pauvres; & lorfqu'ils font juftement établis, il faut les payer fans murmure. Or, ceux dont le revenu eft la bafe, font évidemment les plus juftes; & l'on ne fauroit fe plaindre de la quotité, s'ils ne furpaffent pas les befoins de l'état, fans fe faire auffitôt foupçonner de defirer la diffolution du corps focial.

604. Les propriétaires fonciers ont donc trois objets d'indemnité réelle dans l'abolition des droits féodaux perfonnels, de la dixme & de la gabelle. Raifon, on le répéte, qui devroit les déterminer, vu l'état de crife dans lequel fe trouve la patrie, de payer la contribution fonciere telle qu'elle a été décietée. = Mais, l'affemblée nationale ne l'exige pas;

loin de là, elle affure une réduction à celui qui juftifiera d'avoir été cotifé au - delà de fon revenu net.
Quel eft donc le but auquel doivent tendre les communautés pour leur propre intérêt ? Elles doivent
concourir, à l'envi, à l'établiffement de la bafe générale, d'après laquelle toutes doivent contribuer p ar
égalité proportionnelle. Et cette bafe établie, aucune
n'aura plus à fe plaindre, parce que les caufes de
différence & d'inégalité auront toutes difparu; & ces
caufes, les voici :

605. Il eft à préfumer que, pour répartir la contribution fonciere fur les quatre-vingt-trois départements, on a fuivi les bafes d'après lefquelles, fous
l'ancien régime, on diftribuoit la taille aux ci-devant
provinces ; en Dauphiné, du moins, le territoire de
la province étoit divifé par feux, d'après lefquels la
taille étoit répartie fur les élections, & par les élections fur les communautés, en proportion des feux
ou portions de feux de chacune ; & fans doute la
portion qu'auroit dû fupporter la province, a été répartie fur les trois départements qui en ont été formés ; & le département de l'Ifere a réparti fon contingent fur les diftricts , & les diftricts fur les communautés, en proportion des feux.

606. D'autre part, les communautés avoient claffé
les propriétés de leur territoire par une eftime, qui
diftinguant les valeurs différentes, fervoit à répartir
fur chaque propriété, fa portion de l'impofition affignée à la communauté dont elle dépendoit.

607. Mais ces eftimations des communautés par
feux, & des propriétés de chacune par eftime,
n'étoient pas juftes; l'eftime de chaque communauté,
également fautive, ne répondoit pas même au con-
tenu de fes feux. Telle communauté qui avoit plus
de feux nobles que de feux taillables, avoit plus d'eftime taillable que d'eftime noble. Telle autre qui
avoit plus de feux taillables que de feux nobles,
avoit plus d'eftime noble que d'eftime taillable. Voy.

nᵒ. 470. Et à part ces différences fenfibles , les eftimations faites ; il y a un fiecle , & même plus , eftimations encore dont les bafes font abfolument ignorées , ne peuvent pas répondre à la maffe du revenu net d'aujourd'hui. == De là des inégalités évidentes dans la répartition du contingent de chaque communauté , & par conféquent des injuftices.

608. Il eft peu de communautés dans le cadaftre defquelles des propriétés n'aient été omifes , nᵒˢ 584 , 585 : mais les omiffions & la valeur des objets omis , ne font pas les mêmes dans toutes. De là une nouvelle inégalité & , parconféquent , une nouvelle injuftice dans la répartition. La communauté , où beaucoup de propriétés avoient été omifes , fera foulagée ; celle où il n'y en avoit point ou peu d'omifes , fera furchargée.

609. Les vingtiemes n'étoient répartis , ni par feux ni par eftime ; impofés fur le revenu , l'impofition n'avoit pour bafe que des déclarations des propriétaires , les unes exactes , les autres fauffes. Des communautés avoient été vérifiées par des prépofés qui travailloient en fecret, on ignore fur quelle bafe ; d'autres ne l'avoient pas été. Dans celles-là , la cote de chaque propriétaire avoit été augmentée ; dans celles-ci, elle étoit reftée comme elle avoit d'abord été fixée. Auffi , vu toutes ces caufes, on ne trouve ni uniformité , ni proportion entre le contingent d'une communauté , & celui d'une autre. Comparez ces contingents par les feux ou par l'eftime , vous les trouverez tous difcordants ; voyez nᵒ 471.

610. De là une nouvelle caufe d'inégalité & , par conféquent , d'injuftice dans la répartition de la contribution fonciere , qui comprend toutes les impofitions que fupportoient les propriétés, fous l'ancien regime , les vingtiemes comme les autres ; — ou du moins , comme la contribution fonciere a été répartie en proportion des feux , telle communauté qui payoit plus de vingtieme qu'une autre , en proportion de

leurs feux refpectifs, en payera moins ; & telle qui en payoit moins, en payera plus, & celle-ci fe croira plus furchargée que l'autre. -- Et quoique ces communautés paroiffent impofées avec juftice, comme l'étant en proportion de leurs feux, elles le feront cependant injuftement, par les deux raifons majeures données, nos 607, 608.

611. Ces diverfes caufes d'inégalité & de furcharge s'étendent fur le royaume entier ; 1° parce que les bafes de répartition , tant en maffe qu'en détail, ne pouvoient pas être les mêmes dans toutes les ci - devant provinces du royaume ; & fi les bafes n'étoient pas les mêmes , il ne fauroit y avoir égalité proportionnelle; 2° parce qu'il étoit des provinces où les terres du domaine étoient en plus grand nombre & plus étendues que dans d'autres , les forêts domaniales auffi, en un mot , les biens non cadaftrés : les départements formés de ces provinces trouveront dans le produit de ces propriétés un contingent de contribution qui les foulagera , tandis que d'autres feront furchargés.

612. De ces obfervations il fuit néceffairement, que des communautés font plus ou moins impofées qu'elles ne devroient l'être, fi la bafe générale étoit établie ; des diftricts de même ; des départements de même.

613. L'affemblée nationale , en fixant la contribution à 240 millions , qu'elle a confidérés comme le fixieme du revenu préfumé du territoire de France , a regardé que le revenu total fe portoit à 1440 millions. = En accordant la réduction de toute contribution qui excédera, quant au principal, le fixieme du revenu net , elle a entendu que cette réduction ne feroit accordée que d'après une évaluation contradictoire , on peut dire juridique , du revenu. = En accordant la réduction , dans le cas où elle feroit reconnue jufte, elle a entendu que l'excès de la cotifation réduite feroit rejeté fur les

254

contribuables , les communautés , les diſtricts de proche en proché. = Il faut donc partir du point, vu ſur-tout que les 240 millions doivent entrer en totalité dans le tréſor royal , que lorſque le territoire d'un département aura obtenu réduction, d'après l'évaluation de ſon revenu , l'excès de ſa cotiſation ſera de même rejeté ſur les autres départements. Il eſt ſenſible, en effet , que les communautés , les diſtricts , les départements , dont la portion contributive ſeroit au-deſſous du ſixieme de leur revenu , ne réclameront pas. Ce ſera donc le rejet ſur les départements, de l'excès de la contribution réduite ſur d'autres, qui , de proche en proche , les obligera tous à ſe faire évaluer.

614. Concluſion. Les communautés qui ſe croyent réellement ſurchargées ne doivent pas attendre , pour agir , de s'y voir obligées par des rejets ſur elles ; elles ne ſeroient que s'épuiſer dans l'attente. La loi leur permet de demander l'évaluation générale de leur revenu; qu'elles la demandent plutôt que plus tard, puiſque ne la demandant pas, elles ne peuvent eſpérer aucune réduction, & qu'une fois faite , elles ne payeront que leur contingent. Il faut qu'une fois elles faſſent ces frais, pour qu'enfin le cadaſtre général & le parcelaire de chacune ſe faſſent ; & plutôt elles les feront , plutôt elles ſeront ſoulagées & tranquilles.

615. Les murmures contre une contribution néceſſaire , & dont l'établiſſemen˙ repoſe ſur la baſe la plus juſte poſſible, ſont injuſtes. Ils le ſont ſouverainement , même en la ſuppoſant trop forte , lorſque la loi donne ˙le moyen, & trace la marche à ſuivre, pour la faire réduire à la quotité qu'elle a déterminée. Le vrai patriote réclamera, s'il ſe croit dans le cas ; & l'ennemi de la conſtitution ne réclamera pas, pour ſe conſerver la cruelle ſatisfaction de publier une ſurcharge à laquelle il ne croit pas.

La meilleure maniere pour n'être cotifé que conformément à la Loi. Voy. nᵒˢ 613 & fuiv.

616. Le revenu net moyen eſt la baſe de la contribution fonciere , nᵒˢ. 21 & fuiv. Il faut donc que le revenu d'une communauté ſoit invariablement certain.

617. La loi a laiſſé aux communautés , le ſoin d'évaluer le revenu des propriétés de leur territoire ; mais elle n'a pas pu reconnoître l'évaluation ainſi faite , comme la vraie meſure de la contribution de chacune. Toutes les propriétés doivent contribuer par égalité proportionnelle , & il eſt moralement impoſſible que toutes les communautés opérent avec cette exactitude & cette préciſion qui doivent y faire arriver. Auſſi l'inſtruction ſur le décret du 23 novembre 1790, tit. II , art. XVIII , porte que l'évaluation que feront les communautés , n'aura pour objet que la répartition intérieure entre les contribuables de leur territoire, nᵒ. 477.

618. Cependant la loi n'entend pas que perſonne ſoit ſurchargé ; elle veut que celui qui ſera cotiſé , quant au principal , au-delà du ſixieme du revenu net, puiſſe obtenir réduction , nᵒ 37. En conſéquence, elle a préſenté aux communautés deux moyens pour aſſeoir la baſe de la contribution qu'elles doivent ſupporter.

619. Le premier moyen eſt renfermé dans la diſpoſition de l'art. XXII du décret des 4 & 21 août 1791 , nᵒ. 509. — Le deuxieme , dans celle des art. XXIII & ſuiv. nᵒˢ. 510 & ſuiv. = Quel eſt donc celui que les communautés doivent préférer ? Le premier.

620. En rapprochant cet art. XXII, du préambule & des diſpoſitions du décret du 16 ſeptembre 1791 , on voit que l'aſſemblée nationale a eu pour objet

d'engager, d'obliger même les communautés à faire
faire le plan de leur territoire & l'évaluation générale de leur revenu ; afin d'obtenir, par la réunion
de ces opérations, la carte du royaume, un cadaftre général, des parcelaires pour chaque communauté,
& l'évaluation générale du revenu du royaume. Il
faut donc que cette opération fe faffe ; l'intérêt de
l'état, celui par conféquent de chaque communauté
le demande.

621. Le deuxieme moyen confifte à former une
demande en réduction. Cette demande doit être
communiquée aux communautés voifines, n°. 513.
— Ces communautés doivent donner leur avis fur
cette demande, n°. 514, & par conféquent fur
l'évaluation faite par la communauté réclamante. La
demande fuppofe, en effet, non feulement que la
communauté réclamante fe prétend furchargée ; mais
oncore, & par conféquence néceffaire, que les communautés voifines font proportionnément moins chargées qu'elle. Auffi, l'effet de la réduction, fi elle eft
accordée, eft de rejeter fur les autres communautés
du diftrict, l'excès de la cotifation réduite, n°.
543.

622. Cette demande en réduction établit donc
une conteftation entre la communauté réclamante
& les communautés voifines. La demande de l'une
foumet les autres à un examen, à un avis, à des
offres enfin qui leur rendent la conteftation perfonnelle ; auffi celles des communautés qui fuccombent,
fupportent les frais de la conteftation, n°ˢ 546,
& fuiv.

623. Si la communauté réclamante & les communautés voifines ne s'accordent pas fur la réduction
demandée, alors la levée du plan du territoire de
celle-là, & l'évaluation générale de fon revenu doivent être ordonnés, n°. 519. Mais comment efpérer
cet accord ? — Les communautés voifines fe réuniront-
elles, comme elles le devroient, pour ne donner enfemble

femble qu'un feul & même avis ? Si elles ne fe réuniffent pas, l'avis & l'offre de chacune feront différents ; la communauté réclamante fera dans l'impoffibilité d'accepter ou refufer. — Quand les communautés fe réuniroient, leur intérêt particulier, la
certitude que l'excès de la contribution réduite fera
rejeté fur elles, pour une partie, ne leur empêche-
ront-ils pas d'atteindre la vraie mefure d'une évaluation jufte ? Et la communauté réclamante accep-
tera-t-elle une réduction, que fon intérêt particulier
lui fera auffi regarder comme trop foible ? === Il eft
moralement certain que la demande en réduction
conduira prefque toujours à la levée du plan du
territoire, & à l'évaluation générale du revenu.

624. Ces confidérations doivent déterminer le·
communautés à préférer le premier moyen ; c'eft
à-dire, à demander la levée du plan de leur territoire, & l'évaluation générale de leur revenu, avant
de former aucune demande en réduction. — Elles
éviteront les longueurs qu'entraînent les vérifications
à faire par les communautés voifines, pour pouvoir
donner leur avis. — Elles s'épargneront toute conteftation avec elles, & les frais confidérables qui en
font la fuite. — Elles ne fupporteront que les frais de
la levée du plan, & de l'évaluation, qui font dans
tous les cas, à leur charge, nᵒˢ. 548 & fuiv., parce
que ces opérations lui font particulieres & propres.
— Elles auront l'avantage de s'être formé volontairement leur parcelaire, que tôt ou tard il faudroit
qu'elles fiffent faire, puifque le cadaftre général ne
peut être formé que des cadaftres particuliers. —
Enfin, fi elles fe trouvoient furchargées, elles jouiront du bénéfice de la réduction ; parce que le revenu net moyen étant la bafe de la contribution, en
demander l'évaluation, c'eft fe foumettre à payer la
portion contributive proportionnelle, qui ne fauroit
jamais excéder la quotité déterminée du revenu,
juridiquement évalué, de l'ordre des autorités conftituées.

625. Lorfqu'une communauté aura pris ce parti ; elle n'aura plus de conteftation à foutenir avec les communautés voifines ; par conféquent fa demande ne devra pas leur être communiquée , comme elle doit l'être , lorfqu'il y a demande en réduction, pour donner leur avis , n°. 514. Sur quoi délibéreroient-elles, dès que la communauté ne demande qu'une évaluation autorifée , ordonnée même par la loi ?

626. Mais , comme toutes les communautés ont intérêt à l'établiffement de la bafe , qui doit établir l'égalité proportionnelle entr'elles , le directoire du département doit fuivre , dans ce cas, comme lorfqu'il y a demande en réduction , ce que prefcrivent les art. XXXIII & XXXIV du décret des 4 & 21 août 1791 ; en conféquence, ordonner que les communes voifines feront appelées , pour fournir aux experts les indications & les autres renfeignements qui feront demandés.

627. Les directoires de département peuvent-ils, en l'état, ordonner des plans ? Il ne paroît pas qu'ils le puiffent. = Ce font les art. XXI , XXII , XXX & XLIV , du décret des 4 & 21 août 1791 , qui ordonnent des plans, voyez n°s. 508 , 509 , 515 , 534 ; & l'art. XXXI , n°. 520 , veut que « toutes les „ fois que par les corps adminiftratifs, la levée d'un » plan fera ordonnée , elle foit faite fous la furveil- » lance de l'ingénieur des ponts & chauffées du » département, *fuivant les regles qui feront prefcrites.* »

628. Ces regles ont été prefcrites par le décret du 16 feptembre 1791 , dont le préambule dirige la levée de ces plans vers la confection d'un cadaf- tre général , qui aura pour bafe les grands triangles de la carte de l'académie des fciences , n°. 556. = Il faut pour chaque communauté un plan de maffe , & des plans de détail compofant le parcelaire , n°. 557. — Ce décret prefcrit d'autres opérations préa- lables. — Une direction générale doit être établie , n°. 561. — Divers points généraux doivent être géo-

métriquement déterminés, n°. 560. — Divers autres points déjà déterminés, doivent être recueillis & envoyés dans les departements , n°. 562. — Une toife étalonnée fur celle de l'académie, doit être envoyée à chaque département , & fervir pour étalonner celle qui doit être employée dans les travaux qui y feront exécutés, n°. 563. — Enfin , une inftruction eft ordonnée fur les moyens d'exécuter les différentes opérations prefcrites ; & cette inftrucrion doit déterminer une échelle pour les plans de maffe , une autre pour les parcelaires, n°. 564.

629. Si, comme on le croit , ces préalables n'ont pas été remplis , les plans ne fauroient être faits fuivant les regles prefcrites ; & s'ils ne font pas ainfi faits, à quoi ferviront-ils? Comment les adapter enfuite à ceux qui feront faits fuivant ces regles ? Comment réduire, avec la précifion & l'exactitude que demande une fi vafte & fi belle entreprife, des plans qui n'auront pas tous les points, toutes les dimenfions ordonnées, qui auront été faits fur d'autres échelles que celles annoncées? Il faudra néceffairement les lever de nouveau fur le local.

630. S'il étoit ordonné à une communauté de faire lever, en l'état, le plan de fon territoire, elle ne pourroit plus être obligée de faire les frais du nouveau qui feroit à lever enfuite. La loi ne la foumet à ces frais que pour une feule fois : quand elle s'eft préfentée pour exécuter la loi , elle a rempli fon obligation, & l'on ne peut plus lui rien demander au-delà. Ainfi , les nouveaux plans deviendroient à la charge du département, & toutes les communautés fupporteroient cette dépenfe.

CHAPITRE XIV.

Lors des estimations de biens pour régler les légitimes, on déduisoit, sur les fonds taillables, le capital de la taille & des accessoires; faudra-t-il déduire, aujourd'hui, celui de la contribution fonciere?

631. LA légitime eſt due aux enfants ſur les biens de leur pere & de leur mere; elle eſt la dette naturelle de ceux-ci. C'eſt la diſpoſition du droit & des coutumes.

632. Dans les pays régis par le droit écrit, les enfants doivent être inſtitués héritiers, même en la légitime; ſans cela la diſpoſition ſeroit nulle : mais n'étant qu'héritiers particuliers, ils ne ſont conſidérés que comme légataires. C'eſt à l'héritier univerſel qu'appartient le droit univerſel, dans lequel conſiſte l'hérédité proprement dite. C'eſt ſur la tête de cet héritier que ſont toutes les actions héréditaires.

633. La légitime doit être expédiée à l'enfant, de la totalité des biens du défunt; il doit en avoir une partie : *omninò totius ſubſtantiæ partem*, dit la Novelle 18, chap. 1.

634. Le ſupplément de légitime étant néceſſairement de la même nature que la légitime, puiſqu'il doit la completer, il doit être expédié de la même maniere, des mêmes biens : *Repletionem autem fieri ex ipſa ſubſtantia patris*, dit la loi *Scimus 36*, au code *de inofficioſo teſtamento*. = Cependant, d'après la juriſprudence, l'héritier a la faculté de payer le ſupplément, ſoit en biens de l'hoirie, ſoit en deniers; & le légitimaire n'a pas celle de l'exiger ainſi.

635. La légitime doit être délaissée sans condition, sans délai, sans charge; *sine ullo onere*, dit la loi *Quoniam* 33, au même titre; c'est-à-dire, libre de toutes dettes.

636. Les dettes étrangeres, & les dépenses des funérailles, doivent être déduites sur la succession; la légitime ne se prend que sur ce qui reste : *Quarta autem accipietur, scilicet deducto ære alieno & funeris impensa*, dit le §. 9 de la loi *Papinianus* 8 , au digeste *de inoffic. testam.*

637. Il suit de ces principes, que la légitime ne consiste pas en une cote ou portion de l'hérédité, mais en une cote ou portion des biens qui demeurent libres après la déduction des dettes. *Non est quota pars hæreditatis, sed quota bonorum.*

638. Il suit aussi de là que, lorsque l'on compose une succession pour régler la légitime, il faut séparer une portion des biens, à l'équivalent des dettes & charges de l'hérédité ; portion qui demeure à l'héritier pour les acquitter. La légitime s'expédie sur ce qui reste , cette déduction faite.

639. L'usage s'étoit introduit dans la ci-devant province de Dauphiné, d'admettre les impositions au rang des charges à déduire sur les biens. Supposons que le revenu des biens se montât à mille liv., & les impositions à deux cents livres , le capital des biens se calculoit sur les 800 liv. restantes.

640. Comme, suivant les cas, la légitime s'expédioit , ou en corps héréditaire , c'est-à-dire en nature, ou en deniers. — Au premier cas, on déduisoit les impositions sur les biens laissés à l'héritier, pour faire face aux dettes ; le reste des biens se partageoit , & chacun en prenoit sa part avec leurs charges. — Au second cas, on imputoit les impositions sur la totalité des biens, & chacun prenoit sa part sur la somme restée libre.

641. Mais cet usage n'étoit pas fondé sur la loi, il ne l'étoit que sur la jurisprudence ; & la juris-

prudence ne s'étoit introduite que d'après une circonstance particuliere, accidentelle & locale.

642. En effet, on n'appelle biens, que ce qui en reste, les dettes étrangeres acquitées; *non funt bona, nifi deducto ære alieno.* Et lorfqu'il s'agit de régler des légitimes, la loi compte encore au rang des dettes les frais funéraires du défunt, n°. 636; parce que le défunt doit être inhumé aux dépens des biens qu'il laiffe: auffi la loi déclare cette dette privilégiée à toute autre

643. On n'appelle non plus fruits, que ce qui en reste, les dépenfes levées; *non funt fructus, nifi deductis expenfis.* Les fruits confiftent en ce qui refte du produit brut des propriétés, déduction faite des frais de culture, de femence, de récolte & d'entretien. Décret de l'affemblée nationale du 23 novembre 1790, tit. Ier, art. II. Et cette difpofition de la nouvelle loi n'eft, en quelque forte, qu'une paraphrafe ou une explication du mot *expenfis* de l'ancienne.

644. Voilà donc les charges de la propriété & celles' des fruits bien déterminées. Les contributions publiques n'en font pas partie, par la raifon fenfible que, d'une part, elles ne peuvent être dues par les citoyens d'un empire que fur leur revenu net; que, de l'autre, devant toujours être proportionnées aux befoins de l'empire, elles doivent hauffer ou baiffer, fuivant les circonftances, & ne fauroient, par conféquent, être réduites à un principal déterminé.

645. L'ufage & la jurifprudence avoient reconnu & fuivi ces principes; en conféquence, on ne déduifoit pas fur les biens, l'impôt de la capitation, parce qu'il étoit regardé comme une charge perfonnelle.

646. On ne déduifoit pas non plus l'impôt des vingtiemes, parce qu'il étoit regardé comme une charge du revenu net; comme une charge fupportable, non pas par les biens, mais par celui qui en percevoit les fruits; non pas par le propriétaire, mais par l'ufufruitier. — Auffi, lorfque l'on remettoit des

biens à une femme pour fûreté de fa dot & de fes avantages de mariage, on ne déduifoit pas les vingtie- mes, quoique la loi & la jurifprudence vouluffent qu'on lui remît des biens produifant le cinq pour cent net, toutes charges déduites.

647. On ne déduifoit, lors des compofitions de maffe de fucceffions, lors des collocations, dans tous les cas enfin, que la taille & fes acceffoires, qui comprenoient ce que l'on nommoit impofitions ordi- naires & extraordinaires; & on les déduifoit, parce- qu'on les regardoit comme des charges réelles.

648. Si l'on n'eût confulté que la loi, on ne les auroit pas déduites; parce que la loi n'admet, comme charges de la propriété, que les dettes étrangeres, & encore, lorfqu'il s'agit de fucceffion, les frais funé- raires, n°s. 636, 642; parce qu'elle n'admet auffi, comme charges des fruits, que les dépenfes néceffaires pour les obtenir de la terre, n°. 643; parce qu'enfin, les citoyens ne doivent pas la contribution publique fur leurs propriétés, mais fur le revenu net que ces propriétés leur rendent, n°s. 644, 645, 646.

649. Pourquoi donc, demandera-t-on, la jurifpru- dence autorifa-t-elle la déduction des impofitions fur les propriétés? La réponfe fera fimple & décifive.

650. Les Dauphinois, libres de tous fubfides, lorfque le Dauphin Humbert II céda le Dauphiné à la France, en 1349, le 29 mars, liberté confignée dans une charte du 14; n°s. 1er & fuiv. les Dauphi- nois avoient volontairement accordé des fubfides au Dauphin de France, & tous les Dauphinois, fans exception, y avoient contribué.

651. En 1434 & 1447, le clergé & la nobleffe fe firent déclarer exempts de contribuer à des fubfides, que les trois ordres accordoient, & qu'ils continuerent d'accorder en commun, quoiqu'un feul les payât.

652. Les citoyens compris dans l'ordre qu'on nommoit tiers-état, fatigués de cette furcharge, s'en plaignirent; enfin, le 24 octobre 1639, par un régle-

ment général, le roi déclara la taille réelle, & que les propriétés poſſédées depuis une époque déſignée, par des perſonnes nobles depuis une époque auſſi déſignée, en ſeroient exemptes. Ce fut une faveur accordée, au préjudice du plus grand nombre des citoyens, tant aux biens poſſédés par les nobles, qu'à ceux qui formoient l'ancienne dotation des égliſes.

653. Enſuite, & pour diſtinguer les propriétés aſſervies aux impoſitions, de celles qui en étoient exemptes, une réviſion des feux de la ci-devant province de Dauphiné, fut faite, & fut homologuée par édit du mois de juin 1706. Les feux taillables furent arrêtés à 3500, les feux nobles à 1500. Enfin, l'édit ordonna que les feux taillables ſupporteroient les impoſitions ordinaires & extraordinaires ; & que la totalité des feux taillables & nobles ſupporteroient en commun les impoſitions pour cas de droit. = Les feux nobles ne ſupportoient pas en 1789 un vingt-quatrieme des impoſitions, les vingtiemes & la capitation exceptés.

654. Voilà le principe de la juriſprudence qui avoit autoriſé la déduction des impoſitions ſur la valeur des propriétés ; elle ne comprenoit pas, on l'a dit, n°ˢ. 645, 646, la capitation & les vingtiemes, parce que la capitation étoit regardée comme une charge perſonnelle, & les vingtiemes comme une charge du revenu net de l'uſufruitier. Elle ne comprenoit que les impoſitions arbitraires, qui prirent avec le temps le nom de taille, parce que cette charge étoit réelle, déclarée telle & regardée comme perpétuelle.

655. Et l'on ne ſauroit ſe diſſimuler que cette juriſprudence étoit juſte, que la circonſtance impoſoit même aux magiſtrats l'obligation de l'établir. Car enfin, ſi, raiſonnant d'après le nombre des feux, les propriétés de 3500 feux devoient habituellement & conſtamment ſupporter & payer les impoſitions ; ſi les propriétés de 1500 feux n'en devoient rien ſupporter ; ſi un réglement qui faiſoit loi avoit déclaré les impo-

fitions réelles, il étoit bien évident , 1°. que cette charge étoit devenue une charge réelle des biens ; 2°. que le fonds qui la fupportoit étoit de moindre valeur que celui qui en étoit exempt. Si de deux propriétés de même étendue, même qualité, même produit, l'une eft chargée, à perpétuité, de 100 liv. fous le nom d'impofition, l'autre n'eft chargée de rien ; il eft bien évident que la valeur de celle-là eft moindre que celle de l'autre, en raifon de 100 liv. de revenu de moins.

656. Mais, fi une caufe particuliere, accidentelle & locale rendoit cette jurifprudence jufte, néceffaire même, elle devoit difparoître quand la caufe ceffieroit. Si la loi locale, qui obligea de l'établir, eft révoquée , la loi générale qui l'a révoquée, doit à fon tour être exécutée. Or, c'eft ce qui eft arrivé. Le temps des privileges s'eft écoulé, il ne faut plus y penfer. Le temps de l'égalité eft arrivé, il faut s'y conformer.

657. L'affemblée nationale décréta, le 17 juin 1789, & le roi fanctionna, le 20 mars 1791, que les contributions , telles qu'elles fe percevoient actuellement dans le royaume, n'ayant point été confenties par la nation, étoient toutes illégales, & par conféquent, nulles dans leur création, extenfion & prorogation. = En conféquence, elle déclara, à l'unanimité des fuffrages, confentir *provifoirement* pour la nation, que les impôts & contributions, quoique illégalement établis & perçus, continueroient d'être levés de la même maniere qu'ils l'avoient été précédemment, & ce jufqu'au jour feulement de la premiere féparation de cette affemblée, de quelque caufe qu'elle pût provenir ; = paffé lequel jour, l'affemblée nationale entendoit & décrétoit que toute levée d'impôts & contributions de toute nature, qui n'auroient pas été nommément, formellement & librement accordés par l'affemblée, ceffieroit entiérement dans toutes les provinces du royaume, quelle que fût la forme de leur adminiftration.

68. La déclaration des droits de l'homme & du citoyen, qui eft du 21 août 1789, porte, art. XIII, que pour l'entretien de la force publique, & pour les dépenfes de l'adminiftration, une contribution *commune* eft indifpenfable, & qu'elle doit être *également* répartie entre *tous* les citoyens, en raifon de *leurs* facultés.

659. Le décret du 4 & autres jours du mois d'août 1789, art. X, porte que tous les privileges particuliers des provinces, principautés, pays, cantons, villes & communautés d'habitants, foit pécuniaires, foit de toute autre naure, font abolis fans retour, & demeurent confondus dans le droit commun de tous les François.

660. Par l'art. IX du même décret, tous les privileges pécuniaires *perfonnels* ou *réels*, en matiere de fubfide, ont été abolis à jamais; & il a été ordonné que la perception de toutes les contributions, *même* pour les fix derniers mois de 1789, fe feroit fur *tous* les citoyens, & fur *tous* les biens, de la *même* maniere & dans la *même* forme.

661. En conféquence de cet article IX & du décret du 17 juin 1789, n°. 657, l'affemblée nationale, par fon décret du 26 feptembre 1789, rendu pour la levée des impofitions de 1790, & par proportion, des fix derniers mois de 1789, jufqu'à ce qu'elle pût faire jouir les contribuables du nouveau mode d'impofition qu'elle ordonneroit pour 1791, & dont elle vouloit, avec maturité, combiner la répartition, l'affemblée nationale ordonna, art. Ier, l'*exécution* des rôles des impofitions de l'année 1789 & des années antérieures; $=$ art. II, que les privilégiés feroient compris dans un rôle de fupplément pour les fix derniers mois de 1789; $=$ art. IV, que dans le rôle de toutes les impofitions de 1790, les ci-devant privilégiés feroient cotifés avec les autres contribuables, dans la même proportion & la même forme,

à raifon de toutes leurs propriétés, exploitations & autres facultés.

662. L'affemblée nationale, eft-il dit, art. VI & dernier, fera connoître, dans le courant de 1790, la forme qu'elle aura *définitivement* adoptée pour la *converfion* & la répartition générale des impofitions de 1791, *afin* qu'il n'y ait plus à l'avenir qu'un feul & même rôle d'impofitions pour tous les contribuables, *fans* aucune diftinction ni pour les *perfonnes*, ni pour les *biens.*

663. La conftitution, tit. Ier, art. II, garantit que toutes les contributions feront réparties entre tous les citoyens, *également*, en proportion de leurs facultés.

664. La conftitution, tit. II, chap. III, fect. Iere, art. Ier, délegue à l'affemblée nationale, § III, le pouvoir d'établir les contributions publiques, d'en déterminer la nature, la quotité, la durée & le mode de perception. — § IV, celui de faire la répartition de la contribution directe entre tous les départements du royaume, de furveiller l'emploi de tous les revenus publics, & de s'en faire rendre compte. — Enfin, fect. III, art. Ier, § VIII, la conftitution déclare que les décrets de l'affemblée nationale, concernant la prorogation & la perception des contributions publiques, portent le nom & l'intitulé de lois, & font promulgués & exécutés, fans être fujets à la fanction royale.

665. Voilà les lois nouvelles; c'eft-à-dire, voilà les principes & les bafes des nouvelles contributions fubftituées aux anciennes. Cette fubftitution date des fix derniers mois de 1789, c'eft-à-dire, du 1er avril, parce que l'année 1789 finiffoit au 30 feptembre, ainfi que s'en expliqua l'affemblée nationale dans le préambule de fon décret du 26 feptembre 1789, no. 661. — Dès cette époque, la nation a recouvré le droit de régler fes contributions; elle a, en confé-quence, déclaré nulles & illégales toutes celles qui

avoient été antérieurement établies : fi elle les a auffitôt entretenues, ce n'a été *que provifoirement*, & jufqu'à ce que le nouveau mode fût établi. Le droit de s'impofer lui appartient exclufivement; les décrets de fes repréfentants, fur ce point, font loi, & n'ont pas befoin de fanction. Enfin, il n'y a plus ni privileges perfonnels, ni privileges réels ; tous payent fuivant leurs facultés ; toutes les propriétés font égales; il n'y a plus de différence, foit entre les perfonnes , foit entre les biens.

666. Conféquemment à ces principes, deux contributions ont été établies, à commencer au 1er janvier 1791 ; — une contribution fonciere, par décret du 23 novembre 1790 ; une contribution mobiliere, par décret du 13 janvier 1791. L'une & l'autre font établies fur le revenu de chacun : favoir; la fonciere, fur *toutes* les propriétés, à raifon de leur revenu net. La quotité en eft réglée au fixieme, quant au principal, & à cinq fous pour livre ; ce qui la porte au cinquieme & au cent vingtieme. — La mobiliere, fur le revenu préfumé de chacun; & ce revenu fe préfume d'après le loyer d'habitation. La quotité en eft fixée au vingtieme, & peut être portée au dix - huitieme , quant au principal , & à fix fous pour livre , fous la déduction , cependant , à concurrence du revenu foncier. Il y a encore la cote d'habitation, réglée au 300e du loyer, & qui peut être portée au 40e.

667. Il eft donc évident, d'après ces lois, que lorfqu'il s'agit d'eftimer des biens, notamment pour régler des légitimes, on ne peut plus en diminuer la valeur, fous prétexte d'impofitions. L'ancienne jurifprudence étoit jufte , parce que la taille étoit réelle; & qu'une feule claffe de biens la payant, les biens de cette claffe valoient réellement moins que ceux qui en étoient exempts, n°. 655. Mais fans cette circonftance accidentelle & locale, la jurifprudence auroit été injufte , comme contraire à la loi, n°. 648.

668. Aujourd'hui , nulle différence entre aucune propriété; toutes font égales aux yeux de la loi ; elles ne peuvent plus différer que par le plus ou le moins de valeur , qui prend fa fource dans le plus ou le moins de produit net ; & puifque tous les propriétaires payent la contribution en raifon de ce revenu net, cette égalité proportionnelle fe rapporte aux biens comme aux perfonnes : nulle différence n'eft plus à faire ni des perfonnes ni des biens.

669. D'ailleurs , la contribution n'eft point une charge réelle ; elle ne fauroit l'être , dès que perfonne ne la paye que fur fon revenu net. Et l'affemblée nationale l'a tellement vu ainfi, que le percepteur ne peut exécuter le contribuable , faute de paiement , que fur les fruits & les meubles & effets; encore la loi fait-elle plufieurs exceptions. Il eft vrai que fi les propriétés font de nature à ne produire aucuns fruits naturels , telles les maifons non louées , les prés à tourber , &c. le collecteur peut exécuter fur la propriété ; mais, d'une part, il faut qu'il en obtienne la permiffion ; d'autre part, cette réferve de la loi n'indique aucune réalité ; la loi donne feulement au collecteur une action contre un contribuable injufte , comme elle la donne , en tout autre cas , contre un débiteur quelconque. Décret du 23 novembre 1790 , tit. V , art. IX. Décret du 26 feptembre 1791 , art. XII & XVI. Voy. nos. 157 & fuivants.

670. Sans doute, l'héritier, comptable des fruits au légitimaire, doit faire déduction proportionnelle de la contribution fonciere qu'il a payée ; parce qu'ayant joui pour le légitimaire , il a payé ce que celui-ci auroit payé , s'il avoit joui lui-même : l'héritier retient , par compenfation , tout comme il auroit droit de répéter , s'il avoit payé ne jouiffant pas.

671. Mais, prétendre d'imputer fur les biens le capital de la contribution, c'eft vouloir que le légitimaire laiffe à l'héritier de quoi s'acquitter de fa propre contribution aux dépens du légitimaire.

672. Et la prétention eſt d'autant plus injuſte que le légitimaire, s'il eſt payé en biens, payera la contribution fonciere à concurrence du revenu net qu'ils lui rendront ; & s'il eſt payé en deniers, il la ſupportera également ſur le revenu qu'ils lui produiront.

673. En effet, ſuppoſons une ſucceſſion dont le revenu net ſoit de . . . . 1200 l.

La contribution fonciere ſera, ſavoir ;

principal, ... 200 l.⎱
5 ſous pour liv. ou ¼ du principal 5o l.⎰ .. 250 l.

Il reſtera . . . . 95o l.

Formons le capital, au 4 pour 100, de ce revenu reſtant, nous aurons . . . . 23750 l. o ſ. o d.

Suppoſons deux enfants ; la légitime ſera d'un ſixieme, montant 3958 6 8

L'intérêt, au 5 pour 100, ſera de 197 18 4

Et la retenue d'un 5ᵉ, de . . . 39 11 8

Il reſtera pour intérêts . . 158 6 8

Que le capital de cette légitime reſte dans les mains de l'héritier, ſoit parce que le légitimaire ne peut pas valablement acquitter ; ſoit d'après leurs arrangements, il retiendra le cinquieme ſur les intérêts. Que le légitimaire reçoive ſes deniers & les place, l'emprunteur lui fera la même retenue ; & dans l'un & l'autre cas, le légitimaire payera encore, pour contribution mobiliere, le vingtieme, & peut-être le dix-huitieme, des quatre-cinquiemes qui lui reſtent, & ſix ſous pour livre en ſus ; enfin, que le légitimaire acquiere un immeuble qui lui rende le quatre pour cent net, il en payera, pour contribution fonciere, le cinquieme & le cent vingtieme.

= Cependant, l'héritier a dans les mains le fonds de la contribution fonciere du revenu de la fucceffion entiere : ainfi, il ne paye rien ; au contraire, s'il garde les deniers pour en payer l'intérêt au légitimaire, il gagne un cinquieme par la retenue qu'il fait ; en un mot, l'héritier gagne, & le légitimaire perd dans toutes les pofitions.

674. La perte du légitimaire devient fenfible par un autre calcul. Nous avons fuppofé un revenu net de 1200 liv. , dont le capital, au 4 pour 100, rend 30,000 liv. ; & le fixieme, pour légitime, eft de . . . . 5000 l. o f. o d.

Or, dans l'hypothefe précédente, le légitimaire n'a eu que 3958 6 8

Ainfi, perte en capital de . . 1041 13 4

675. Conclufion. Les principes ne permettent pas de contefter que, dans le nouvel ordre de chofes, nulle contribution n'eft à déduire fur les biens lors des réglements de légitime ; on ne doit déduire, fur les fruits, que les dépenfes à faire pour obtenir un produit net ; & fur les biens, que les dettes & les frais funéraires.

F I N.